高等学校财经类专业实践系列教材

企业财务报表分析与业绩评价

主　编　汪政杰　冯荣荣　张　晴

参　编　游　玲　胡　建　胡俊荣

西安电子科技大学出版社

“企业财务报表分析与业绩评价”作为财经商贸类专业的核心课，其设置原则和目的是让学生在掌握财务报表编制方法的基础上，进一步加深对财务报表的理解，掌握运用财务报表分析和评价企业经营成果与财务状况的方法，基本具备通过财务报表评价企业过去和预测企业未来的能力，以及帮助利益关系集团提高财务决策水平的能力。

本书共九章，包括财务报表分析概论、财务报表分析基础、资产负债表的编制与分析、利润表的编制与分析、现金流量表的编制与分析、所有者权益变动表的编制与分析、财务报表的综合分析、企业绩效评价、企业案例综合分析。

本书可作为高等学校财经商贸类专业的教材，也可作为相关财经工作人员的培训教材或自学参考书。

图书在版编目(CIP)数据

企业财务报表分析与业绩评价 / 汪政杰，冯荣荣，张晴主编. —西安：西安电子科技大学出版社，2023.2

ISBN 978-7-5606-6736-2

Ⅰ. ①企…　Ⅱ. ①汪…　②冯…　③张…　Ⅲ. ①企业管理—会计报表—会计分析—高等学校—教材　Ⅳ. ①F275.2

中国版本图书馆 CIP 数据核字(2022)第 243639 号

策　　划　刘玉芳　刘统军
责任编辑　刘玉芳
出版发行　西安电子科技大学出版社(西安市太白南路 2 号)
电　　话　(029)88202421　88201467　　邮　　编　710071
网　　址　www.xduph.com　　电子邮箱　xdupfxb001@163.com
经　　销　新华书店
印刷单位　陕西天意印务有限责任公司
版　　次　2023 年 2 月第 1 版　2023 年 2 月第 1 次印刷
开　　本　787 毫米×1092 毫米　1/16　印张 13.5
字　　数　319 千字
印　　数　1～3000 册
定　　价　39.00 元
ISBN 978-7-5606-6736-2/F
XDUP 7038001-1

前言 Preface

随着大数据时代的到来和经济的飞速发展，对企业的分析，特别是对企业相关财务报表的分析和业绩评价越来越受到重视。财务报表提供的信息越来越受到社会各方的关注，同时，财务报表在编制与分析方面也面临着越来越多的问题。财务报表分析是财务报表编制工作的必然延伸和发展，业绩评价是站在更高角度对企业的整体解读，是会计工作的重要组成部分。

企业财务报表数据所反映的内容一般是高度概括且抽象的，很多数据必须借助专门的分析方法，相互关联地进行分析，才能获取与决策相关的实质性信息。因此，为了帮助报表使用者正确运用科学的分析方法对财务报表进行解读，透过数字，客观评价一个企业的经营状况、财务状况和其他情况，我们组织编写了本书，希望本书介绍的知识能够在财务报表和财务决策间搭建一座“桥梁”。

本书以最新修订的《企业会计准则》为依据，以财务分析的基本方法及应用为重点，以会计理论为基石，以“总—分—总—案例”为框架，深入浅出、化繁为简地介绍了财务报表分析相关内容。本书首先介绍了财务报表分析概论和基础，然后介绍了企业主要财务报表的编制与分析、财务报表的综合分析、企业绩效评价，最后援引企业案例进行了系统的、综合的分析与评价。

本书由汪政杰、冯荣荣、张晴担任主编，游玲、胡建、胡俊荣参与编写。具体编写分工如下：冯荣荣负责编写第一章至第七章，张晴、游玲负责编写第八章，胡建、胡俊荣负责编写第九章。全书整体思路与结构设计、提纲编写、后期统稿由汪政杰完成。

在编写本书的过程中，编者参考了大量文献资料，在此，向这些文献的作者表示诚挚的谢意。

由于编者的经验和水平有限，书中存在的疏漏与不当之处，敬请广大读者批评指正，以便我们进一步修订和完善。

编　者

2022 年 10 月

目 录
Contents

第一章 财务报表分析概论

知识要点

1. 了解财务报表分析的起源和演变；
2. 了解财务报表分析的概念、作用和内容；
3. 掌握财务报表分析的基本方法；
4. 了解财务报表分析的框架和路径。

能力要点

1. 能够阐述财务报表分析的演变；
2. 掌握财务报表分析的基本方法。

情境导入

企业并购，不分析财务报表行不行？

国内市场发生了上市公司A收购上市公司B的控股权的合并事件。B公司的基本财务数据是：净资产总额为1.2亿元人民币，当年净利润为0.3亿元人民币。A公司雇佣的资产评估公司对B公司的评价结果显示，成本法评价的净资产产值为1.6亿元人民币，收益法评价的净资产产值为3亿元人民币。最终双方股东确定的B公司净资产产值为3.6亿元人民币。

在这个案例中，出现了几个与财务报表、企业价值评估等有关的术语，如净资产、净利润、成本法、收益法等。如果让你参与购买谈判，你应该关注企业财务报表的哪些项目？购买企业，是购买总资产还是净资产？确定其价格时应考虑哪些因素呢？

第一节　财务报表分析的起源和演变

企业财务报表是企业某一特定日期的财务状况（企业的财务状况可以简单理解为企业以货币表现的价值状况）和一定时期的经营成果、现金流量的结构性表述，是对企业的各种经济活动所造成的经济后果的揭示。由于企业财务报表所反映的内容具有较高的概括性和专业性，如果不采用专门的方法系统地分析报表信息，就难以对企业的财务状况、经营成果和现金流量做出总体评价和客观判断。因此，企业财务报表分析的重要作用是进一步加工、分析、整理报表数据，使企业财务状况更加清晰、完整地体现出来。企业财务报表分析将企业管理学、财务会计学、财务管理等多个学科相结合，它是一门学问，也是一门艺术。一位杰出的财务分析家，不仅可以揭示企业财务数字背后所代表的企业经营状况，而且可以通过财务报表分析来判断企业战略执行的好坏，有效地科学预测企业的发展前景。

企业财务报表分析的视角和分析框架因人而异，可供选择的方式也是多种多样的。基于各自不同的经济利益，不同的人员和经济实体分析的侧重点也会不一样。但无论采用何种技术方法和手段，财务报表分析都旨在对企业财务状况、经营成果和现金流进行揭示，然后科学预测企业的发展前景。

财务报表分析最初被西方银行家用于对贷款者进行信用分析，之后被广泛应用于各行各业。从财务报表分析产生和发展的过程中，我们可以发现，本学科的理论和实践在不断发展和完善的同时，也受到了内外部经济环境的影响。

一、信用分析

企业财务报表分析最早源于美国银行家对企业进行的资信分析。银行一般要求企业提供资产负债表等财务报表资料，用于分析企业偿债能力等指标，以确保发放出去的贷款的安全性。因此，信用分析也可称为资产负债表分析，它主要用来对企业的负债状况、流动资产状况以及资产周转率状况等进行分析。需要注意的是，企业良好的偿债能力(特别是长期偿债能力)必须建立在盈利能力较强、财务状况良好的基础上。因此，现代企业的财务报表分析不再仅仅是简单地分析资产负债表，而是逐步向以利润表为中心的方向转变。

银行经常采用几种不同的方法进行分析，做出是否贷款的决定。从财务报表上看，对于规模较大的企业，银行普遍把关注的重点放在企业盈利能力的持续性上；而对于中小企业，银行普遍将企业的资产负债表作为考察的重点。

二、投资分析

银行对企业进行信用分析，其结果不仅为银行本身所利用，对企业投资者也意义重大。投资者希望从投资中获得预期的收益，所以，为确保和提高投资收益，广大投资者纷纷利用银行对不同企业及行业分析的资料进行投资决策。于是，财务报表分析由信用分析阶段进入投资分析阶段，其主要任务也从稳定性分析过渡到收益性分析。

需要注意的是，对企业财务报表的分析由稳定性分析转变为收益性分析，并不是后者对前者的否定，而是以后者为中心的两者在分析中的并存。

因为盈利能力的稳定性是企业经营稳定性的重要方面，企业的流动性在很大程度上取决于其盈利能力，随着企业盈利能力稳定性分析的深化，盈利能力分析也成为稳定性分析的重要部分。这时，稳定性分析不仅包括企业支付能力的稳定性，还包括企业收益能力的稳定性。因此，财务分析朝着以盈利能力为中心的稳定性分析方向发展，逐步形成了企业财务报表分析的基本框架。

三、内部分析

在企业财务报表分析的开始阶段，企业财务报表分析仅用于外部分析。也就是说，企业外部利益相关者根据各自的需求进行分析。此后，企业在接受银行分析和咨询的过程中逐渐认识到财务报表分析的重要性，开始从被动接受转向主动自我分析。特别是二战后，随着企业规模的扩大、经营活动的复杂化，企业为了在激烈的市场竞争中生存和发展，不得不利用财务报表中提供的相关资料，进行信息导向、目标管理、利润规划和前景预测。所有这一切都表明，企业财务报表的分析已开始从外部分析扩大到内部分析，并表现出两个显著特征：

(1) 内部分析不断扩大和深化，成为财务报表分析的中心；

(2) 分析所需和使用的资料丰富，为扩大分析领域、提高分析效果、开发分析技术提供了前提条件。

通过财务报表分析掌握企业的财务状况，进而判断企业的经营趋势，成为现代企业和社会的一大要求。但是，无论是外部分析还是内部分析，所使用的资料均主要来自外部公布的财务报表信息。

第二节 财务报表分析的概念、作用和内容

一、财务报表分析的概念

企业财务报表分析的概念有狭义和广义之分。狭义的财务报表分析是指以企业财务报表为主要依据，重点对项目及质量进行分析和考察，对企业的财务状况、经营业绩进行评价和剖析，反映企业运营过程中的优缺点、财务状况和发展趋势，为报表使用者的经济决策提供重要的信息支持。广义的财务报表分析还包括公司概况分析、企业优势分析(地区、资源、政策、产业、人才、管理等)、企业战略实施分析、企业管理质量分析、投资价值分析等。

财务报表的生成过程是一个综合性的表达过程，根据一定的规则对企业各部分、各方面、各种因素变化所产生的经济业务进行分类和汇总，从整体上反映企业的财务状况和经营成果，财务报表分析就是将这一整体重新分解为各部分，揭示出企业各种管理活动和经营活动与财务状况之间的内在联系。

二、财务报表分析的作用

财务报表是企业信息的重要载体，财务报表分析以企业对外提交的财务报表为主要分析内容。因此，财务报表分析的作用必然与会计的作用密切相关，财务报表分析至少有以下三个方面的作用：

(1) 财务分析可以为投资者和债权人的投资和信用决策提供有用的信息。企业的当前和潜在投资者和债权人是企业外部重要的财务报告使用者，他们为了选择投资和信贷对象，衡量投资和信贷风险，需要了解毛利率、资产报酬率、权益报酬率等指标中包含的企业

盈利能力和发展趋势的信息；另外，还需要了解流动比率、速动比率、资产负债率等指标中包含的企业支付能力信息；要进一步了解企业所处行业、竞争地位、经营战略等方面的非财务信息。在此基础上，可以进一步分析投资后的收益水平和风险水平，预测企业价值或评估企业信用等级，从而做出更科学的投资和信用决策。因此，财务报表分析可以为投资者和债权人提供更加有用的投资和信用决策信息。

(2) 财务报表分析可以为企业管理者的经营决策提供有用的信息。实现企业价值的最大化是企业财务管理的根本目标。财务报表分析作为企业财务管理的一个极其重要的组成部分，有助于管理者了解企业的盈利状况和资产周转情况，并且不断挖掘企业的财务信息以改善企业经营状况，扩大企业财务成果，充分认识未被利用的人力资源和物质资源，寻找不良资产的规模和形成原因，发现进一步提高资产利用率的可能性，从而从各方面揭露矛盾，找出差距，寻找措施，促进企业的未来发展按照企业价值最大化的目标实现良性运行。同时，由于财务报表分析不仅分析企业的历史业绩水平，还注重分析企业未来的发展潜力，因此它还可以为企业战略的制定和实施提供重要的信息支持。

此外，在企业的发展历程中，企业扩张形式最常见的是重组和并购。重组的基本形式包括资产重组、资本重组、债务重组、业务重组、人事重组等。上述重组中的前四项基本都与财务报表分析内容密切相关。如果不能分析重组和并购对象的财务报表，或者难以正确确定并购和重组企业的价值，那么协调各方的经济利益关系就变得更加困难。因此，财务报表分析可以为企业管理者提供非常有用的经营决策信息。

(3) 财务报表分析可以为投资者评价企业管理层接受委托责任的履行情况提供重要信息。企业接受包括国家在内的所有投资者和债权人的投资后，有责任根据预定的发展目标和要求合理利用资源，加强经营管理，提高经济效益，接受审查和评价。分析财务报表可以了解企业的支付能力、运营能力和盈利能力，通过趋势分析和行业比较分析等方法大致判断企业的财务健康状况、业绩改善水平、未来发展趋势和行业竞争力等情况。它为投资者和债权人评估企业管理层对委托责任的履行情况提供了重要的信息支持，同时也为企业的管理报酬和激励决策提供了重要依据。

三、财务报表分析的内容

企业财务报表分析的不同主体由于利益倾向的差异，在对企业进行财务报表分析时，必须有共同的要求和不同的侧重点。

(1) 企业所有者。所有者或股东作为投资者，应该高度关注企业的盈利能力指标。换句话说，就是非常关心企业投资的收益率。对普通投资者来说，他们更关心企业股息、红利的发行水平；对拥有企业控制权的投资者来说，他们更多的是考虑如何增强企业竞争力，扩大市场份额，减少财务风险，追求长期利益的持续稳定增长。

(2) 企业债权人。债权人由于不能参与企业剩余收益的分配，因此特别关心其贷款的安全性。债权人在进行财务报表分析时，最关心的问题是企业是否具备足够的支付能力，以便及时、充分地偿还债务本息。对于短期债权人来说，更关心企业资产的流动性和现金持有量；对于长期债权人来说，更多考虑的是整个企业的负债水平、盈利能力和企业的发展前景。

(3) 企业管理者。为了满足各种利益主体的需求，调整各方利益关系，企业管理者必须

详细了解和掌握企业经营理财的方方面面，包括运营能力、支付能力、盈利能力、社会贡献能力等，并且要及时发现问题，采取对策，规划和调整市场定位目标、经营战略，进一步挖掘潜力，为经济利益的持续稳定增长奠定基础。

（4）政府机构。政府对国有企业的投资，除了关注投资产生的社会效益外，还必须考虑投资产生的经济效益，在谋求资本保全的前提下，期待能带来稳定增长的财政收入。因此，政府在检查企业的经营情况时，不仅要了解企业资金占用的使用效率，预测财务收入增长情况，有效组织和调整社会资金资源配置，还要通过财务报表分析，检查企业是否存在违法违规、浪费国家财产的问题，最后通过综合分析，分析和考察企业的发展前景及其对社会的贡献。

（5）供应商。供应商与企业的贷款提供者情况相似。他们向企业赊销商品或提供劳务后即成为企业的债权人，因此他们重点要判断企业是否能支付所购商品或劳务的价款。从这一点来看，大部分供应商都对企业的短期支付能力感兴趣。另一方面，一些供应商可能与企业有着相对持久的经济关系，在这种情况下，他们还关注企业的长期支付能力。

（6）客户。在大多数情况下，企业可能成为客户至关重要的商品或劳务供应商。这时客户关心的是企业连续提供商品或劳务的能力，因此，客户关心的是企业的长期发展前景。

（7）企业职工。企业的职工通常与企业存在长期持续的关系。他们关心工作岗位的稳定性、工作环境的安全性以及获得报酬的前景。因此，他们对企业的盈利能力和支付能力感兴趣。

（8）社会公众。社会公众对特定企业的关注是多方面的。一般来说，他们关心企业的就业政策、环境政策、产品政策、履行社会责任情况等。对这些方面的分析，往往可以借助于盈利能力分析。

一般而言，财务报表分析可归纳为三个主要方面：偿债能力分析、营运能力分析和盈利能力分析。其中，偿债能力是财务目标实现的稳健保证，营运能力是财务目标实现的物质基础，盈利能力是两者共同作用的结果，同时也对两者的增强起推动作用。三者相辅相成，共同构成了企业财务报表分析的基本内容。

第三节　财务报表分析的基本方法

决策依赖于评价，而评价则以比较为基础。从本质上看，企业财务报表分析就是通过比较的方式或手段来发现问题、分析问题，从而解决问题。所以，企业财务报表分析的灵魂在于比较。

根据比较对象的不同，财务报表分析一般会使用多种分析方法。通过对同一类项目数据进行比较，考察企业某一年度的财务报表数据在该类项目中所占的比重，这种方法通常称为结构分析法；将财务报表各项目当年数据与历史年度数据进行比较，以寻找变化规律、预测发展趋势，这种方法称为趋势分析法；将相互联系的不同类项目之间进行比较，以揭示不同类项目相互之间的依存关系和基本状况，这种方法称为比率分析法；将财务报表各项目数据与同行业先进水平、平均水平甚至竞争对手的相关数据进行比较，以判断企业在行业内的竞争优势和相对地位，这种方法称为比较低分析法。除此之外，财务报表分析还可以对财务报表各项目逐项展开分析，根据其自身的数据特性和管理要求，再结合企业具体经营环境和经营战略对其内在质量进行评价，这种方法称为项目质量分析法，即对企业的财务报表的各项目展开全面的质量分析，在此基础上对企业的资产质量、资本结构质量、利润质量以及现金流量质量加以判断，最终对企业财务状况的整体质量进行评价，并据此预测企业的发展前景。

一、结构分析法

结构分析法通过比较各个项目百分比的增减变动情况来揭示各个项目的相对地位和总体结构关系。结构分析法以财务报表中的某个总体指标作为100%，再通过计算各组成项目占该总体指标的百分比，来判断有关财务活动的变化趋势。

结构分析法是将相关项目金额与同期相应的合计金额、总计金额或特定项目金额进行对比，以查看相关项目的结构百分比，得出企业各项结构的一种分析方法。由于进行结构分析时往往目光上下垂直移动，对纵向排列的各项目计算比重，因而又被称为垂直分析法或纵向分析法。

结构分析法通常运用在会计报表的分析中。在对会计报表进行结构分析时，各报表项目以结构百分比列示。这种以各项目的结构百分比列示的会计报表被称为结构百分比会计报表。因此，结构分析又常被称作结构百分比会计报表分析，一般用结构比率来表示。

结构比率的计算公式为

$$\text{结构百分比}=\frac{\text{某项指标值}}{\text{总体指标值}}\times 100\%$$

在进行结构百分比资产负债表分析时，报表左端通常将资产总计金额设定为100%，分别计算各个资产项目占总资产的比重，以反映各项资产在总资产中的结构百分比；报表右端通常将负债和所有者权益总计金额（即权益总额）设定为100%，分别计算各个负债项目和所有者权益项目占权益总额的比重，以反映各项负债和所有者权益在权益总额中的结构百分比。

在进行结构百分比利润表分析时，由于主营业务收入的水平最能体现企业的营业规模，且对各项收入、费用和利润都有一定的影响，因而通常将主营业务收入设定为100%，分别计算各项收入、费用和利润占主营业务收入的结构百分比。

下面以某公司结构百分比资产负债表为例进行比较，见表1-1（表内所列项目都与资产总计进行比较）。

表1-1　某公司结构百分比资产负债表（简表）

项　目	2020年		2021年	
	金额/万元	比重（%）	金额/万元	比重（%）
流动资产合计	4 751 400.00	56.55	4 169 031.00	51.50
非流动资产合计	3 650 000.00	43.45	3 926 500.00	48.50
资产总计	8 401 400.00	100.00	8 095 531.00	100.00
流动负债合计	2 651 400.00	31.56	1 592 746.85	19.67

续表

项　目	2020 年		2021 年	
	金额/万元	比重(%)	金额/万元	比重(%)
非流动负债合计	6 000 00.00	7.14	1 160 000.00	14.33
负债合计	3 251 400.00	38.70	2 752 746.85	34.00
股东权益合计	5 150 000.00	61.30	5 342 784.15	66.00
负债和股东权益总计	8 401 400.00	100.00	8 095 531.00	100.00

根据表 1-1 可以初步解读该公司是以制造为主的生产经营企业，2020 年非流动资产占总资产比重为 43.45%，2021 年非流动资产占比增加到 48.50%，较上年同期上升 5.05 个百分点；2020 年股东权益占权益总额的 61.30%，2021 年权益比重变化不大，表明企业自有资金充足。对于企业在资产方面的结构分布与调整，分析人员应对项目质量进行深入分析，判断该项目是否符合产业结构政策及投资规模的发展。

结构分析中将什么项目设定为 100%，要视分析目的而定，并没有一定之规。例如，为了分析流动资产的结构，可以将流动资产合计金额设定为 100%，分别计算货币资金、应收账款、存货等各个流动资产项目占所有流动资产的结构百分比。又如，为了分析负债的结构，也可以将负债合计金额设定为 100%，分别计算各个流动负债项目和非流动负债(也称长期负债)项目占负债总额的结构百分比。

二、趋势分析法

趋势分析法主要用以揭示企业财务状况和经营成果的变动趋势，找出引起财务状况和经营成果变动的主要项目，判断变动趋势的性质是否对企业有利并预测将来的发展趋势。趋势分析法通过将两期或连续数期的财务报表中的相同指标进行对比，确定其增减变动的方向、数额和幅度。采用这种方法时，至关重要的事项是确定基期，基期的确定方式通常包括固定基期和移动基期。

趋势分析法往往将连续几期的财务数据并列排列，在对某一项目进行分析时，眼睛左右地水平移动，因而又被称作水平分析或横向分析法。在趋势分析中，常见的分析方法有以下两种。

1. 定基分析

定基分析通常选用一个固定的期间作为基期，然后计算各分析期的相关项目数据与基期数据相比的百分比。这种分析不但能看出相邻两期的变动方向和幅度大小，还可以看出一个较长期间内的总体变动趋势，便于进行较长期间的趋势比较。

定基分析的计算公式为

$$定基变动百分比=\frac{某项目分析期数额}{某项目固定基期数额}\times 100\%$$

定基分析中，基期的选择非常重要，因为基期是所有期间的参照。选择基期时，不要选择项目数值为零或为负的期间，否则无法计算出有意义的定基变动百分比；最好选择一个企业状况比较正常的年份作为基期，否则得出的定基变动百分比就不具有典型意义。另外，应选择时间序列中较早的年份作为基期，这样便于分析整个时间序列中各项目的发展态势。

下面以某公司资产负债表趋势分析表为例，进行比较，见表 1－2(以 2018 年项目数据为基期，其他年份项目数据都与 2018 年数据进行比较)。

表 1－2　某公司资产负债表趋势分析表(简表)

项　目	2018 年(%)	2019 年(%)	2020 年(%)	2021 年(%)
货币资金	100.00	108.21	191.34	54.73
应收票据	100.00	59.76	59.73	87.63
应收账款	100.00	68.71	123.29	100.44
预付款项	100.00	23.86	7.65	4.82
其他应收款	100.00	148.37	997.18	691.04
存货	100.00	241.62	18.63	62.02
流动资产合计	100.00	76.82	129.32	95.28
非流动资产合计	100.00	111.10	82.53	98.17
资产总计	100.00	100.28	97.30	97.26
流动负债合计	100.00	24.68	86.10	86.65
非流动负债合计	100.00	99.86	100.10	99.90
负债合计	100.00	86.09	97.54	97.48
股东权益合计	100.00	104.06	97.23	97.20
负债和股东权益总计	100.00	100.28	97.30	97.26

由表 1－2 可以看出，该公司 2021 年总资产呈弱性下降趋势，流动资产与非流动资产呈波动性变化，2020 年流动资产增长较快，达到 2018 年的 129.32%；非流动资产 2020 年为 2018 年的 82.53%，2021 年又达到 98.17%。在所有项目中，其他应收款变化幅度较大，近两年趋势值分别是 2018 年的 9.97 倍和 6.91 倍，进一步分析其他应收款主要项目(资产负债表“其他应收款”项目＝应收股利、应收利息和其他应收款之和)，可知这主要是由应收股利的变化引起的。对此，应重点关注对投资收益的分析，加强对投资规模及回报的监控与管理，进一步对长期股权投资、固定资产、在建工程等投资项目进行深入分析。在流动资产方面，存货近年来起伏较大，在固定资产规模有所提升的前提下，流动资产的增减是否与生产能力提高相适应，还要做进一步分析。

从负债和所有者权益部分的变化趋势来看，负债权益较 2018 年均有所下降，股东权益也呈下降趋势，但下降比重不大，基本保持平稳。

2. 环比分析

环比分析一般是指计算相关项目相邻两期数值的变动百分比，即计算某项目分析期的数值相对于前期数值的变动百分比。这种分析不但可以看出相关项目变动的方向，还可以看出其变动幅度的大小。

环比变动百分比的计算公式为

$$环比变动百分比=\frac{某项目分析期数额}{某项目前期数额}\times 100\%$$

在环比分析中特别要注意的是前期的项目数值不能为零或为负，如果前期的项目数值为零或为负，则计算出的环比变动百分比不具有实际意义。

在趋势分析中，还应注意以下问题：

(1) 如果趋势分析涉及的期限较长，物价水平变动对各期财务数据的影响就会较大，必要时可以剔除物价变动因素后再做趋势分析。

(2) 如果前后各期的会计政策存在不一致的现象，则需要对各期相关项目数据进行相应调整，以避免趋势分析的结论被歪曲。

(3) 趋势分析不需要面面俱到，要视分析目的来决定对哪些项目进行分析。

(4) 在进行趋势分析时，应注意一些重大事项对财务数据的影响。

(5) 在进行趋势分析时，还可以利用坐标图等图像化工具，使分析结果更加直观。

三、比率分析法

比率分析法是把某些彼此存在关联的项目加以对比，计算出比率，用以确定经济活动基本特征的一种分析方法。其主要作用有：(1) 揭示了财务报表内各有关项目(有时还包括附注中的项目)之间的相关性；(2) 由于比率是相对数，采用比率分析法可以把某些条件下的不可比指标变为可以比较的指标，将复杂的财务信息加以简化并揭示关联的重要程度以便于进行分析决策。

比率分析法是将相关的财务项目进行对比，计算出具有特定经济意义的相对财务比率，据以评价企业财务状况和经营成果的一种分析方法。常见的财务比率有趋势比率、构成比率、效率比率和相关比率。

1. 趋势比率

趋势比率是反映不同期间各类经济业务项目之间的比率关系，比如当期营业收入与上期营业收入的比率、当期负债总额与上期负债总额的比率等。常见的定基变动百分比和环比变动百分比就是趋势比率。

2. 构成比率

构成比率是反映某个经济业务项目的组成部分与总体的比率，比如非流动负债除以负债总额得到的比率、流动资产除以资产总额得到的比率。构成比率的作用与上述结构分析中的结构百分比非常类似，但是两者仍然存在区别：结构分析中的结构百分比既可能是指组成部分占总体的百分比，也可能不是；构成比率是指组成部分占总体的比率。

构成比率的计算公式为

$$构成比率=\frac{某项目组成部分数额}{某项目总体数额}\times 100\%$$

3. 效率比率

效率比率是反映投入与产出关系的一种财务比率，效率比率公式中的分子是代表产出的项目，通常是各种利润数据，分母则是代表某种投入的数据，如资产、股东权益、成本费用等。比如净利润除以平均股东得到的比率、净利润除以成本或费用总额得到的比率等为效率比率。

4. 相关比率

从广义上讲，所有的财务比率都是相关比率，因为所有的财务比率都是两个相关项目相除得到的相对数。这里所讲的相关比率是狭义的相关比率，它指的是除趋势比率、构成比率和效率比率之外的反映两个相关项目之间关系的财务比率，如流动资产与流动负债的比率(流动比率)、主营业务收入与平均资产总额的比率(总资产周转率)等。

需要注意的是，比率分析法中运用的财务比率并不是固定不变的。从比率分析法出现至今，财务比率不断地变化和发展，并且越来越丰富。选取什么项目来计算财务比率，关键在于其经济意义和分析主体的分析目的。只要两个项目相除计算出的相对数具有一定的经济意义，并能够实现分析主体的分析目的，这个相对数就是一个有价值的财务比率。但同时应注意，并不是任意两个项目相除得到的相对数都具有可分析的经济意义。如将企业的短期投资与主营业务成本相除，就不具有很明显的经济意义，因而也就不需要计算这样的财务比率。因此，对财务比率，我们不仅仅要会计算，更重要的是能够解释，即通过计算出的比率反映企业一定的情况和说明一定的问题。

企业的财务项目繁多，很容易让分析者抓不住重点，理不清关系。比率分析法通过将两个相关项目进行对比计算出一个相对数，从而揭示出很多重要的、有意义的经济关系，为进一步了解和评价企业的财务状况和经营成果提供依据。财务比率中用来进行对比的财务项目既可以是同一期间的数据，也可以是不同期间的数据；既可以是同一张会计报表中的项目，也可以是不同的会计报表中的项目，甚至可以是会计报表以外的财务数据。因此，财务比率能够揭示的经济关系非常广泛，涉及企业的方方面面。

四、比较分析法

比较分析法是通过比较不同的数据发现规律并找出比较对象差异性的一种分析法。用于比较的可以是绝对数也可以是相对数，其主要作用在于揭示指标间客观存在的差距，并为进一步分析指出方向。比较形式可以是本期实际与以前各期的比较，可以是本期实际与计划或定额指标的比较，也可以是将企业相关项目和指标与国内外同行业企业进行比较。

比较分析法是将相关数据进行比较，揭示差异并寻找差异原因的分析方法。用于比较的数据既可以是趋势分析中的绝对数额、环比变动百分比和定基变动百分比，也可以是结构分析中的结构百分比，还可以是各种财务比率。因此，严格地说，比较分析法并不是一种独立的分析方法，而是与其他分析方法相结合的一种辅助方法。

要评判优劣就必须经过比较，要比较就必须有比较的标准。常见的比较标准有历史标准、行业标准、预算标准、经验标准等。

1. 历史标准

历史标准就是以企业的历史数据作为标准。历史数据可以是企业的最佳水平、历史平均水平，也可以是特定历史期间的水平。将企业当期情况与以往情况进行比较，属于一种纵向的比较。纵向比较，可以确定项目增减变动的方向和幅度。纵向比较有利于把握企业发展的态势，预测企业未来发展的状况，还有利于进一步找到企业的财务状况和经营成果发生变化的原因，并及时做出决策，以保持良好的发展趋势，遏制不利的发展趋势。

2. 行业标准

行业标准就是以企业所在行业的数据作为标准。行业数据可以是行业平均水平、行业先进水平或行业中特定企业的水平，如竞争对手的水平。将本企业情况与所在行业情况进行比较，属于一种横向的比较。通过横向比较，可以确定企业在行业中所处的地位，找出与行业先进水平、竞争对手之间的差异，并进一步分析差异产生的原因，为企业今后的发展指明方向。

3. 预算标准

预算标准就是以企业的预算数据作为标准。由于预算数据往往反映了企业预定的目标，因此预算标准又称为目标标准。将企业当期的实际情况与预算情况进行比较，可以对企业完成预算的情况进行评判，找到实际与预算的差异以及差异产生的原因。对于由于企业的内部管理和经营造成的差异，企业应及时调整；对于由于市场等外部环境造成的差异，企业应积极应对。

4. 经验标准

经验标准就是以经验数据作为标准。经验数据是在较长的时间内积累起来的被很多人认同的一种水平。例如，根据经验通常认为流动比率在 2 左右比较合理，于是在财务分析中就经常将企业实际的流动比率与 2 进行比较。将企业实际情况与经验数据进行比较，有利于判断企业的状况是否处于经验数据的合理范畴，如果差异很大，则需要相应地进行调整。需要注意的是，由于环境、行业、企业的不同，有些经验数据也未必是准确的。因此，在运用经验标准时要慎重，不能简单照搬，而要具体情况具体分析。

五、因素分析法

企业的很多财务指标往往由多个相互联系的因素共同决定，当这些因素发生不同方向、不同程度的变动时，对相应的财务指标会产生不同的影响。因此，对这些财务指标的差异分析，不能只局限在财务指标本身与比较标准的差异上，还要进一步从数量上测定每一个影响因素对差异影响的方向和程度，从而抓住主要矛盾，找到解决问题的线索。根据财务指标与其各影响因素之间的关系，确定各个影响因素对指标差异影响的方向和程度的分析方法就称作因素分析法。

因素分析法中应用最广泛的一种技术是连环替代技术，下面简要地介绍运用连环替代技术进行因素分析的基本步骤。

(1) 确定财务指标差异，即确定财务指标实际值与比较标准之间的差异。该差异是因素分析的对象。下面将比较标准简称为标准值。假设财务指标 H 的实际值为 H_1，标准值为 H_0，则财务指标差异 $\Delta H = H_1 - H_0$。

(2) 确定影响财务指标的因素。如果各因素之间是加减的关系，则各因素对财务指标差异影响的方向和程度很容易确定；如果各因素之间是乘除的关系，则各因素对财务指标差异影响的方向和程度相对复杂。下面以乘积关系为例，来进行连环替代的因素分析。假设影响财务指标 H 的因素有 A、B、C 三个，则 $H_1 = A_1B_1C_1$，$H_0 = A_0B_0C_0$。

(3) 从财务指标标准值的公式开始，依次用每个影响因素的实际值替代标准值，有几个因素就替换几次。每次替换后得到的财务指标值与替换前的财务指标值之间的差异就是由所替换的因素带来的差异。

例 1-1 某公司 2021 年 9 月份原材料费用的实际数为 27 573.75 元，计划数为 24 000 元，实际数比计划数多 3573.75 元。

由于原材料费用是由产量、单位产品材料耗用量(单耗)和材料单价三个因素的乘积构成的，因此把材料费用指标分解为三个因素，然后逐个分析它们对材料总额的影响程度。三个因素的有关数据见表 1-3。

表 1-3　某公司 2021 年 9 月份材料费用资料

项　目	单　位	计划数	实际数	差　异
产品数量	件	200	215	15
材料消耗量	千克	10	9.5	−0.5
材料单价	元	12	13.5	1.5
材料费用总额	元	24 000	27 573.75	3 573.75

采用连环替代法分析计算过程如下：

计划指标：

$$200 \times 10 \times 12 = 24\,000(\text{元}) \quad ①$$

第 1 次替代：

$$215 \times 10 \times 12 = 25\,800(\text{元}) \quad ②$$

第 2 次替代：

$$215 \times 9.5 \times 12 = 24\,510(\text{元}) \quad ③$$

第 3 次替代：

$$215 \times 9.5 \times 13.50 = 27\,573.75(\text{元}) \quad ④$$

其中：

产量增加的影响＝②－①＝25 800－24 000＝1 800(元)

材料消耗量的影响＝③－②＝24 510－25 800＝－1 290(元)

价格提高的影响＝④－③＝27 573.75－24 510＝3 063.75(元)

六、项目质量分析法

项目质量分析法主要是通过对财务报表的各组成项目的金额、性质以及状态的分析，找出重大项目和异动项目，还原企业对应的实际经营活动和理财活动，并根据各项目自身特征和管理要求，在结合企业具体经营环境和经营战略的基础上对各项目的具体质量进行评价，进而对企业的整体财务状况和质量做出判断。此方法中，财务报表分析可以包括资产质量分析、资本结构质量分析、利润质量分析、现金流量质量分析以及财务状况整体质量分析。

第四节 财务报表分析的框架与路径

一、财务报表分析的框架

对财务报表的分析主体不同，分析目的不同，导致分析的侧重点不同，使用的分析方法和程序也会有差异。因此，财务报表分析框架的设计应以信息使用者的需求为导向。

1. 基于投资决策的财务报表分析框架

影响股价的因素很多，主要包括企业的盈利能力和风险状况等。投资者投资企业的目的是扩大自己的财富，他们的财富一般表现为所有者权益的价格，即股价的高低。由于普通股股东的权益是剩余权益，因此他们对财务报表分析的重视程度会超过其他利益关系人。权益投资人的决策主要包括：是否投资某公司以及是否转让所持有的股权；考察经营者业绩以决定是否更换主要的管理者以及决定股利分配政策等。一般来说，权益投资人进行财务报表分析，主要是为了在竞争性的投资机会中做出投资决策。当然，投资者的投资目的不同，对企业进行财务报表分析的侧重点也有所差异，不同投资者将根据各自的投资目的来确定分析重点。

总的来说，能否合理估计企业内在价值区间将决定基本投资策略是否有效。一般认为，企业内在价值来源于企业的经营活动和投资活动，而财务报表因为反映企业经营活动、投资活动的财务成果，包含了大量有关企业内在价值的信息。由于种种局限，财务报表反映出的企业内在价值并不十分全面和准确，但不管怎样，通过财务报表分析展开的企业基本分析在投资决策中仍会起到核心作用。基于投资决策的财务报表分析框架可以简单概括为：企业盈利能力分析；企业投资风险分析；未来盈利预测(包括会计利润和现金流量)；利用适当的价值评估模型估计企业的内在价值。

2. 基于信贷决策的财务报表分析框架

信用分析是财务报表分析的另一重要运用领域。债权人希望通过财务报表分析来了解企业的信用质量，评价企业的偿债能力，在此基础上做出是否提供贷款和贷款利率高低的信贷决策。债权人借钱给企业并得到企业还款的承诺，期望如期收回本金和利息，出于对信息需求的不同，其关注的角度自然有所不同，信贷决策中的财务报表分析同投资决策中的财务报表分析相比，会呈现出许多不同的特点，体现为不同的财务报表分析框架。

短期债权人主要关心企业当前的财务状况，如流动资产的流动性和周转率、现金的充足性。长期债权人则主要关心企业的长期盈利能力、资本结构和企业陷入财务危机的可能性，其中，企业的长期盈利能力是其能否偿还本金和利息的决定性因素，资本结构可以反映长期债务的风险，而企业陷入财务危机的可能性则可以大致反映出所提供资金的安全性。债权人的主要决策为是否给企业提供信用，以及是否提前收回债权。债权人要在财务报表中寻找借款企业有能力定期支付利息和到期偿还贷款本金的证明。因而，基于信贷决策的财务报表分析框架可以简单概括为：企业偿债能力分析；企业创造现金流能力分析；企业的信用质量分析；企业发展前景预测和财务危机预警；企业综合信用风险评估。

3. 基于管理决策的财务报表分析框架

财务报表分析不仅是企业外部信息使用者分析企业财务状况的有效工具，也能够为企业内部管理层提供非常重要的管理决策依据。无论是进行收购兼并、风险管理还是业绩评价，财务报表分析所提供的信息在管理决策中均起到不可忽视的作用。

基于管理决策的财务报表分析框架要视具体的管理行为和管理目的而定，具有灵活多样的特点，因此难以统一概括。

由此可见，财务报表分析框架应从分析主体的分析目的出发，以不同的需求为导向，构建出逻辑清晰、实用简洁的框架体系。

二、财务报表分析的路径

企业的经营活动总是要基于特定的经营环境和经营战略。经营环境是指对企业经营活动具有直接或间接影响的外部因素的总和，包括企业所处的行业、市场因素以及规范企业经营的各项政策法规等；经营战略则是指企业为适应经营环境，特别是市场环境的变化，对其经营活动做出的长远的、全局性的总体规划，以使企业不断保持竞争优势。因此，企业财务应立足于企业经营环境和经营战略，分析企业经营范围和竞争优势，充分识别企业面临的各种机会和风险(包括宏观政策风险、市场经营风险等)。只有深入了解企业所处行业及其竞争战略，才能更加透彻、全面地解释和分析财务报表，也只有这样，才可以真正从企业的财务报表回归到企业的经营活动，从企业的财务状况质量透视出企业的经营战略与管理质量。在此基础上，结合企业管理层改变经营政策的意向等因素，便可以更加清晰地预测企业未来的发展前景。这便形成了本书财务报表分析框架下的基本分析路径。

需要说明的是，财务报表数据是经过一套复杂的会计程序加工后生成的财务信息，信息质量会受到诸如会计原则的制定和执行质量、会计政策的选择质量、审计质量、信息披露质量等众多因素的影响。因此，在进行财务报表分析之前，先设计一个会计分析环节是必不可少的。会计分析的目的是，理解企业会计信息处理的原则与方法，了解会计政策的灵活性，评价企业会计处理，反映经济业务的真实程度，尽可能地消除报表分析的“噪音”，为提高财务报表分析结论的可靠性奠定基础。

章节训练

一、单项选择题

1. 财务报表分析的基本目的是(　　)。

A. 预测和评估公司价值　　B. 分析公司的控制权配置

C. 判断报表数字是否真实　　D. 评价公司的市场地位

2. 财务报表分析的最基本的资料是(　　)。

A. 市场资料　　B. 行业资料

C. 财务报告　　D. 国家宏观经济政策

3. 债权人关注的重点是(　　)。

A. 获利能力　　B. 偿债能力　　C. 营运周期　　D. 营运能力

4. 比较分析法的两种具体方法是(　　)。

A. 绝对数比较和百分比变动比较　　B. 水平分析法和动态分析法

C. 横向比较法和水平比较法　　D. 纵向比较法和动态分析法

5. 下列财务分析评价标准中，只是简单地根据事实现象归纳结果的是(　　)。

A. 经验标准　　B. 行业标准　　C. 历史标准　　D. 预算标准

6. 下列财务分析评价标准中，是财务分析人员综合企业历史财务数据和现实经济状况提出的理想标准的是(　　)。

A. 经验标准　　B. 行业标准　　C. 历史标准　　D. 预算标准

7. 下列各种财务分析的基础方法中，最常用的方法是(　　)。

A. 比率分析法　　B. 比较分析法　　C. 因素分析法　　D. 趋势分析法

8. 财务分析中使用最普遍的分析方法是(　　)。

A. 比率分析法　　B. 比较分析法　　C. 因素分析法　　D. 趋势分析法

9. 通过变换各个因素的数量，来计算各个因素的变动对总的经济指标的影响程度的分析方法是(　　)。

A. 比率分析法　　B. 比较分析法　　C. 因素分析法　　D. 趋势分析法

二、多项选择题

1. 下列各项中属于财务分析内容的有(　　)。

A. 会计报表编制　　B. 盈利能力分析　　C. 偿债能力分析　　D. 营运能力分析

2. 财务分析评价标准有(　　)。

A. 经验标准　　B. 行业标准　　C. 历史标准　　D. 预算标准

3. 目前我国会计准则要求企业披露的财务报告主要包括(　　)。

A. 资产负债表　　B. 利润表

C. 现金流量表　　D. 所有者权益变动表和附注

4. 财务信息需求主体主要包括(　　)。

A. 股东及潜在投资者　　B. 债权人、供应商

C. 企业内部管理者　　D. 政府

5. 因素分析法常用的方式有(　　)。

A. 差异分析法　　B. 连环替代法

C. 趋势分析法　　D. 差额计算法

三、判断题

1. 财务报表分析结论不受财务报表质量的影响。(　　)

2. 财务报表分析中计算的比率总是能够客观地反映公司的实际业务情况。(　　)

3. 债权人要在财务报表中寻找借款企业有能力定期支付利息和到期偿还贷款本金的证明。(　　)

4. 财务报表分析不仅是企业外部信息使用者分析企业财务状况的有效工具，也能够为企业内部管理层提供非常重要的管理决策依据。(　　)

四、计算题

1. M公司某两年利润表如表1-4、表1-5所示。

表1-4　利润表

项　目	本期金额/元	上期金额/元
一、营业收入	1 161 800	1 095 460
减：营业成本	870 200	976 470
税金及附加	30 700	40 300
销售费用	35 000	27 300
管理费用	91 700	20 300
研发费用	0	0
财务费用	3 220	22 400
加：其他收益		
投资收益(损失以“-”填列)	0	30 000
公允价值变动收益(损失以“-”填列)	0	0
资产减值损失(损失以“-”填列)	0	0
资产处置收益(损失以“-”填列)	0	0
二、营业利润(亏损以“-”填列)	130 980	38 690
加：营业外收入	20 000	35 000
减：营业外支出	11 000	2 000
三、利润总额(亏损总额以“-”填列)	139 980	71 690
减：所得税费用	34 995	17 922
四、净利润(净亏损以“-”填列)	104 985	53 768

要求：编制比较利润表并作简要评价。

表 1-5　比较利润表(简表)

项　目	本期金额/元	上期金额/元	增减差额	增减百分比
一、营业收入	1 161 800	1 095 460		
减：营业成本	870 200	976 470		
税金及附加	30 700	40 300		
销售费用	35 000	27 300		
管理费用	91 700	20 300		
研发费用	0	0		
财务费用	3 220	22 400		
加：其他收益				
投资收益(损失以“－”填列)	0	30 000		
公允价值变动收益(损失以“－”填列)	0	0		
资产减值损失(损失以“－”填列)	0	0		
资产处置收益(损失以“－”填列)	0	0		
二、营业利润(亏损以“－”填列)	130 980	38 690		
加：营业外收入	20 000	35 000		
减：营业外支出	11 000	2 000		
三、利润总额(亏损总额以“－”填列)	139 980	71 690		
减：所得税费用	34 995	17 922		
四、净利润(净亏损以“－”填列)	104 985	53 768		

2. 2021 年 9 月，H 公司乙产品原材料费用资料如表 1-6 所示。

表 1-6　H 公司 2021 年 9 月乙产品原材料费用资料

项　目	上　月　数	本　月　数
产量/件	100	120
单耗/(千克/件)	30	25
材料单价/(元/千克)	20	22
材料费用总额	60 000	66 000

要求：用连环替代法分析材料费用的影响因素。

第二章 财务报表分析基础

知识要点

1. 掌握企业财务报表的组成内容及相关概念；
2. 了解制约企业财务报表编制的基本会计假设；
3. 了解制约企业财务报表编制的一般会计原则；
4. 理解基本会计假设与一般会计原则对报表信息的影响；
5. 了解制约企业财务报表编制的法规体系。

能力要点

1. 能够掌握财务报表的组成内容；
2. 能够阐述基本会计假设与一般会计原则对报表信息的影响；
3. 能够阐述制约企业财务报表编制的法规。

情境导入

2013 年 4 月 18 日，中国证券监督管理委员会下达了[2013]17 号行政处罚决定书，对深圳市朗科科技股份有限公司(以下简称朗科科技)及相关人员进行处罚，行政处罚决定书认定，朗科科技存在如下违法事实：

1. 未按规定披露签订《朗科国际存储科技产业园建设协议书》事项

2010 年朗科科技上市时，存在资金超募的情况。朗科科技 2010 年下半年与北海市政府接触，2011 年初确定与北海市政府洽谈投资建设存储产业园事宜。北海市政府就朗科科技在北海电子产业园投资建设存储产业事项，要求朗科科技签约。对于同北海市政府签订《协议书》一事，朗科科技未按规定予以披露。

2. 未按规定披露签订《朗科国际存储科技产业园建设补充协议书》事项

2011 年 6 月，朗科科技召开董事会会议，审议通过了在广西设立全资子公司的议案，同意使用自有资金 3000 万元在广西设立全资子公司。本次董事会审议时，把原拟设立的“广西朗科科技实业有限公司”名称改成“广西朗科科技投资有限公司”。

2011 年 7 月，朗科科技发布公告称，广西朗科科技投资有限公司已于 2011 年 7 月 12

日完成了工商注册登记。2011年8月，广西朗科科技投资有限公司与北海市政府签订《朗科国际存储科技产业园建设补充协议书》，计划总投资不少于20亿元，基本条款与2011年5月签订的《协议书》基本一致，仅进行了少量细化调整。对于同北海市政府签订《补充协议书》一事，朗科科技未按规定予以披露。

通过上述案例，我们提出两个问题：上市公司的财务信息包括哪些内容？我国对上市公司信息披露的管理体制和制约因素是什么？

第一节　企业财务报表概述

本书所讨论的企业财务报表是一个广义的概念，与通常所说的企业财务报告是一致的。企业财务报表或财务报告是指企业对外提供的反映企业某一特定时期的财务状况和某一会计期间的经营成果、现金流量等会计信息的文件。财务报表包括基本财务报表和其他应当在财务报表中披露的相关信息和资料，如报表附注、审计报告等。上述组成部分具有同等重要程度。本节对财务报表中的相关概念和内容加以简要介绍，便于读者对财务报表分析内容进行理解和掌握。

一、基本财务报表

一般而言，基本财务报表是对企业财务状况、经营成果和现金流量的结构性表述。从基本财务报表的发展演变过程来看，世界各国的报表体系逐渐趋于形式上的一致，目前世界各国的基本财务报表一般包括资产负债表、利润表、现金流量表、所有者权益变动表。

1. 资产负债表

资产负债表是基本财务报表之一，它以“资产＝负债＋所有者权益”为平衡关系，反映企业在某一特定日期所拥有或控制的经济资源、所承担的现时义务和所有者享有的剩余权益。

其中，资产是企业因过去的交易或事项形成，由企业拥有或控制，能以货币计量，预期会给企业带来经济利益的资源，包括财产、债权和其他权利。资产具有如下特征：

(1) 资产是由过去的交易产生的。企业所能利用的经济资源能否被列为资产，区分标志之一就是是否是由已发生的交易引起的。

(2) 资产应能为企业所实际拥有或控制。拥有是指企业拥有资产的所有权；控制则是指企业虽然没有某些资产的所有权，但实际上可以对其自由支配和使用，如融资租入的固定资产。

(3) 资产必须能以货币计量。财务报表上列示的资产并不是企业的所有资源，能用货币计量的资源才在报表中列示。而企业的某些资源，如人力资源，由于无法用货币计量，目前的会计实务并不在会计系统中对其进行处理。

(4) 资产应能为企业带来未来经济利益。未来经济利益是指直接或间接地为未来的现金净流入做出贡献的能力。这种贡献，可以是直接增加未来的现金流入，也可以是因耗用

(如材料存货)或提供经济效用(如对各种非流动资产的使用)而节约的未来的现金流出。

资产按其变现能力(即流动性)的大小，分为流动资产和非流动资产两大类。

关于各项资产的具体含义与包含的内容，我们将在后面对资产负债表的详细讨论中予以介绍。

负债是指企业由过去的交易或者事项形成的，预期会导致经济利益流出企业的现时义务。负债具有如下基本特征：

(1) 负债应由企业过去的交易或者事项引起。

(2) 负债必须在未来某个时点通过转让资产或提供劳务来清偿，即预期会导致经济利益流出企业。

(3) 负债应是金额能够可靠计量的债务责任。

负债按偿还期(也可看作流动性)的长短，分为流动负债和非流动负债两大类。关于负债的具体内容，我们也留待以后加以介绍。

所有者权益是指资产扣除负债后由所有者享有的剩余权益，公司的所有者权益又称为股东权益。所有者权益的来源有企业投资者对企业的投入资本、直接计入所有者权益的利得和损失、留存收益等；具体项目有实收资本(股本)、资本公积、盈余公积、未分配利润等。

2. 利润表

利润表是反映企业某一会计期间财务成果的报表，它可以体现企业在月度、季度或年度内净利润或亏损的形成情况。

利润表各项目间的关系可用“收入－费用＝利润”来概括。其中，收入是指企业在日常活动中形成的，会导致所有者权益增加的，与所有者投入资本无关的经济利益的总流入。收入只有在经济利益很可能流入从而导致企业资产增加或者负债减少，且经济利益的流入额能够可靠计量时才能予以确认。收入不包括为第三方或者是客户代收的款项。费用是指企业在日常活动中发生的，会导致所有者权益减少的，与向所有者分配利润无关的经济利益的总流出。不同类型的企业，其费用构成不尽相同。

对制造企业而言，按照是否构成产品成本，可以将费用划分为生产费用和期间费用。

生产费用是指与生产产品有关的各种费用，包括直接材料、直接人工和间接制造费用等。一般而言，在制造过程中发生的上述费用应通过有关成本计算方法，归集分配到各成本计算对象。各成本计算对象的成本将从有关产品的销售收入中得到补偿。

期间费用是指与产品的生产无直接关系的费用。对制造企业而言，期间费用包括管理费用、销售费用和财务费用等。

此外，在企业的费用中，还有一项所得税费用。在会计利润与应税利润没有差异的条件下，所得税费用是指企业按照当期应税利润与适用税率确定的应缴纳的所得税支出。

3. 现金流量表

现金流量表是反映企业在一定会计期间现金流入与现金流出情况的报表。

现金流量表中的现金，指的是货币资金(包括库存现金、银行存款、其他货币资金等)和现金等价物(指企业持有的期限短，流动性强，易于转换为已知金额现金，价值变动风险很小的投资)。

4. 所有者权益变动表

所有者权益变动表又称股东权益变动表，是反映构成所有者权益的各个组成部分当期增减变动情况的报表。所有者权益变动表应当全面反映一定时期内所有者权益变动的情况，它实际上是资产负债表的附表。

二、报表附注

报表附注是对在资产负债表、利润表、现金流量表和所有者权益变动表等报表中列示的项目的文字描述或明细资料，以及对未能在这些报表中列示的项目的说明等。附注应当披露财务报表的编制基础，相关信息应当与资产负债表、利润表、现金流量表和所有者权益变动表等报表中列示的项目相互参照。

报表附注一般包括以下内容。

（1）企业的基本情况：

① 企业注册地、组织形式和总部地址；

② 企业的业务性质和主要经营活动；

③ 母公司以及集团最终母公司的名称。

（2）财务报表的编制基础。

（3）遵循企业会计准则的声明。

（4）重要会计政策的说明，包括财务报表项目的计量基础和会计政策的确定依据等。

（5）重要会计估计的说明，包括下一会计期间内很可能导致资产、负债账面价值重大调整的会计估计的确定依据等。

（6）会计政策和会计估计变更以及差错更正的说明。

（7）对已在资产负债表、利润表、现金流量表和所有者权益变动表中列示的重要项目的进一步说明，包括终止经营税后利润的金额及其构成情况等。

（8）或有和承诺事项、资产负债表日后非调整事项、关联方关系及其交易等需要说明的事项。

（9）在资产负债表日后、财务报告批准报出日前提议或宣布发放的股利总额和每股股利金额(或向投资者分配的利润总额)。

（10）财务报表重要项目的说明，主要包括：

① 应收款项(不包括应收票据)及计提坏账准备的方法。说明坏账的确认标准，以及坏账准备的计提方法和计提比例，并重点说明如下事项：

a. 本年度全额计提坏账准备，或计提坏账准备的比例较大的(一般为计提比例达到40%及以上的)应单独说明计提的比例及理由；

b. 以前年度已全额计提坏账准备，或计提坏账准备的比例较大的，但在本年度又全额或部分收回的，或通过重组等其他方式收回的，应说明其收回的原因、原估计计提比例的理由以及原估计计提比例的合理性；

c. 对某些金额较大的应收款项不计提坏账准备，或计提坏账准备比例较低(一般为5%或低于5%)的理由；

d. 本年度实际冲销的应收款项及冲销理由，其中，实际冲销的关联交易产生的应收款项应单独披露。

② 存货的核算方法。说明存货分类、取得、发出、计价以及低值易耗品和包装物的摊销方法，计提存货跌价准备的方法以及存货可变现净值的确定依据。

③ 投资的核算方法。交易性金融资产、长期股权投资等金融资产的披露。

④ 固定资产和无形资产的核算方法。

a. 固定资产的计价和折旧方法。说明固定资产的标准、分类、计价方法和折旧方法，各类固定资产的预计使用年限、预计净残值率和折旧率，如有在建工程转入、出售、置换、抵押和担保等情况的，应予以说明。

b. 无形资产的计价和摊销方法。说明无形资产的标准、分类、计价方法和折旧方法。

⑤ 收入的披露事项。应当分项披露如下与收入相关的内容：营业收入中主营业务收入和其他业务收入的本期发生额和上期发生额；建造合同当期预计损失的原因和金额。

⑥ 所得税的会计处理方法。说明所得税费用(收益)的组成，包括当期所得税、递延所得税，以及所得税费用(收益)与会计利润的关系。

⑦ 合并财务报表的说明。说明合并范围的确定原则，本年度合并报表范围如发生变更，企业应说明变更的内容和理由。

此外，附注还应披露关于其他综合收益、终止经营方面的信息以及有助于财务报表使用者评价企业管理资本的目标、政策及程序的信息。

三、审计报告

审计报告是指注册会计师根据独立审计准则的要求，在实施了必要审计程序后出具的用于对被审计单位年度财务报表发表审计意见的书面文件。审计报告是审计工作最终成果的体现，具有法定证明效力。这里涉及的被审计单位包括负责编制和报送财务报表，并接受注册会计师审计的企业和实行企业化管理的企业单位。注册会计师在实施必要的审计程序后，以经过核实的审计证据为依据，形成审计意见并出具的审计报告，对于各方关系人来说都具有十分重要的意义。

审计报告一般包括标题、收件人、范围段、意见段、签章、会计师事务所地址和报告日期等基本内容。注册会计师根据审计结果和被审计单位对有关问题的处理情况，形成不同的审计意见，出具四种基本类型审计意见的审计报告。

1. 无保留意见的审计报告

无保留意见是指注册会计师对被审计单位的财务报表，依照中国注册会计师独立审计准则的要求进行审计后确认被审计单位采用的会计处理方法遵循了会计准则及有关规定；财务报表反映的内容符合被审计单位的实际情况；财务报表内容完整，表述清楚，无重要遗漏；报表项目的分类和编制方法符合规定要求，因而对被审计单位的财务报表无保留地表示满意的审计意见。无保留意见意味着注册会计师认为财务报表的反映是合法、公允和一贯的，能满足非特定多数利害关系人的共同需要。

2. 保留意见的审计报告

保留意见是指注册会计师对财务报表的反映有所保留的审计意见。注册会计师经过审计后，认为被审计单位财务报表的反映就其整体而言是恰当的，但还存在下述情况之一时，应出具保留意见的审计报告：个别重要财务会计事项的处理或个别重要财务报表项目的编制不符合《企业会计准则》和国家其他有关会计法规的规定，且被审计单位拒绝进行调整；因审计范围受到局部限制，无法按照独立审计准则的要求取得应有的审计证据；个别会计处理方法的选用不符合一贯性原则。

3. 否定意见的审计报告

否定意见是指与无保留意见相反，认为财务报表不能合法、公允、一贯地反映被审计单位财务状况、经营成果和现金流量情况的审计意见。注册会计师经过审计后，认为被审计单位的财务报表存在下述情况之一时，应当出具否定意见的审计报告：会计处理方法的选用违反《企业会计准则》和国家其他有关会计法规的规定，且被审计单位拒绝进行调整；财务报表严重歪曲了被审计单位的财务状况、经营成果和现金流量情况，且被审计单位拒绝进行调整。

4. 无法表示意见的审计报告

无法表示意见是指注册会计师对被审计单位财务报表的合法性、公允性和一贯性无法发表意见。注册会计师在审计过程中，由于审计范围受到委托人、被审计单位或客观环境的严重限制，不能获取必要的审计证据，以致无法对财务报表整体反映情况发表审计意见时，应当出具无法表示意见的审计报告。

四、合并财务报表与母公司财务报表

合并财务报表是指反映母公司及其全部子公司所形成的企业集团的整体财务状况、经营成果和现金流量的财务报表。合并财务报表至少应当包括下列组成部分：合并资产负债表、合并利润表、合并现金流量表、合并所有者权益(或股东权益)变动表以及报表附注。母公司是指有一个或一个以上子公司的企业(或主体)；子公司是指被母公司控制的企业。合并财务报表应当由母公司负责编制。合并财务报表反映作为经济主体的集团(母公司和子公司)合并的会计信息。合并财务报表实际上是母公司和各子公司报表数据的混合，并不能反映每个法律主体的偿债能力。因此，只有当母、子公司存在债务交叉担保，或对企业集团进行整体授信时，合并财务报表才能为债权人提供更为有用的信息。

尽管人们通常认为，较之于母公司财务报表，合并财务报表可以为母公司的股东(特别是控股股东)提供更为有用的信息，但是关于母公司财务报表是否对合并财务报表具有补充性的作用，尚存争议，而合并财务报表对于债权人的有用性则更没有统一的认识。母公司和子公司的债权人对企业债务的求偿权是针对法律主体而非经济主体的，而母公司财务报表则仅仅提供作为法律主体的母公司自身的会计信息。股东和债权人在其决策过程中应如何恰当利用合并财务报表和母公司财务报表信息，在理论界和实务界一直是颇具争议的话题。

由于存在上述争议，西方主要发达国家对母公司财务报表的规定存在两种制度。一种是以合并财务报表取代母公司财务报表，母公司只对外提供合并财务报表，而不提供其自身的财务报表，即“单一披露制”，使用的国家有美国和加拿大等；另一种则要求母公司同时提供合并财务报表和母公司财务报表，即“双重披露制”，使用的国家有英国、法国、德国、日本等。我国目前实行的是双重披露制。

就报表编制与披露的发展历史来看，合并财务报表一直处于核心地位。1940 年美国证券交易委员会(SEC)规定上市公司必须编制和提供合并财务报表。1959 年，美国会计程序委员会(CAP)发布了首份规范合并财务报表的正式文件——《会计研究公报第 51 号—合并财务报表》，文件指出，当集团中的一个公司直接或间接拥有其他公司的控制财务权益时，合并财务报表较母公司财务报表更有意义。但是在某些情况下，除披露合并财务报表外，披露母公司财务报表也是必要的，母公司财务报表可充分显示母公司的债券持有人和其他债权人或母公司的优先股股东的状况。

我国财政部于 1995 年发布并实施的《合并会计报表暂行规定》首次对合并财务报表的编制问题进行了规范。2006 年发布《企业会计准则第 33 号—合并财务报表》，对其进行了修订。2014 年财政部再次对该项准则进行了修订，企业财务报表的合并范围和合并程序等方面均有较大变化。我国证券监督管理委员会(简称证监会)也要求作为母公司的上市公司应同时提供母公司财务报表和合并财务报表。

总体而言，不论各国准则制定机构和相关证券监管机构选择单一披露制还是双重披露制，合并财务报表的重大作用都是不言而喻的，它能提供有关母公司直接或间接控制的经济资源，以及整个企业集团的经营成果等方面的综合信息，同时也全面地反映了母公司的股东在企业集团中所享有的权益。

五、年度财务报告与中期财务报告

1. 年度财务报告

年度财务报告是指以整个会计年度为基础编制的财务报告。我国《公司法》第一百六十四条规定，公司应当在每一会计年度终了时编制财务会计报告，并依法经会计师事务所审计。为了规范上市公司年度报告的编制及信息披露行为，保护投资者的合法权益，根据我国《公司法》《证券法》等法律法规及证监会的有关规定，证监会于 2012 年重新修订了《公开发行证券的公司信息披露内容与格式准则第 2 号—年度报告的内容与格式》，对公司年度报告中应披露的信息做了更为详细的规定和说明，以进一步提高上市公司的透明度，增强上市公司年报披露的针对性和有效性。同时明确指出，该准则的规定是对公司年度报告信息披露的最低要求，凡对投资者投资决策有重大影响的信息，不论准则是否有明确规定，公司均应披露。修订后的披露要求具有以下特点：① 大幅缩减了年报摘要篇幅，降低了披露成本；② 简化了年报全文披露内容，强化了投资者关心事项的披露；③ 以体现公司投资价值为导向，增加了非财务信息的披露；④ 增加了自愿披露内容，鼓励差异化披露。

公司年度报告中的财务会计报告必须经具有证券期货相关业务资格的会计师事务所审计，审计报告须由该所至少两名注册会计师签字。已发行境内上市外资股及其衍生证券并在证券交易所上市的公司，还应进行境外审计(会计师依据国际审计准则或境外主要募集行为发生地审计准则，对公司按照国际会计准则或境外主要募集行为发生地会计准则调整的财务会计报告进行审计)。公司应在年度报告文本扉页刊登不限于如下重要提示：本公司董事会、监事会及董事、监事、高级管理人员保证本报告所载资料不存在任何虚假记载、误导性陈述或者重大遗漏，并对其内容的真实性、准确性和完整性承担个别及连带责任。如有董事、监事、高级管理人员对年度报告内容的真实性、准确性、完整性无法保证或存在异议的，应当声明：××董事、监事、高级管理人员无法保证本报告内容的真实性、准确性和完整性。理由是：……，请投资者特别关注。如有董事未出席董事会，应当单独列示其姓名。如果执行审计的会计师事务所对公司出具了有强调事项(或保留意见、无法表示意见或否定意见)的审计报告，本公司董事会、监事会对相关事项亦有详细说明，请投资者注意阅读。公司负责人、主管会计工作负责人及会计机构负责人(会计主管人员)应当声明：保证年度报告中财务报告的真实、完整。

年度报告正文应包括如下主要内容：

(1) 重要提示；

(2) 公司简介；

(3) 会计数据和财务指标摘要；

(4) 股份变动及股东情况；

(5) 董事、监事、高级管理人员和员工情况；

(6) 公司治理；

(7) 董事会报告；

(8) 内部控制；

(9) 重要事项；

(10) 财务报告；

(11) 备查文件目录。

其中，在财务报告部分，公司应披露审计意见全文、经审计的财务报表及其附注。财务报表包括公司报告期末及其前一个年度末的比较式资产负债表、两年度的比较式利润表、现金流量表以及所有者权益变动表和财务报表附注。编制合并财务报表的公司，除提供合并财务报表之外，还应提供母公司已审计的财务报表以及未予合并的特殊行业子公司的已审计的财务报表。被合并企业的财务报表也必须经具有证券期货相关业务资格的会计师事务所审计。财务报表附注是财务报告中不可缺少的一个组成部分，它应对比较式报表的两个日期或期间的数据均作出说明。

公司应当在每个会计年度结束之日起 4 个月内将年度报告全文刊登在中国证监会指定网站上，同时将年度报告摘要刊登在至少一种中国证监会指定报纸上，刊登篇幅原则上应超过报纸版面的 1/4，也可以刊登在中国证监会指定网站上。公司可以将年度报告刊登在其他媒体上，但不得早于在中国证监会指定媒体披露的时间。

2. 中期财务报告

中期财务报告是指以中期为基础编制的财务报告。中期是指短于一个完整的会计年度的报告期间，它可以是一个月、一个季度、半年，也可以是其他短于一个会计年度的期间。中期财务报告至少应当包括资产负债表、利润表、现金流量表以及报表附注。

(1) 资产负债表、利润表、现金流量表和附注是中期财务报告至少应当编制的法定内容。对其他财务报表或者相关信息，如所有者权益变动表等，企业可以根据需要自行决定。

(2) 中期资产负债表、利润表和现金流量表的格式和内容，应当与上年度财务报表相一致。但如果当年新施行的会计准则对财务报表格式和内容做了修改，中期财务报表应当按照修改后的报表格式和内容编制，与此同时，在中期财务报告中提供的上年度比较财务报表的格式和内容也应当作相应的调整。

(3) 中期财务报告中的附注相对于年度财务报告中的附注而言，是适当简化的。中期财务报表附注的编制应当遵循重要性原则，但企业至少应当在中期财务报表附注中披露如下相关信息：

① 中期财务报表所采用的会计政策与上年度财务报表相一致的声明。企业在中期会计政策发生变更的，应当说明会计政策变更的性质、内容、原因及其影响数；无法进行追溯调整的，应当说明原因。

② 会计估计变更的内容、原因及其影响数；影响数不能确定的，应当说明原因。

③ 前期差错的性质及其更正金额；无法进行追溯表述的，应当说明原因。

④ 企业经营的季节性或者周期性特征。

⑤ 存在控制关系的关联方发生变化的情况；关联方之间发生交易的，应当披露关联方关系的性质、交易类型和交易要素。

⑥ 合并财务报表的合并范围发生变化的情况。

⑦ 对性质特别或者金额异常的财务报表项目的说明。

⑧ 证券发行、回购和偿还情况。

⑨ 向所有者分配利润的情况，包括在中期内实施的利润分配和已提出或者已批准但尚未实施的利润分配情况。

⑩ 根据《企业会计准则第 35 号—分部报告》规定披露分部报告信息的，应当披露主要的报告形式的分部收入与分部利润(亏损)。

⑪ 中期资产负债表日至中期财务报告批准报出日之间发生的非调整事项。

⑫ 上年度资产负债表日以后所发生的或有负债和或有资产的变化情况。

⑬ 企业结构变化情况。包括企业合并，对被投资单位具有重大影响、共同控制或者控制关系的长期股权投资的购买或者处置终止经营等。

⑭ 其他重大交易或者事项。包括重大的长期资产转让及其出售情况；重大的固定资产和无形资产取得情况；重大的研究和开发支出；重大的资产减值损失、或有负债等。

企业在提供上述第⑤项和第⑩项有关关联方交易、分部收入与分部利润(亏损)信息时，应当同时提供本年中期(或者本年中期期末)和本年度期初至本年中期期末的数据，以及上年度可比本年中期(或者可比期末)和可比年初至本年中期期末的比较数据。

第二节　制约企业报表编制的基本会计假设

企业的会计部门从事财务会计活动，编制财务报表，要遵循一定的原则，而会计原则又是建立在一些基本的会计假设基础之上的，因此，本节及下节将讨论会计的基本假设与一般原则。会计的基本假设与一般原则，也是制约企业报表编制的基本假设与一般原则。一般认为，会计假设是指会计机构和会计人员对那些未经确认或无法正面论证的经济业务或会计事项，根据客观的正常情况或变化趋势所做出的合乎情理的判断。

下面分别介绍基本会计假设的含义及其对报表编制的影响。

一、会计主体假设

会计主体假设的基本含义是指每个企业的经济业务必须与企业的所有者及其他经济组织分开。会计主体假设规定了会计处理与财务报告的空间范围，也限定了企业的会计活动范围。有了会计主体假设，会计处理的经济业务和财务报告才可以按特定的主体来识别。

会计主体假设除了限定企业会计活动的空间范围，对会计概念、会计行为、会计法规建设及报表编制等方面也有重大影响。比如，对会计概念的影响，会计主体假设要求基本的会计概念具有鲜明的会计主体性。如会计中的资产概念，指的是特定企业可以支配的经济资源。离开了一定的会计主体，就不可能谈论会计概念。这是会计学概念与其他经济学科概念的本质区别。又如，对企业会计行为的影响，会计主体假设要求企业会计行为的出发点应站在企业主体的立场而不是企业以外的立场。按照会计主体假设的要求，企业会计行为只能对企业管理层负责，而不能对企业以外的其他利益集团负责。实际上，《中华人民共和国会计法》中规定的“单位负责人对本单位会计工作和会计资料的真实性、完整性负责”的内容，就是在法规建设中尊重会计活动基本规律和基本要求的体现。再如，对报表编制的影响，会计主体假设要求特定会计主体的财务报表只能反映某特定主体的财务状况与经营成果等。明确会计主体假设不仅对会计工作有重要意义，对制定会计政策、评价企业会计行为等方面也具有重要意义。

二、持续经营假设

持续经营假设的基本含义是，企业会计方法的选择应以企业在可预见的未来将以它现实的形式并按既定的目标持续不断地经营下去为假设。通俗地讲，就是企业在可预见的将来不会面临破产、清算。企业在可预见的将来保持持续经营并不意味着企业会永久存在，而是指企业能存在足够长的时间，使企业能按其既定的目标开展经营活动，按已有的承诺去偿清债务。

持续经营假设为企业在编制报表时选择会计方法奠定了基础。主要表现在：(1) 在一般情况下，资产以其取得时的历史成本计价，而不按其进入解散清算状态的现行市场价计价；(2) 对非流动资产的摊销，如固定资产折旧、无形资产摊销等问题的处理，均以企业在折旧年限或摊销期内会持续经营为假设；(3) 对企业偿债能力的评价与分析也基于企业在会计报告期后仍能持续经营的假设；(4) 正是由于考虑到持续经营假设，才有了会计上除固定资产折旧与无形资产摊销以外其他权责发生制方法的选择（如坏账处理的备抵法、销售收入的确认等）。

不仅如此，持续经营假设还要求当传统方法可能危及企业的持续经营时，企业的会计活动能够选择对企业持续经营有利的方法。比如，在存在通货膨胀的情况下，当简单的价值补偿已不能维持其实物替换的持续经营时，就需要研究通货膨胀对持续经营的不利影响，并力求在会计方法上予以消除。在编制财务报表的过程中，企业管理层应当利用所有可获得的信息来评价企业自报告期末至少 12 个月的持续经营能力。

三、会计分期假设

会计分期假设的含义是，企业在持续经营过程中所发生的各种经济业务可以归属于人为划分的各个期间。这种因会计的需要而划分的期间称为会计期间，会计期间通常是按月、季和年来划分。对此，《企业会计准则—基本准则》的表述是："企业应当划分会计期间，分期结算账目和编制财务会计报告。"

会计分期假设是持续经营假设的必然结果。由于假设企业会在可预见的将来保持其持续经营状态，这就存在着在持续经营的过程中，什么时候向与企业有利害关系的各方提供财务报告的问题，在会计实践中，绝不可能等到企业的全部经营活动完成以后才向外界提供财务报告。为了使财务报告的使用者能定期、及时地了解企业的财务状况和经营成果，会计上就应把其持续经营的经济活动人为地进行划分，使其归属于各不相同的会计期间，并进行会计处理及财务报表编制。以年度划分的会计期间，称为会计年度。会计年度既可与日历年度相一致，也可与日历年度不一致。

《企业会计准则—基本准则》规定："会计期间分为年度和中期。中期是指短于一个完整的会计年度的报告期间。"会计期间的确定，实际上决定了企业对外报送报表的时间间隔以及企业报表所涵盖的时间跨度。从会计信息本身反映的经济内容以及报表信息使用者所希望了解的内容来看，会计期间的划分应能体现较为完整的生产经营过程。会计期间的划分不会对信息披露以及信息使用者对企业财务状况的分析产生较大影响。但是，在企业季节性生产的条件下，整齐划一地以日历年度为会计年度，将有可能因财务信息代表性较差而使得企业所披露的部分信息(如资产负债表信息)难以反映企业真实的财务状况，从而误导信息使用者。

会计分期假设除了对企业进行会计处理计算损益和编制财务报告限定了时间区域，对会计信息质量有着重要影响外，对会计的概念也有一定的影响。由于受会计分期假设的影响，许多会计概念具有鲜明的时期特性，比如利润总额、收入、费用等均带有鲜明的时期特性。此外，会计分期假设与持续经营假设一起构成了权责发生制原则的理论基础。

四、货币计量假设

货币计量假设的基本含义是，会计主体在财务会计确认、计量和报告时均采用货币作为计量单位，反映会计主体生产经营活动价值方面的表现。也就是说，只有能用货币反映的经济活动，才能纳入到会计系统中来。这意味着：第一，会计所计量和反映的，只是企业能用货币计量的方面，某些影响企业财务状况和经营成果的因素，如企业经营战略、研发能力、市场竞争力等，因其难以用货币计量而无法反映在会计系统中。然而这些信息对于会计信息使用者来说也很重要，因此企业应尽可能地在财务报告中补充披露这些非财务信息。第二，不同实物形态的资产只有用货币作为统一计量单位，才能据以进行会计处理，揭示企业的财务状况。货币计量假设使得企业对大量复杂的经济业务进行统一汇总、计量成为可能。

第三节　制约企业报表编制的一般原则

会计原则是从会计实践中逐渐发展起来的，公认的公正、妥善、有用的系统化的惯例，是会计人员据以辨认、计量和记录经济业务、提供财务报告的指南。

我国财政部发布的《企业会计准则—基本准则》对我国企业会计以及报表编制应遵循的基本会计原则作了规定。分述如下。

一、客观性原则

《企业会计准则—基本准则》对客观性原则的表述是："企业应当以实际发生的交易或者事项为依据进行会计确认、计量和报告，如实反映符合确认和计量要求的各项会计要素及其他相关信息，保证会计信息真实可靠，内容完整。"

一般认为，客观性原则有两层含义：一是可验证性；二是会计人员对某些会计事项的估计判断合法、合规、合理。

可验证性是指企业的会计处理应当尽量以实际发生的业务为基础，以取得的业务凭证为依据。这样就能保证企业的会计处理，从填制记账凭证、登记账簿到编制财务报表等过程都有可靠的凭证为依据，也能保证会计上的账证、账账、账表和账实之间的一致性。

在会计实务中，除了能够取得记载业务发生情况凭证的业务，还有一些虽已发生，但其金额需要靠会计人员的职业估计和判断才能确定的业务。对这类业务的处理，很难要求其达到数据准确性。这类业务有：固定资产、无形资产、递延资产的摊销，坏账损失的预先估计，制造费用在产品和产成品之间的分摊，或有损失的估计等。很明显，这些业务在各个会计期间都会发生，但其金额大小，不同的会计人员可能会估计出不同的结果。对这些问题的估计，只能要求会计人员的处理能尽量合法、合规、合理，不带主观偏见。因此，美国会计界比较有代表性的见解认为，财务信息客观性的标志是："两个以上有资格的人员查证同样的数据时，基本上能得出相同的计量和结论。"

二、相关性原则

相关性原则是指企业所提供的会计信息应当与信息使用者相关，对信息使用者的决策有用。会计的相关性原则，是会计信息的生命力所在，因为任何一个企业会计信息的使用者，都希望通过对有关会计信息的使用做出相应的决策。如果会计信息不能帮助信息使用者做出有关决策，会计信息乃至会计工作也就失去了意义。

《企业会计准则—基本准则》对会计信息相关性的要求是："企业提供的会计信息应当与财务会计报告信息使用者的经济决策需要相关，有助于财务会计报告使用者对企业过去、现在或者未来的情况做出评价或者预测。"

三、明晰性原则

《企业会计准则—基本准则》对明晰性原则的表述是："企业提供的会计信息应当清晰明了，便于财务会计报告使用者理解和利用。"强调明晰性原则是由会计核算的目的决定的。会计核算的目的之一是要向与企业有关的各个方面提供有用的会计信息，而要做到这一点，就必须要求企业的会计信息能够清晰完整地反映出企业经济活动的来龙去脉。如果因为企业提供的会计信息清晰度不高而使信息使用者无从使用，则不仅会给信息使用者造成困难，对提供信息的企业来说，也是一种损失。

为了保证企业提供的会计信息符合明晰性原则的要求，还需要通过特定的方法对会计信息及其产生的过程进行审查和验证，这就需要企业的会计记录准确、清晰，会计凭证和账簿要据实填制和登记，账户对应关系清楚，文字摘要属实，手续齐备，程序合理。

四、可比性原则

《企业会计准则—基本准则》对可比性原则的表述是："企业提供的会计信息应当具有可比性。"按照《企业会计准则—基本准则》，可比性原则具有两个方面的要求。

（1）同一企业不同时期发生的相同或者相似的交易或者事项，应当采用一致的会计政策，不得随意变更；确需变更的，应当在附注中说明。

（2）不同企业发生的相同或者相似的交易或者事项，应当采用规定的会计政策，确保会计信息口径一致，相互可比。

坚持可比性原则，可以使企业连续几个会计期间的会计信息对经营决策有使用价值，还可以使不同会计期间的财务报表和会计信息能够进行纵向的分析和对比；也可以防止个别企业或个别人利用会计方法的变动，人为地操纵体现企业财务状况的指标（如成本、利润等）以粉饰企业的财务状况和经营成果的情况发生。

对于不同企业，特别是同一行业不同企业之间，应当采用规定的会计政策，以使不同企业财务报表的编制建立在相同的基础上，从而有利于会计信息的使用者进行企业间的分析比较。遵循可比性原则，将使企业间的会计信息比较质量大大提高。

五、实质重于形式原则

按照实质重于形式的原则要求，企业"应当按照交易或者事项的经济实质进行会计确认、计量和报告，不应仅以交易或者事项的法律形式为依据"。

按照本项原则，企业在进行会计处理时，对那些经济实质与法律形式不相符合的业务或者事项，应按照经济实质进行处理，如对融资租入的固定资产，承租方在租赁期内，应将租赁的固定资产视同自己的固定资产进行处理。

六、重要性原则

《企业会计准则—基本准则》要求企业"提供的会计信息应当反映与企业财务状况、经营成果和现金流量等有关的所有重要交易和事项"。

重要性原则主要表现为：对某些经济业务，因其金额或数量较小，不单独反映对揭示企业的财务状况不致发生重大影响的事项，因而在处理时采取与其他项目合并、以突出其他重要项目的做法。例如对低值易耗品的会计处理，尽管其受益期将持续若干会计期间，但因其与固定资产相比金额低，低值易耗品的处理在实务上多采用简化的方法，如一次摊销法、五五法。

七、谨慎原则

《企业会计准则—基本准则》对谨慎原则的表述是："企业对交易或者事项进行确认、计量和报告应当保持应有的谨慎，不应高估资产或者收益，低估负债或者费用。"谨慎原则又称稳健性原则，是指在对企业不确定的经济业务进行处理时，应持保守态度。具体地说，就是凡是可以预见的损失和费用均应予以确认，对不确定的收入则不予确认。

必须指出的是，谨慎原则是市场经济条件下企业会计活动必须遵循的一条重要原则。这是因为，在现实经济生活中存在若干不确定因素。比如企业只要与其他经济组织和个人发生商品赊销业务，就存在发生坏账损失的可能性；商业企业购入的商品，在经营活动中可能存在削价处理损失以及其他一些或有损失等，这些都可能对企业的财务状况产生影响。对于上述可能发生的费用和损失，如果不进行预先处理，可能导致高估资产和收益、低估费用和损失，从而使企业在财务分配上处于不利的境地，也会影响企业未来的正常经营活动。目前，一般认为，允许企业采用谨慎原则的方面有：对各种资产计提减值准备、对企业进行预计负债的账务处理、对部分固定资产可以采用加速折旧法等。

八、及时性原则

《企业会计准则—基本准则》对及时性原则的表述是："企业对于已经发生的交易或者事项，应当及时进行确认、计量和报告，不得提前或者延后。"

一般认为，及时性原则有两方面的含义：一是在企业的经济活动发生以后，会计人员应对其进行及时的会计处理，将其纳入会计系统；二是在会计期间结束以后，应能及时地编制财务报告，使有关利害相关者能够及时地了解企业财务状况的最新发展变化情况。

上述及时性的两方面含义是相互联系的，只有对已发生的经济业务进行及时的会计处理，才有可能在会计期间结束以后迅速编制财务报告；但如果在会计期间结束以后，未能及时编制财务报告，即使会计记录做到了及时性，也会使会计信息的价值大打折扣。

第四节 制约企业财务报表编制的法规体系

企业财务报表的编制，如果没有一定的具有强制性、约束性的法规的制约，将会给报表信息使用者的使用带来极大障碍。从世界各国的实际情况来看，各国大都对企业财务报表的编制与报告内容制定了一些法规，使报表信息的提供者在编制报表时操纵报表信息的可能性受到限制。

在我国，制约企业财务报表编制的法规体系包括会计规范体系以及约束上市公司信息披露的法规体系。从目前的情况来看，制约我国企业编制财务报表法规体系中的会计规范体系主要包括下列内容。

一、《中华人民共和国会计法》

《中华人民共和国会计法》(以下简称《会计法》)于 1999 年 10 月 31 日由九届全国人大常委会第十二次会议修订通过。《会计法》制定于 1985 年，曾于 1993 年进行过一次修订。《会计法》是调整我国经济活动中会计关系的法律总规范，是会计法律规范体系的最高层次，是制定其他会计法规的基本依据，也是指导会计工作的最高准则，相当于会计工作的"宪法"，它明确规定了会计信息的内容和要求，企业会计核算、监督的原则，会计机构的设置，会计人员的配备以及相关人员的法律责任。

二、企业会计准则体系

企业会计准则是有关财务会计核算的规范，是企业的会计部门从事诸如价值确认、计量、记录和报告等会计活动所应遵循的标准。

我国企业会计准则体系由基本会计准则、具体会计准则、会计准则应用指南和解释公告等组成。

1. 基本会计准则

我国的基本会计准则于 1992 年 11 月 30 日发布，并于 1993 年 7 月 1 日起实施。2006 年 2 月 15 日，财政部公布了修订后的《企业会计准则—基本准则》，并于 2007 年 1 月 1 日起施行。基本会计准则的主要内容包括财务会计的目标、会计核算的基本前提、会计核算的一般原则以及会计要素。虽然基本会计准则不具备实务操作性，但它是制定和指导具体会计准则的前提条件，为具体会计准则的制定提供了基本框架，在会计准则体系中起着统驭作用。

2. 具体会计准则

具体会计准则是根据基本会计准则的要求制定的。具体会计准则就经济业务的会计处理以及报表披露等方面做出了具体规定。财政部于 2006 年 3 月发布了 38 项具体会计准则，全面规范了企业的财务会计活动。38 项具体准则具体规范有以下三类经济业务或会计事项的处理。

（1）一般业务处理准则。主要规范各类企业普遍适用的一般经济业务的确认与计量，如存货核算、长期股权投资、固定资产、无形资产、投资性房地产、职工薪酬、收入、建造合同、所得税、股份支付、政府补助、外币折算、借款费用、资产减值、每股收益、企业合并、企业年金基金、财务报表列报、现金流量表、中期财务报告、资产负债表日后事项、会计政策、会计估计变更和前期差错更正等。

（2）特殊行业会计准则。主要规范特殊行业的会计业务或事项的处理，如生物资产、石油天然气开采等。

（3）特定业务准则。主要规范特定业务的确认与计量，如债务重组、非货币性资产交换、租赁、或有事项、工具确认与计量、金融资产转移、金融工具列报、套期保值等。

3. 会计准则应用指南和解释公告

财政部于 2006 年 11 月发布了《企业会计准则—应用指南》。应用指南是根据基本准则和具体准则制定的用于指导会计实务操作的细则，是企业会计准则体系的重要组成部分，主要用于在运用会计准则处理业务时所涉及的会计科目、账务处理、财务报表及其格式、编制说明等，类似于以前的会计制度。应用指南的发布有助于会计人员完整、准确地理解和掌握新准则，确保新准则的贯彻实施，同时也标志着我国企业会计准则体系的构建工作已基本完成。

解释公告是随着企业会计准则的贯彻实施，就实务中遇到的问题对准则作出的具体解释。

需要注意的是，在我国，制约企业财务报表编制的会计规范体系一直处于不断完善、不断变化之中，今后仍将继续完善和发展变化。

第五节　上市公司的信息披露制度

信息披露制度，也称公示制度或公开披露制度，是上市公司为保障投资者利益，接受社会公众的监督，依照法律规定必须将其自身的财务变化、经营状况等信息和资料向证券管理部门和证券交易所报告，并向社会公开或公告以使投资者充分了解其经营情况的制度。

上市公司信息披露的内容主要分为两类：一是投资者评估公司状况所需要的信息；二是对股价运行有重要影响的事项。从上市公司披露信息时段来看，可分为上市前会计信息和上市后会计信息两部分内容。

我国现行的上市公司信息披露规范体系主要由证券发行信息披露制度和持续性信息披露制度两个方面组成。具体而言，会计信息披露文件一般包括招股说明书、上市公告书、年度报告、中期报告(包括半年度报告和季度报告)以及临时报告(包括重大事件公告和收购与合并公告)，前两者构成发行信息披露，后三者构成持续性信息披露。

信息披露的评价标准是是否具有及时性、有效性和充分性。信息披露制度的目的与证券市场监管的目标是一致的，都以维护投资者利益、提高证券市场效率为宗旨。从各市场经济国家证券市场监管的实践来看，信息披露制度是每一个国家证券监管制度不可分割的组成部分。为了应对证券市场中的欺诈行为和内幕交易等市场失灵的现象，改善市场中客观存在的不公平竞争状态，世界上几乎所有国家的证券法规都规定，一切已经上市的和即将上市的股份有限公司都负有公开、公平和及时地向投资者和潜在的投资者披露一切有关公司重要信息的持续性责任。因此，历来的证券监管都把信息披露监管作为重中之重。

近年来，随着上市公司数量的不断增加，我国上市公司的信息披露制度逐渐完善。当前规范我国上市公司信息披露制度的体系包括四个层次：第一层次为基本法律，主要包括《证券法》《公司法》《刑法》等国家基本法律；第二层次为行政法规，主要包括《股票发行与交易管理暂行条例》《上市公司监管条例》《股份有限公司境内上市外资股的规定》等；第三层次为部门规章，主要是指中国证监会制定的适用于上市公司信息披露的制度规范，包括《首次公开发行股票并上市管理办法》《首次公开发行股票并在创业板上市管理暂行办法》《上市公司信息披露管理办法》《禁止证券欺诈行为暂行办法》《股份有限公司境内上市外资股规定的实施细则》《证券交易所管理办法》《上市公司收购管理办法》《公开发行证券的公司信息披露的内容与格式准则》系列、《公开发行证券的公司信息披露编报规则》系列、《公开发行证券的公司信息披露规范问答》系列等；第四层次为自律性规则，包括《证券交易所股票上市规则》《信息披露工作指引》等。

可以说，中国证券市场建立了以《证券法》为主体，相关的行政法规、部门规章等规范性文件为补充的全方位、多层次的上市公司信息披露制度框架，该框架从原则性规范到操作性规范，从信息披露的内容形式到手段，都做出了较为合理的规定，并参考了国际通行的规范，披露标准较高，制定过程较为透明，基本达到了国际水平。

章节训练

一、单项选择题

1. 下列选项中，属于静态报表的是（　　）。

A. 资产负债表　　B. 利润表　　C. 制造费用表　　D. 管理费用表

2. 下列各项中，不属于企业会计基本假设的是（　　）。

A. 货币计量　　B. 会计主体　　C. 实质重于形式　　D. 持续经营

3. 下列各项中，体现谨慎性要求的是（　　）。

A. 对固定资产采用年限平均法计提折旧

B. 不应高估资产或者收益、低估负债或者费用

C. 高估资产、低估负债

D. 对承担的可能较小环保责任确认预计负债

4. 资产负债表中资产项目的排列顺序是（　　）。

A. 相关性大小　　B. 重要性大小　　C. 可比性高低　　D. 流动性大小

5. 反映企业一定时期经营成果的报表是（　　）。

A. 利润表　　B. 资产负债表

C. 财务状况变动表　　D. 现金流量表

6. 资产负债表中所有者权益各项目自上而下排列的顺序是（　　）。

A. 实收资本、资本公积、盈余公积、未分配利润

B. 实收资本、盈余公积、资本公积、未分配利润

C. 资本公积、盈余公积、未分配利润、实收资本

D. 盈余公积、资本公积、未分配利润、实收资本

二、多项选择题

1. 下列各项中，不属于会计信息质量要求的有（　　）。

A. 重要性　　B. 谨慎性　　C. 货币计量　　D. 权责发生制

2. 下列各项中，体现信息谨慎性质量要求的有（　　）。

A. 资产负债表日计提存货跌价准备

B. 各期发生存货成本的计价方法保持一致，不随意变更

C. 对售出商品很可能发生的保修义务确认预计负债

D. 对很可能承担的环保责任确认预计负债

3. 下列各项中，关于企业会计信息可靠性表述正确的有（　　）。

A. 企业应当保持应有的谨慎，不高估资产或者收益、低估负债或费用

B. 企业提供的会计信息应当相互可比

C. 企业应当保证会计信息真实可靠、内容完整

D. 企业应当以实际发生的交易或事项为依据进行确认、计量、记录和报告

4. 下列各项中，符合可比性信息质量要求的有（　　）。

A. 企业提供的会计信息应便于使用者理解和使用

B. 同一企业不同时期的会计信息应相互可比

C. 不同企业相同会计期间的会计信息应相互可比

D. 企业采用的会计政策，以后期间不得变更

5. 下列各项中，符合会计信息质量要求的有(　　)。

A. 租入资产视为企业资产核算符合实质重于形式要求

B. 应及时进行会计确认、计量、记录和报告，可以提前但不得延后

C. 企业发生的支出金额较小，从支出的受益期来看，可能需要在若干会计期间进行分摊，但根据重要性要求，可以一次性计入当期损益

D. 企业应当根据其所处的环境和实际情况，从项目性质和真实性两方面加以判断其重要性

6. 下列各项企业的会计处理中，符合谨慎性质量要求的有(　　)。

A. 在存货的可变现净值低于成本时，计提存货跌价准备

B. 在应收款项实际发生坏账损失时，确认坏账损失

C. 对售出商品很可能发生的保修义务确认预计负债

D. 企业将属于研究阶段的研发支出确认为研发费用

7. 下列各项，属于现金流量表中现金及现金等价物的有(　　)

A. 库存现金　　　　　　　　　　B. 其他货币资金

C. 3 个月内到期的债券投资　　　　D. 随时用于支付的银行存款

三、判断题

1. 会计主体是指会计工作服务的特定对象，是企业会计确认、计量、记录和报告的时间范围。(　　)

2. 利润表就是反映企业在某一会计时点的经营成果的财务报表。(　　)

3. 企业发生的某些支出金额较小，从支出的受益期来看，可能需要在若干会计期间进行分摊，但根据重要性要求，可以一次性计入当期损益。(　　)

4. 同一企业不同时期，发生的相同或者相似的交易或者事项，应当采用一致的会计政策，不得随意变更。(　　)

5. 低值易耗品可以采用一次摊销法或分次摊销法摊销，尚未摊销的部分作为周转材料合并列入资产负债表存货项目，而不作为单独项目列报。(　　)

6. 企业发生的研发支出属于研究阶段的支出，尽管多数情况下其金额较大，但是，从其功能看尚未形成预期会给企业带来经济利益的资源，在发生期作为期间费用计入当期损益核算并列报。(　　)

四、思考题

1. 企业财务报告的组成内容包括哪些？四个报表之间的对应关系如何？

2. 企业财务报表编制基础的四个基本会计假设对企业的财务报表编制行为有什么影响？

第三章 资产负债表的编制与分析

知识要点

1. 掌握资产负债表的结构及基本内容；
2. 熟悉资产负债表各项目的基本内涵；
3. 熟悉资产负债表各项目之间的关系；
4. 了解资产负债表分析的意义。

能力要点

1. 能够读懂资产负债表；
2. 能够阐述资产负债表中有关数字之间存在的勾稽关系；
3. 能够根据相关资料完成资产负债表的编制，并运用相应的分析方法对企业的资产负债表进行分析。

情境导入

王红是一名刚进入企业工作的会计专业大学生。第一天上班，她的指导会计就严肃地告诉她，资产负债表是将有关企业财务状况的单项原始数据按规定的项目和排列顺序所做的集合，其目的是向他人提供决策所需的财务信息和经济信息，但是如果不对这些信息进行比较分析，整理这些信息就无多大意义。

王红认为，会计的工作过程应是编制会计凭证—登记会计账簿—编制报表，为什么编制完报表后还有阅读与分析报表的工作？她的指导会计告诉她，经过一段时间的财务工作，自然而然就明白了。带着这个问题，她开始了自己的财务工作。

第一节 认识资产负债表

一、资产负债表概述

（一）资产负债表的概念

资产负债表是反映企业在某一特定日期的财务状况的报表，是对企业特定日期的资

产、负债和所有者权益的结构性表述。它反映企业在某一特定日期所拥有或控制的经济资源、所承担的现时义务和所有者对净资产的要求权。其中，特定日期分别指会计期间中会计年度的年末及中期的月末、季末和半年末(如 6 月 30 日)等；财务状况是指企业经营活动及其结果在某一特定日期的资金结构状况及其表现，表明企业取得资金的方式与来路和这些资金的使用状态与去向。如资产负债率是企业财务状况的重要财务指标，表明企业在特定日期的资产所使用的资金中通过负债取得资金的比率。

(二) 资产负债表的结构原理

资产负债表是根据“资产＝负债＋所有者权益”这一平衡公式，以各具体项目的性质和功能为分类标准，依次将某一特定日期的资产、负债、所有者权益的具体项目予以适当的排列编制而成。

资产负债表主要由表首和表体两部分组成。表首部分应列明报表名称、编制单位名称、资产负债表日、报表编号和计量单位；表体部分是资产负债表的主体，列示了用以说明企业财务状况的各个项目。资产负债表的表体一般有两种格式：报告式和账户式。报告式资产负债表是上下结构，上半部分列示资产各项目，下半部分列示负债和所有者权益各项目。账户式资产负债表是左右结构，左边列示资产各项目，反映全部资产的分布及存在状态；右边列示负债和所有者权益各项目，反映全部负债和所有者权益的内容及构成情况。资产各项目的合计金额等于负债和所有者权益各项目的合计金额。

我国企业的资产负债表采用账户式结构，分为左右两方，左方为资产项目，大体按资产的流动性强弱排列，流动性强的资产如“货币资金”“交易性金融资产”等排在前面，流动性弱的资产如“长期股权投资”“固定资产”等排在后面。右方为负债及所有者权益项目，一般按要求清偿期限的长短排列，“短期借款”“应付票据”“应付账款”等需要在 1 年内或者长于 1 年的一个正常营业周期内偿还的流动负债排在前面，“长期借款”等在 1 年以上才需偿还的非流动负债排在中间，在企业清算之前不需要偿还的所有者权益项目排在后面，表明负债具有优先偿还的要求权，所有者权益对负债具有担保责任。

账户式资产负债表中的资产各项目的合计等于负债和所有者权益各项目的合计，即资产负债表左方和右方平衡。账户式资产负债表可以反映资产、负债、所有者权益之间的内在关系，即“资产＝负债＋所有者权益”。

(三) 资产负债表的类型

根据各类项目在表中的排列结构，资产负债表主要分为报告式资产负债表和账户式资产负债表。

1. 报告式资产负债表

报告式资产负债表又称垂直式资产负债表，先列示资产，后列示负债和所有者权益。报告式资产负债表便于编制比较资产负债表，而且易于用括弧旁注方式注明某些项目的计价方式等。其缺点是资产和权益之间的恒等关系不能一目了然。报告式资产负债表如表 3－1 所示。

表 3-1　资产负债表(报告式)

编制单位：　　　　年　月　日　　　　金额单位：元

资　产	期末余额	期初余额
资产：		
流动资产：		
货币资金		
……		
流动资产合计		
非流动资产：		
……		
非流动资产合计		
资产总计		
负债：		
流动负债：		
……		
流动负债合计		
非流动负债：		
……		
非流动负债合计		
负债合计		
所有者权益：		
……		
所有者权益合计		
企业负责人：	主管会计：	会计机构负责人：

2. 账户式资产负债表

账户式资产负债表分为左右两方，左方为资产项目，大体按资产的流动性强弱排列，流动性强的资产排在前面，流动性弱的资产排在后面；右方为负债及所有者权益项目，一般按要求清偿期限长短的先后顺序排列，需要在 1 年内或者长于 1 年的一个正常营业周期内偿还的流动负债排在前面，在 1 年以上才需偿还的非流动负债排在中间，在企业清算之前不需要偿还的所有者权益项目排在后面。

账户式资产负债表又称平衡式资产负债表，其优点是资产和权益之间的恒等关系一目了然，尤其是易于比较流动资产和流动负债的对应关系；缺点是编制比较资产负债表较为复杂。我国《企业会计准则》中规定，企业的资产负债表采用账户式格式。账户式资产负债表如表 3-2 所示。

表 3-2　资产负债表(账户式)

编制单位：　　　　　　　　年　月　日　　　　　　　　金额单位：元

资　产	期末余额	期初余额	负债和所有者权益(或股东权益)	期末余额	期初余额
流动资产：			流动负债：		
货币资金			短期借款		
交易性金融资产			交易性金融负债		
衍生金融资产			衍生金融负债		
应收票据			应付票据		
应收账款			应付账款		
应收款项融资			预收款项		
预付款项			合同负债		
其他应收款			应付职工薪酬		
存货			应交税费		
合同资产			其他应付款		
持有待售资产			持有待售负债		
一年内到期的非流动资产			一年到期的非流动负债		
其他流动资产			其他流动负债		
流动资产合计			流动负债合计		
非流动资产：			非流动负债：		
债权投资			长期借款		
其他债权投资			应付债券		
长期应收款			其中：优先股		
长期股权投资			永续债		
其他权益工具投资			租赁负债		
其他非流动金融资产			长期应付款		
投资性房地产			预计负债		
固定资产			递延收益		
在建工程			递延所得税负债		
生产性生物资产			其他非流动负债		

续表

资　产	期末余额	期初余额	负债和所有者权益（或股东权益）	期末余额	期初余额
油气资产			非流动负债合计		
使用权资产			负债合计		
无形资产			所有者权益（或股东权益）：		
开发支出			实收资本（或股本）		
商誉			其他权益工具		
长期待摊费用			其中：优先股		
递延所得税资产			永续债		
其他非流动资产			资本公积		
非流动资产合计			减：库存股		
			其他综合收益		
			专项储备		
			盈余公积		
			未分配利润		
			所有者权益（或股东权益）合计		
资产总计			负债和所有者权益（或股东权益）总计		

二、资产负债表的特征

1. 静态性

资产负债表的数据能够揭示的只是企业在资产负债表日的财务状况，即静态的财务状况，但不能解释这种静态状况是如何形成的。因此，资产负债表属于静态报表。

2. 平衡性

由于资产负债表体现了资产与权益之间的平衡关系，即“资产＝负债＋所有者权益”，因此，资产负债表又可称为平衡表。

3. 综合性

资产负债表主要提供有关企业财务状况方面的信息，报表使用者可以从中了解企业所拥有或控制的资产、所有者权益的总量与结构，能够较为全面地反映企业在资产负债表日的财务情况，还能为财务分析提供基本资料，如计算流动比率所需要的流动资产和流动负债。

三、资产负债表的作用

资产负债表可以反映企业在某一特定日期所拥有或控制的经济资源、所承担的现时义务和所有者对净资产的要求权，帮助财务报表使用者全面了解企业的财务状况，分析企业的偿债能力等，从而为其做出经济决策提供依据。

资产负债表是企业财务报告体系中的主要报表之一，主要用于描述资产结构和理财结构。资产结构是指各种资产的主要类别和金额，表明投入企业的资源是如何运用的，是广义投资活动的结果。理财结构是各种负债和所有者权益的主要类别和金额，表明企业资金来自何处，是企业广义筹资活动的结果。其作用主要表现在以下几个方面。

(1) 全面了解企业的资产规模、资产结构及资产的质量。资产负债表左方揭示了企业资产的分布及构成，有助于分析与评价企业的持续生产与经营能力，分析其盈利潜力与偿债能力。

(2) 全面了解企业的资本结构或权益，即债权人权益和所有者权益。企业资产的取得途径即是企业的资本构成，根据权益不同，其内容分别列示负债与所有者权益，资产负债表的右方充分揭示了企业的资金来源及其构成情况。

(3) 全面分析判断企业的财务能力，掌握企业财务资金的流动性强弱、增值性的高低和安全性的大小。通过对资产负债表左右两方的阅读与分析，报表使用者可以了解企业的财务实力、偿债能力和支付能力及资本结构。

第二节　资产负债表的编制

一、资产负债表项目的填列方法

资产负债表各项目需要填列“期末余额”和“上年年末余额”两栏。

资产负债表的“上年年末余额”栏内各项数字，应根据上年年末资产负债表的“期末余额”栏内所列数字填列。如果上年度资产负债表规定的各个项目的名称和内容与本年度不一致，应按照本年度的规定对上年年末资产负债表各项目的名称和数字进行调整，填入本表“上年年末余额”栏内。

资产负债表的“期末余额”栏主要有以下几种填列方法。

1. 根据总账科目余额填列

如“短期借款”“资本公积”等项目，根据“短期借款”“资本公积”各总账科目的余额直接填列；有些项目则需根据几个总账科目的期末余额计算填列，如“货币资金”项目，需根据“库存现金”“银行存款”“其他货币资金”三个总账科目的期末余额的合计数填列。

2. 根据明细账科目余额计算填列

如“应付账款”项目，需要根据“应付账款”和“预付账款”两个科目所属的相关明细科目的期末贷方余额计算填列；“预付款项”项目，需要根据“应付账款”科目和“预付账款”科目所属的相关明细科目的期末借方余额减去与“预付账款”有关的坏账准备贷方余额计算填列；“预收款项”项目，需要根据“应收账款”科目和“预收账款”科目所属相关明细科目的期末贷方金额合计填列；“开发支出”项目，需要根据“研发支出”科目所属的“资本化支出”明细科目期末余额计算填列；“应付职工薪酬”项目，需要根据“应付职工薪酬”科目的明细科目期末余额计算填列；“一年内到期的非流动资产”“一年内到期的非流动负债”项目，需要根据相关非流动资产和非流动负债项目的明细科目余额计算填列。

3. 根据总账科目和明细账科目余额分析计算填列

如“长期借款”项目，需要根据“长期借款”总账科目余额扣除“长期借款”科目所属的明细科目中将在一年内到期且企业不能自主地将清偿义务展期的长期借款后的金额计算填列；“长期待摊费用”项目，应根据“长期待摊费用”科目的期末余额减去将于一年内(含一年)摊销的数额后的金额填列；“其他非流动资产”项目，应根据有关科目的期末余额减去将于一年内(含一年)收回数后的金额计算填列；“其他非流动负债”项目，应根据有关科目的期末余额减去将于一年内(含一年)到期偿还数后的金额计算填列。

4. 根据有关科目余额减去其备抵科目余额后的净额填列

如资产负债表中的“应收票据”“应收账款”“长期股权投资”“在建工程”等项目，应当根据“应收票据”“应收账款”“长期股权投资”“在建工程”等科目的期末余额减去“坏账准备”“长期股权投资减值准备”“在建工程减值准备”等备抵科目余额后的净额填列。“投资性房地产”(采用成本模式计量)项目，应当根据“投资性房地产”科目的期末余额，减去“投资性房地产累计折旧”“投资性房地产减值准备”等备抵科目余额后的净额填列；“固定资产”项目，应当根据“固定资产”科目的期末余额，减去“累计折旧”“固定资产减值准备”等备抵科目的期末余额以及“固定资产清理”科目期末余额后的净额填列；“无形资产”项目，应当根据“无形资产”科目的期末余额，减去“累计摊销”“无形资产减值准备”等备抵科目余额后的净额填列。

5. 综合运用上述填列方法分析填列

如资产负债表中的“存货”项目，需要根据“原材料”“库存商品”“委托加工物资”“周转材料”“材料采购”“在途物资”“发出商品”“材料成本差异”等总账科目期末余额的分析汇总数，减去“存货跌价准备”科目余额后的净额填列。

二、资产负债表项目的填列演示

1. 资产项目的填列演示

(1)“货币资金”项目，反映企业库存现金、银行结算存款、外埠存款、银行汇票存款、银行本票存款、信用卡存款、信用证保证金存款等的合计数。本项目应根据“库存现金”“银行存款”“其他货币资金”科目期末余额的合计数填列。

例 3-1 2021 年 12 月 31 日，M 公司“库存现金”科目余额为 0.2 万元，“银行存款”科目余额为 200.7 万元，“其他货币资金”科目余额为 96 万元，则 2021 年 12 月 31 日，M 公司资产负债表中“货币资金”项目“期末余额”栏的列报金额为 0.2＋200.7＋96＝296.9(万元)。

(2)“交易性金融资产”项目，反映资产负债表日企业分类为以公允价值计量且其变动

计入当期损益的金融资产，以及企业持有的指定为以公允价值计量且其变动计入当期损益的金融资产的期末账面价值。该项目应根据"交易性金融资产"科目的相关明细科目期末余额分析填列。自资产负债表日起超过一年到期且预期持有超过一年的以公允价值计量且其变动计入当期损益的非流动金融资产的期末账面价值，在"其他非流动金融资产"项目中反映。

例 3-2　2021 年 12 月 31 日，M 公司"交易性金融资产"科目余额为 1 600 万元。该交易性金融资产到期期限不超过一年，则资产负债表"交易性金融资产"项目的期末余额直接填列 1 600 万元。

(3)"应收票据"项目，反映资产负债表日以摊余成本计量的，企业因销售商品、提供服务等收到的商业汇票(包括银行承兑汇票和商业承兑汇票)。该项目应根据"应收票据"科目的期末余额，减去"坏账准备"科目中有关应收票据计提的坏账准备期末余额后的金额分析填列。

例 3-3　2021 年 12 月 31 日，M 公司"应收票据"科目的余额为 900 万元，"坏账准备"科目贷方余额中有关应收票据计提的坏账准备金额为 27 万元，则 2021 年 12 月 31 日，M 公司资产负债表中"应收票据"项目"期末余额"栏的列报金额为 900－27＝873(万元)。

(4)"应收账款"项目，反映资产负债表日以摊余成本计量的，企业因销售商品、提供服务等经营活动应收取的款项。该项目应根据"应收账款"科目的期末余额，减去"坏账准备"科目中有关应收账款计提的坏账准备期末余额后的金额分析填列。

例 3-4　2021 年 12 月 31 日，M 公司"应收账款"明细科目的借方余额为 2 000 万元，"坏账准备"科目贷方余额中有关应收账款计提的坏账准备金额为 60 万元，则 2021 年 12 月 31 日，M 公司资产负债表中"应收账款"项目"期末余额"栏的列报金额为 2 000－60＝1 940(万元)。

(5)"应收款项融资"项目，反映资产负债表日以公允价值计量且其变动计入其他综合收益的应收票据和应收账款等。

(6)"预付款项"项目，反映企业按照购货合同规定预付给供应单位的款项等。本项目应根据"预付账款"和"应付账款"科目所属各明细科目的期末借方余额合计数，减去"坏账准备"科目中有关预付账款计提的坏账准备期末余额后的净额填列。如"预付账款"科目所属明细科目期末为贷方余额的，应在资产负债表"应付账款"项目内填列。

例 3-5　2021 年 12 月 31 日，M 公司"预付账款"科目的借方余额为 300 万元，"应付账款"科目的借方余额为 50 万元，"坏账准备"科目的贷方余额中有关预付账款计提的坏账准备余额为 0，则 2021 年 12 月 31 日，M 公司资产负债表中"预付账款"项目"期末余额"栏的列报金额为 300＋50＝350(万元)。

(7)"其他应收款"项目，反映企业除应收票据、应收账款、预付账款等经营活动以外的其他各种应收、暂付的款项。本项目应根据"应收利息""应收股利""其他应收款"科目的期末余额合计数，减去"坏账准备"科目中相关坏账准备期末余额后的金额填列。其中的"应收利息"仅反映相关金融工具已到期可收取但于资产负债表日尚未收到的利息。基于实际利率法计提的金融工具的利息应包含在相应金融工具的账面余额中。

例 3-6　2021 年 12 月 31 日，M 公司"其他应收款"科目的期末余额为 25 万元，

“应收利息”科目的期末余额为10万元，则2021年12月31日，M公司资产负债表中“其他应收款”项目“期末余额”栏的列报金额为25＋10＝35(万元)。

(8)“存货”项目，反映企业期末在库、在途和在加工中的各种存货的可变现净值或成本(成本与可变现净值孰低)。存货包括各种材料、商品、在产品、半成品、包装物、低值易耗品、发出商品等。本项目应根据“材料采购”“原材料”“库存商品”“周转材料”“委托加工物资”“发出商品”“生产成本”“受托代销商品”等科目的期末余额合计数，减去“受托代销商品款”“存货跌价准备”科目期末余额后的净额填列。材料采用计划成本核算，以及库存商品采用计划成本核算或售价核算的企业，还应按加或减材料成本差异、商品进销差价后的金额填列。

例3-7 2021年12月31日，M公司有关科目余额如下：“库存商品”科目借方余额为1 265万元，“委托加工物资”科目借方余额为300万元，“存货跌价准备”科目贷方余额为200万元，“受托代销商品”科目借方余额为500万元，“受托代销商品款”科目贷方余额为500万元，则2021年12月31日，M公司资产负债表中“存货”项目“期末余额”栏的列报金额为1 265＋300－200＋500－5 000＝1 365(万元)。

(9)“合同资产”项目，反映企业按照《企业会计准则第14号—收入》的相关规定，根据本企业履行履约义务与客户付款之间的关系在资产负债表中列示的合同资产。“合同资产”项目应根据“合同资产”科目的相关明细科目期末余额分析填列，同一合同下的合同资产和合同负债应当以净额列示，其中净额为借方余额的，应当根据其流动性在“合同资产”或“其他非流动资产”项目中填列，已计提减值准备的，还应以减去“合同资产减值准备”科目中相关的期末余额后的金额填列；其中净额为贷方余额的，应当根据其流动性在“合同负债”或“其他非流动负债”项目中填列。

(10)“持有待售资产”项目，反映资产负债表日划分为持有待售类别的非流动资产及划分为持有待售类别的处置组中的流动资产和非流动资产的期末账面价值。该项目应根据“持有待售资产”科目的期末余额，减去“持有待售资产减值准备”科目的期末余额后的金额填列。

例3-8 M公司计划出售一项固定资产，该固定资产于2021年12月31日(本月已计提折旧)被划分为持有待售固定资产，其账面价值为425万元，从划归为持有待售的下个月起停止计提折旧，不考虑其他因素，则2021年12月31日，M公司资产负债表中“持有待售资产”项目“期末余额”栏的列报金额为425万元。

(11)“一年内到期的非流动资产”项目，反映企业预计自资产负债表日起一年内变现的非流动资产。本项目应根据有关科目的期末余额分析填列。

(12)“债权投资”项目，反映资产负债表日企业以摊余成本计量的长期债权投资的期末账面价值。该项目应根据“债权投资”科目的相关明细科目期末余额，减去“债权投资减值准备”科目中相关减值准备的期末余额后的金额分析填列。自资产负债表日起一年内到期的长期债权投资的期末账面价值，在“一年内到期的非流动资产”项目反映。企业购入的以摊余成本计量的一年内到期的债权投资的期末账面价值，在“其他流动资产”项目中反映。

例3-9 2021年12月31日，M公司持有乙公司发行的3年期一次还本、分期付息的债券。“债权投资”科目的期末账面价值为600万元。2021年12月31日，M公司资产负债表中“债权投资”项目“期末余额”栏的列报金额为600万元。

(13)“其他债权投资”项目，反映资产负债表日企业分类为以公允价值计量且其变动计入其他综合收益的长期债权投资的期末账面价值。该项目应根据“其他债权投资”科目的相关明细科目期末余额分析填列。自资产负债表日起一年内到期的长期债权投资的期末账面价值，在“一年内到期的非流动资产”项目反映。企业购入的以公允价值计量且其变动计入其他综合收益的一年内到期的债权投资的期末账面价值，在“其他流动资产”项目反映。

(14)“长期应收款”项目，反映企业租赁产生的应收款项和采用递延方式分期收款、实质上具有融资性质的销售商品和提供劳务等经营活动产生的应收款项。本项目应根据“长期应收款”科目的期末余额，减去相应的“未实现融资收益”科目和“坏账准备”科目所属相关明细科目期末余额后的金额填列。

(15)“长期股权投资”项目，反映投资方对被投资单位实施控制、影响重大的权益性投资，以及对其合营企业的权益性投资。本项目应根据“长期股权投资”科目的期末余额，减去“长期股权投资减值准备”科目的期末余额后的净额填列。

例3-10 2021年12月31日，M公司“长期股权投资”科目的期末账面净值为3800万元。2021年12月31日，M公司资产负债表中“长期股权投资”项目“期末余额”栏的列报金额为3 800万元。

(16)“其他权益工具投资”项目，反映资产负债表日企业指定为以公允价值计量且其变动计入其他综合收益的非交易性权益工具投资的期末账面价值。本项目应根据“其他权益工具投资”科目的期末余额填列。

(17)“固定资产”项目，反映资产负债表日企业固定资产的期末账面价值和企业尚未清理完毕的固定资产清理净损益。本项目应根据“固定资产”科目的期末余额，减去“累计折旧”和“固定资产减值准备”科目的期末余额后的金额，以及“固定资产清理”科目的期末余额填列。

例3-11 2021年12月31日，M公司“固定资产”科目借方余额为2 600万元，“累计折旧”科目贷方余额为380万元，“固定资产减值准备”科目贷方余额为158万元。2021年12月31日，M公司资产负债表中“固定资产”项目“期末余额”栏的列报金额为2 600－380－158＝2 062(万元)。

(18)“在建工程”项目，反映资产负债表日企业尚未达到预定可使用状态的在建工程的期末账面价值和企业为在建工程准备的各种物资的期末账面价值。本项目应根据“在建工程”科目的期末余额减去“在建工程减值准备”科目的期末余额后的金额，以及“工程物资”科目的期末余额减去“工程物资减值准备”科目的期末余额后的金额填列。

例3-12 2021年12月31日，M公司“在建工程”科目借方余额为128万元，未计提减值准备。则2021年12月31日，M公司资产负债表“在建工程”项目“期末余额”栏的列报金额为128万元。

(19)“使用权资产”项目，反映资产负债表日承租人企业持有的使用权资产的期末账面价值。本项目应根据“使用权资产”科目的期末余额，减去“使用权资产累计折旧”和“使用权资产减值准备”科目的期末余额后的金额填列。

例 3-13 2021 年 12 月 31 日，M 公司“使用权资产”科目借方余额为 260 万元。该项租赁开始日为 2021 年 12 月 10 日，M 公司选择自下月开始计提折旧。则 2021 年 12 月 31 日，M 公司资产负债表中“使用权资产”项目“期末余额”栏的列报金额为 260 万元。

(20)“无形资产”项目，反映企业持有的专利权、非专利技术、商标权、著作权、土地使用权等无形资产的成本减去累计摊销和减值准备后的净值。该项目应根据“无形资产”科目的期末余额，减去“累计摊销”和“无形资产减值准备”科目期末余额后的净额填列。

例 3-14 2021 年 12 月 31 日，M 公司“无形资产”科目借方余额为 900 万元，“累计摊销”科目贷方余额为 300 万元，“无形资产减值准备”科目贷方余额为 66 万元，则 2021 年 12 月 31 日，M 公司资产负债表中“无形资产”项目“期末余额”栏的列报金额为 900－300－66＝534(万元)。

(21)“开发支出”项目，反映企业开发无形资产过程中能够资本化形成无形资产成本的支出部分。本项目应当根据“研发支出”科目所属的“资本化支出”明细科目期末余额填列。

例 3-15 2021 年 12 月 31 日，M 公司“研发支出—资本化支出”科目的借方余额为 280 万元。则 2021 年 12 月 31 日，M 公司资产负债表中“开发支出”项目“期末余额”栏的列报金额为 280 万元。

(22)“长期待摊费用”项目，反映企业已经发生但应由本期和以后各期负担的分摊期限在一年以上的各项费用。本项目应根据“长期待摊费用”科目的期末余额，减去将于一年内(含一年)摊销的数额后的金额分析填列。但长期待摊费用的摊销年限只剩一年或不足一年的，或预计在一年内(含一年)进行摊销的部分，不得归类为流动资产，仍在各非流动资产项目中填列，不转入“一年内到期的非流动资产”项目。

例 3-16 2021 年 12 月 31 日，M 公司“长期待摊费用”科目的借方余额为 33.8 万元。则 2021 年 12 月 31 日，M 公司资产负债表中“长期待摊费用”项目“期末余额”栏的列报金额为 33.8 万元。

(23)“递延所得税资产”项目，反映企业根据所得税准则确认的可抵扣暂时性差异产生的所得税资产。本项目应根据“递延所得税资产”科目的期末余额填列。

例 3-17 2021 年 12 月 31 日，M 公司“递延所得税资产”科目的借方余额为 62.75 万元。则 2021 年 12 月 31 日，M 公司资产负债表中“递延所得税资产”项目“期末余额”栏的列报金额为 62.75 万元。

(24)“其他非流动资产”项目，反映企业除上述非流动资产以外的其他非流动资产。本项目应根据有关科目的期末余额填列。

2. 负债项目的填列演示

(1)“短期借款”项目，反映企业向银行或其他金融机构等借入的期限在一年以下(含一年)的各种借款。本项目应根据“短期借款”科目的期末余额填列。

例 3-18 2021 年 12 月 31 日，M 公司“短期借款”科目的余额如下：银行质押借款 420 万元，信用借款 60 万元。则 2021 年 12 月 31 日，M 公司资产负债表中“短期借款”项目“期末余额”栏的列报金额为 420＋60＝480(万元)。

(2)“交易性金融负债”项目，反映企业资产负债表日承担的交易性金融负债，以及企

业持有的直接指定为以公允价值计量且其变动计入当期损益的金融负债的期末账面价值。本项目应根据“交易性金融负债”科目的相关明细科目期末余额填列。

(3)“应付票据”项目，反映资产负债表日以摊余成本计量的，企业因购买材料、商品和接受服务等开出、承兑的商业汇票(包括银行承兑汇票和商业承兑汇票)。本项目应根据“应付票据”科目的期末余额填列。

例 3-19 2021 年 12 月 31 日，M 公司“应付票据”科目的贷方余额为：银行承兑汇票 230 万元，商业承兑汇票 200 万元。则 2021 年 12 月 31 日，M 公司资产负债表中“应付票据”项目“期末余额”栏的列报金额为 230＋200＝430(万元)。

(4)“应付账款”项目，反映资产负债表日以摊余成本计量的，企业因购买材料、商品和接受服务等经营活动应支付的款项。本项目应根据“应付账款”和“预付账款”科目所属的相关明细科目的期末贷方余额合计数填列。

例 3-20 2021 年 12 月 31 日，M 公司“应付账款”明细科目贷方余额为 852 万元，“预付账款”明细科目贷方余额为 10 万元，则 2021 年 12 月 31 日，M 公司资产负债表中“应付账款”项目“期末余额”栏的列报金额为 852＋10＝862(万元)。

(5)“预收款项”项目，反映企业按照合同规定预收的款项。本项目应根据“预收账款”和“应收账款”科目所属各明细科目的期末贷方余额合计数填列。如“预收账款”科目所属明细科目期末为借方余额的，应在资产负债表“应收账款”项目内填列。

例 3-21 2021 年 12 月 31 日，M 公司“预收账款”明细科目贷方余额为 330 万元，“应收账款”明细科目贷方余额为 10 万元，则 2021 年 12 月 31 日，M 公司资产负债表中“预收款项”项目“期末余额”栏的列报金额为 330＋10＝340(万元)。

(6)“合同负债”项目，反映企业已收或应收客户对价而应向客户转让商品的义务。本项目是根据本企业履行履约义务与客户付款之间的关系在资产负债表中列示的合同负债，应根据“合同负债”的相关明细科目期末余额分析填列。

(7)“应付职工薪酬”项目，反映企业为获得职工提供的服务或解除劳动关系而给予的各种形式的报酬或补偿。本项目应根据“应付职工薪酬”科目所属各明细科目的期末贷方余额分析填列。

例 3-22 2021 年 12 月 31 日，M 公司“应付职工薪酬”科目明细项目为：工资 120 万元，社会保险费(含医疗保险、工伤保险)5.1 万元，设定提存计划(含基本养老保险费)2.6 万元，住房公积金 2.2 万元，工会经费 1.6 万元。则 2021 年 12 月 31 日，M 公司资产负债表中“应付职工薪酬”项目“期末余额”栏的列报金额为 120＋5.1＋2.6＋2.2＋1.6＝131.5(万元)。

(8)“应交税费”项目，反映企业按照税法规定计算应交纳的各种税费，包括增值税、消费税、城市维护建设税、教育费附加、企业所得税、资源税、土地增值税、房产税、城镇土地使用税、车船税、环境保护税等。企业代扣代缴的个人所得税，也通过本项目列示。企业所缴纳的税金不需要预计应交数的，如印花税、耕地占用税等，不在本项目列示。本项目应根据“应交税费”科目的期末贷方余额填列。需要说明的是，“应交税费”科目下的“应交增值税”“未交增值税”“待抵扣进项税额”“待认证进项税额”“增值税留抵税额”等明细科目期末借方余额，应根据情况在资产负债表中的“其他流动资产”或“其他非流动资产”项目列示；

“应交税费—待转销项税额”等科目期末贷方余额，应根据情况在资产负债表中的“其他流动负债”或“其他非流动负债”项目列示；“应交税费”科目下的“未交增值税”“简易计税”“转让金融商品应交增值税”“代扣代交增值税”等科目期末贷方余额应在资产负债表中的“应交税费”项目列示。

例3-23 2021年12月31日，M公司“应交税费”科目贷方期末余额为490万元，则2021年12月31日，M公司资产负债表中“应交税费”项目“期末余额”栏的列报金额为490万元。

(9)“其他应付款”项目，反映企业除应付票据、应付账款、预收账款、应付职工薪酬、应交税费等经营活动以外的其他各项应付、暂收的款项。本项目应根据“应付利息”“应付股利”“其他应付款”科目的期末余额合计数填列。其中，“应付利息”科目仅反映相关金融工具已到期应支付但于资产负债表日尚未支付的利息。基于实际利率法计提的金融工具的利息应包含在相应金融工具的账面余额中。

例3-24 2021年12月31日，M公司“应付利息”科目贷方期末余额为10万元，“应付股利”科目贷方期末余额为260万元，“其他应付款”科目贷方期末余额为50万元。则2021年12月31日，M公司资产负债表中“其他应付款”项目“期末余额”栏的列报金额为10＋260＋50＝320(万元)。

(10)“持有待售负债”项目，反映资产负债表日处置组中与划分为持有待售类别的资产直接相关的负债的期末账面价值。本项目应根据“持有待售负债”科目的期末余额填列。

(11)“一年内到期的非流动负债”项目，反映企业非流动负债中将于资产负债表日后一年内到期部分的金额，如将于一年内偿还的长期借款。本项目应根据有关科目的期末余额分析填列。

(12)“长期借款”项目，反映企业向银行或其他金融机构借入的期限在一年以上(不含一年)的各项借款。本项目应根据“长期借款”科目的期末余额，扣除“长期借款”科目所属的明细科目中将在资产负债表日起一年内到期且企业不能自主地将清偿义务展期的长期借款后的金额计算填列。

例3-25 2021年12月31日，M公司“长期借款”科目余额为660万元(12月末借入)，则M公司2021年12月31日资产负债表中“长期借款”项目“期末余额”栏的列报金额为660万元。

(13)“应付债券”项目，反映企业为筹集长期资金而发行的债券本金及应付的利息。本项目应根据“应付债券”科目的期末余额分析填列。资产负债表日企业发行的金融工具，分类为金融负债的，应在本项目填列；优先股和永续债应在本项目下的“优先股”项目和“永续债”项目分别填列。

(14)“租赁负债”项目，反映资产负债表日承租人企业尚未支付的租赁付款额的期末账面价值。本项目应根据“租赁负债”科目的期末余额填列。自资产负债表日起一年内到期应予以清偿的租赁负债的期末账面价值，在“一年内到期的非流动负债”项目反映。

例3-26 2021年12月31日，M公司“租赁负债”科目余额为320万元，其中，“租赁负债—未确认融资费用”科目借方余额为80万元，“租赁负债—租赁付款额”科目贷方余额为400万元。则M公司2021年12月31日资产负债表中“租赁负债”项目“期末余额”栏的列报金额为 320 万元。

（15）“长期应付款”项目，应根据“长期应付款”科目的期末余额，减去相关的“未确认融资费用”科目的期末余额后的金额，以及“专项应付款”科目的期末余额填列。

（16）“预计负债”项目，反映企业根据或有事项等相关准则确认的各项预计负债，包括对外提供担保、未决诉讼、产品质量保证、重组义务以及固定资产和矿区权益弃置义务等产生的预计负债。本项目应根据“预计负债”科目的期末余额填列。企业按照《企业会计准则第 22 号—金融工具确认和计量》的相关规定，对贷款承诺等项目计提的损失准备，应当在本项目中填列。

（17）“递延收益”项目，反映尚待确认的收入或收益。本项目核算包括企业根据政府补助准则确认的应在以后期间计入当期损益的政府补助金额、售后租回形成融资租赁的售价与资产账面价值差额等其他递延性收入。本项目应根据“递延收益”科目的期末余额填列。本项目中摊销期限只剩一年或不足一年的，或预计在一年内（含一年）进行摊销的部分，不得归类为流动负债，仍在本项目中填列，不转入“一年内到期的非流动负债”项目。

（18）“递延所得税负债”项目，反映企业根据所得税准则确认的应纳税暂时性差异产生的所得税负债。本项目应根据“递延所得税负债”科目的期末余额填列。

例 3－27　2021 年 12 月 31 日，M 公司“递延所得税负债”科目余额为 40 万元，则 M 公司 2021 年 12 月 31 日资产负债表中“递延所得税负债”项目“期末余额”栏的列报金额为 40 万元。

（19）“其他非流动负债”项目，反映企业除以上非流动负债以外的其他非流动负债。本项目应根据有关科目期末余额，减去将于一年内（含一年）到期偿还数后的余额分析填列。非流动负债各项目中将于一年内（含一年）到期的非流动负债，应在“一年内到期的非流动负债”项目内反映。

3. 所有者权益项目的填列演示

（1）“实收资本（或股本）”项目，反映企业各投资者实际投入的资本（或股本）总额。本项目应根据“实收资本（或股本）”科目的期末余额填列。

（2）“其他权益工具”项目，反映资产负债表日企业发行在外的除普通股以外分类为权益工具的金融工具的期末账面价值，并下设“优先股”和“永续债”两个项目，分别反映企业发行的分类为权益工具的优先股和永续债的账面价值。

（3）“资本公积”项目，反映企业收到投资者出资超出其在注册资本或股本中所占的份额以及直接计入所有者权益的利得和损失等。本项目应根据“资本公积”科目的期末余额填列。

例 3－28　2021 年 12 月 31 日，M 公司“资本公积”科目的期末余额为 3 700 万元，则 M 公司 2021 年 12 月 31 日资产负债表中“资本公积”项目“期末余额”栏的列报金额为 3 700 万元。

（4）“其他综合收益”项目，反映企业其他综合收益的期末余额。本项目应根据“其他综合收益”科目的期末余额填列。

（5）“专项储备”项目，反映高危行业企业按国家规定提取的安全生产费的期末账面价值。本项目应根据“专项储备”科目的期末余额填列。

（6）“盈余公积”项目，反映企业盈余公积的期末余额。本项目应根据“盈余公积”科目的期末余额填列。

例 3-29 2021 年 12 月 31 日，M 公司“盈余公积”科目的期末余额为 316 万元，则 M 公司 2021 年 12 月 31 日资产负债表中“盈余公积”项目“期末余额”栏的列报金额为 316 万元。

(7)“未分配利润”项目，反映企业尚未分配的利润。本项目应根据“本年利润”科目和“利润分配”科目的余额计算填列。未弥补的亏损在本项目内以“—”填列。

例 3-30 2021 年 12 月 31 日，M 公司“利润分配—未分配利润”科目的期末贷方余额为 836 万元，则 M 公司 2021 年 12 月 31 日资产负债表中“未分配利润”项目“期末余额”栏的列报金额为 836 万元。

第三节 资产负债表的分析

一、资产负债表分析的内容和作用

（一）资产负债表分析的内容

1. 资产项目

资产负债表的资产项目按流动性分为流动资产和非流动资产。这些资产项目的明细分类为报表使用者提供了企业资产分布和构成的详细信息。具体包括以下内容。

(1) 反映企业变现能力的信息。流动资产的变现能力强于非流动资产。通过流动资产与流动负债的对比能够初步判断债务的风险程度。

(2) 反映企业资产规模和结构的信息。企业资产规模体现企业的实力，资产结构体现企业经营的特点。

(3) 反映企业资产管理水平的信息。企业资产分布状态体现企业资产管理水平，不同资产的占用状态对企业资金周转有不同的意义。

2. 负债项目

负债项目按偿还期限可分为流动负债和非流动负债。这些项目的明细分类为报表使用者提供了企业负债的类型和构成的详细信息。具体包括以下内容。

(1) 反映企业总体债务水平的信息。企业负债要按期偿还，负债规模的大小反映了风险的大小，这种风险对于企业的债权人、投资者和经营者都具有十分重要的意义。

(2) 反映企业债务结构的信息，通过划分流动负债与非流动负债，可以对负债进行分层管理。经营者可以通过调整债务结构降低资金成本，并据此按还款的轻重缓急安排资金。

3. 所有者权益项目

所有者权益包括所有者投入的资本、直接计入所有者权益的利得和损失、留存收益等，将所有者权益按其持久程度分类排列，可为报表使用者提供所有者权益内部结构和企业收益分配情况的信息。具体包括以下内容。

(1) 反映所有者权益内部结构的信息。所有者权益内部结构反映了企业自有资金来源的构成。该结构的合理性对投资者和债权人的决策有着重要影响。

（2）企业收益分配情况的信息。盈余公积和未分配利润等项目变动反映了利润的分配状况。这些信息对于投资者和政府管理监督部门都具有十分重要的意义。

（二）资产负债表分析的作用

1. 反映企业经济资源的分布与结构

资产负债表把企业拥有或控制的资产按经济性质、用途等分为流动资产、长期股权投资、固定资产、无形资产等。各项目又具体分为多个明细项目，报表使用者可以通过它们一目了然地从资产负债表中了解到企业在某一特定时点所拥有的资产总量及其结构。

2. 反映企业资金来源的构成

资产负债表的资产方反映了企业拥有的经济资源及其结构。一般情况下，企业资产有两个来源：一个是债权人提供的资产；另一个是所有者的投资及其积累。资产负债表把债权人权益和所有者权益分类列示，并根据不同性质将负债分为流动负债和非流动负债，把所有者权益分为实收资本(股本)、资本公积、盈余公积、未分配利润。这样，企业的资金来源及其构成情况便可在资产负债表中得到充分反映。

3. 分析企业的财务实力、偿债能力、支付能力和盈利能力

通过对资产负债表中资产结构和权益结构(或称资本结构)的分析，可以了解企业筹集资金和使用资金的能力，即企业的财务实力；通过了解资产负债表中资产项目的构成，可以分析企业资产的流动性，进而判断企业的偿债能力和支付能力。

资产是企业未来收益的源泉，也会在将来转化为费用。因而，通过了解企业资产项目的构成，还可以对企业未来的盈利能力做出初步判断。

4. 判断企业财务状况发展的趋势

通过对资产负债表期末余额和期初余额的比较，可以对企业财务状况的发展趋势做出判断。一般来说，企业某一特定时点的资产负债表对财务信息使用者的用途是有限的。财务信息使用者只有把不同时点的资产负债表结合起来分析，才能把握企业财务状况的发展趋势。同样，通过对不同企业同一时点的资产负债表的对比，还可以对不同企业的相对财务状况进行评价。

二、初步阅读、分析资产负债表

初步阅读、分析资产负债表的步骤如下。

（1）阅读第一类项目，分析公司的财务实力。资产负债表第一类项目，是指反映资产负债表总额的项目，即资产总计、负债总计、所有者权益总计。这三个项目的关系是“资产＝负债＋所有者权益”，体现了企业资产的来源。

（2）阅读第二类项目，即阅读流动资产合计、非流动资产合计、流动负债合计、非流动负债合计、所有者权益合计，分析企业的资产结构、负债结构和资本结构。

① 资产结构的一般规律。企业流动资产的比重高，说明其资产的流动性和变现能力强，企业的抗风险能力和应变能力强，但这必须以雄厚的固定资产作为后盾，否则，企业经营的稳定性就会较差。非流动资产的比重过高，意味着企业长期资产周转缓慢，变现能力

差，势必会增大企业的经营风险，意味着企业固定费用刚性强，经营风险较大，如果企业所在的行业全面退出市场，企业将面临两难的境地。一般来说，流动资产占资产总额的60%，固定资产占资产总额的30%，资产结构较为理想。

合理的资产结构不仅使企业具备了较强的资产流动性和变现能力，还使企业具有了适应生产经营规模的劳动资料，可以保持较强的市场竞争力和应变能力。不同行业的资产结构指标有不同的合理区间，所以，评价一个企业的资产结构是否合理，要结合企业的经营领域、经营规模、市场环境及企业所处的市场地位等因素，参照行业的平均水平或先进水平确定。

如果一家企业的流动资产占资产总额的比重低于合理区间，并逐年减少，一般可以判断，其业务处于萎缩之中，生产经营亮起了“红灯”，需要及时找出原因并谋求相应的对策，以求尽快脱离险境。无形资产不断增加的企业，其开发创新能力在增强；固定资产折旧比例较高的企业，其技术更新换代较快。纺织、化工、冶金、航空、啤酒、建材、重型机械等行业，流动资产占资产总额的比重一般为30%～60%；商业批发、房地产行业，流动资产占资产总额的比重有可能达90%以上。

② 负债结构的一般规律。一个企业流动负债占负债总额的比重越大，说明企业对短期资金的依赖性越强，企业偿还债务的压力越大。要想改变这种状况，唯一的办法就是加快资金周转速度。评价一个企业流动负债占负债总额的比重是否合理，主要看企业是否存在债务风险，以及企业资产的周转速度快慢和流动性强弱。如果企业目前不存在债务风险，企业就可以尽可能多地利用流动负债；如果企业的流动资产周转速度快且流动性强，则企业可以有较多的流动负债。

若流动负债的比例较高，则说明企业的信誉良好，能够通过商业信用获得融资支持，也说明企业与银行的关系良好，采用短期借款滚动使用的方式可以以较低的利率获得贷款。

非流动负债占负债总额比重的高低反映了企业筹措非流动负债水平的高低。在企业资本需求量一定的情况下，非流动负债占负债总额的比重较高，表明企业在经营过程中借助外来长期资金的程度较高，相应地企业偿债的压力就较大。

③ 资本结构的一般规律。资本结构是企业各种长期资金筹集来源的构成与比例关系。其实质就是债务资本比率问题，也就是债务资本在整个资本中占多大比例。一般从行业特征来看，产品市场稳定的成熟产业可以提高负债比重，高新技术产业可以降低负债比重。从企业发展长期来看，企业在初创阶段，经营风险高，应控制负债比重；企业在成熟阶段，经营风险低，可适度增加负债比重；企业在衰退阶段，经营风险逐步加大，应逐步降低负债比重。从税收政策来看，如果所得税税率高，则债务资本抵税作用大，企业应充分利用这种作用以提高企业价值。从货币政策来看，如果货币政策是紧缩的，则市场利率高，企业债务资本成本增大，应降低债务资本。

(3) 有重点地阅读第三类项目，即阅读具体的资产、负债、所有者权益内部各项目，分析企业的偿债能力和支付能力。

(4) 阅读资产负债表附注。附注是财务报表的重要组成部分，阅读附注就要分析企业是否按照规定披露了附注信息；是否对资产负债表的重要项目采用文字和数字描述相结合的方式进行了披露；是否采用趋势分析法对各个项目期初期末增减变化进行了说明。

三、资产负债表的综合分析实例

对资产负债表进行综合分析，一般采用的方法是通过编制水平资产负债表来进行横向比较分析；通过编制结构资产负债表进行纵向比较分析，并就资产结构、资本结构进行具体分析，在此基础上对企业的财务状况进行全面评价。

（一）资产负债表水平分析

1. 资产负债表水平分析的含义

资产负债表水平分析也称横向比较分析，是将资产负债表中各项目的实际数与基数或标准数进行比较，计算其增减（差异）百分比，分析其发生增减变化的原因，据以判断企业财务状况的变化趋势。

资产负债表水平分析的实质就是资产负债表趋势分析的一种特殊情况，主要将资产负债表实际数据与基准数据进行比较，如与上年同期、计划数据比较，以揭示资产、负债和所有者权益的变动差异，揭示资产与权益产生差异的原因。资产负债表对比基数不同，分析的目的和作用也不同。

2. 水平资产负债表的编制

水平资产负债表是将两期或以上的连续若干期间的资产负债表数额平行列示，并计算出变动差异额和差异变动百分比，以分析企业财务状况本期或上期或以前各期的对比差异产生的原因。具体编制步骤如下。

（1）按从低到高的年度连续期间平行排列金额，并增加变动情况数据计算栏。

（2）增加“变动额”与“变动率”栏，对比计算增减差异额，用差异额除以基期对比。

（3）用文字描述变动额及变动率，找出差异变化较大的数据，并进行简单的分析评价。

例 3-31　M 股份有限公司（以下简称 M 公司）2020 年和 2021 年的资产负债表信息如表 3-3 所示。

表 3-3　汇总资产负债表

编制单位：M 股份有限公司　　　　2021 年 12 月 31 日　　　　单位：万元

资　产	2020 年	2021 年	负债和所有者权益	2020 年	2021 年
流动资产：			流动负债：		
货币资金	329	201	短期借款	1 700	2 677
交易性金融资产	219	227	交易性金融负债	0	0
应收取据	221	236	应付票据	487	471
应收账款	575	842	应付账款	413	415
预付款项	20	25	预收款项	1 139	94
应收利息	0	0	应付职工薪酬	770	481
应收股利	0	0	应交税费	−90	−144

续表

资　产	2020 年	2021 年	负债和所有者权益	2020 年	2021 年
其他应收款	296	82	应付利息	0	0
存货	1 188	1 439	应付股利	48	48
一年内到期的非流动资产	0	0	其他应付款	2 703	3 275
其他流动资产	90	29	一年内到期的非流动负债	0	0
流动资产合计	2 938	3 081	其他流动负债	0	0
非流动资产：			流动负债合计	7 170	7 317
可供出售金融资产	0	0	非流动负债：		
持有至到期投资	0	0	长期借款	0	0
长期应收款	0	0	应付债券	0	0
长期股权投资	304	278	长期应付款	0	0
投资性房地产	0	0	专项应付款	0	0
固定资产	5 528	5 605	预计负债	0	0
在建工程	0	0	递延收益	0	0
工程物资	0	0	递延所得税负债	117	120
固定资产清理	0	0	其他非流动负债	0	0
生产性生物资产	0	0	非流动负债合计	117	120
油气资产	0	0	负债合计	7 287	7 437
无形资产	902	903	所有者权益：		
开发支出	0	0	实收资本(或股本)	433	433
商誉	0	0	资本公积	815	818
长期待摊费用	48	36	减：库存股	0	0
递延所得税资产	0	0	其他综合收益	0	0
其他非流动资产	0	0	盈余公积	849	851
非流动资产合计	6 782	6 822	未分配利润	336	364
			所有者权益合计	2 433	2 466
资产总计	9 720	9 903	负债和所有者权益总计	9 720	9 903

根据表 3－3 的资料编制水平资产负债表，并进行分析评价。

编制的水平资产负债表如表 3－4 所示。

表 3-4　水平资产负债表

编制单位：M 股份有限公司　　　　2021 年 12 月 31 日　　　　单位：万元

资　产	2020 年	2021 年	变动额	变动率(%)	负债和所有者权益	2020 年	2021 年	变动额	变动率(%)
流动资产：					流动负债：				
货币资金	329	201	－128	－38.91	短期借款	1 700	2 677	977	57.47
交易性金融资产	219	227	8	3.65	交易性金融负债	0	0	0	0
应收票据	221	236	15	6.79	应付票据	487	471	－16	－3.29
应收账款	575	842	267	46.43	应付账款	413	415	2	0.48
预付款项	20	25	5	25.00	预收款项	1 139	94	－1 045	－91.75
应收利息	0	0	0	0	应付职工薪酬	770	481	－289	－37.53
应收股利	0	0	0	0	应交税费	－90	－144	－54	60.00
其他应收款	296	82	－214	－72.3	应付利息	0	0	0	0
存货	1 188	1 439	251	21.13	应付股利	48	48	0	0
一年内到期的非流动资产	0	0	0	0	其他应付款	2 703	3 275	572	21.16
其他流动资产	90	29	－61	－67.78	一年内到期的非流动负债	0	0	0	0
流动资产合计	2 938	3 081	143	4.87	其他流动负债	0	0	0	0
非流动资产：					流动负债合计	7 170	7 317	147	2.05
可供出售金融资产	0	0	0	0	非流动负债：				
持有至到期投资	0	0	0	0	长期借款	0	0	0	0
长期应收款	0	0	0	0	应付债券	0	0	0	0
长期股权投资	304	278	－26	－8.55	长期应付款	0	0	0	0

续表

资　产	2020 年	2021 年	变动额	变动率(%)	负债和所有者权益	2020 年	2021 年	变动额	变动率(%)
投资性房地产	0	0	0	0	专项应付款	0	0	0	0
固定资产	5 528	5 605	77	1.39	预计负债	0	0	0	0
在建工程	0	0	0	0	递延收益	0	0	0	0
工程物资	0	0	0	0	递延所得税负债	117	120	3	2.56
固定资产清理	0	0	0	0	其他非流动负债	0	0	0	0
生产性生物资产	0	0	0	0	非流动负债合计	117	120	3	2.56
油气资产	0	0	0	0	负债合计	7 287	7 437	150	2.06
无形资产	902	903	1	0.11	所有者权益：				
开发支出	0	0	0	0	实收资本(或股本)	433	433	0	0
商誉	0	0	0	0	资本公积	815	818	3	0.37
长期待摊费用	48	36	−12	−25	减：库存股	0	0	0	0
递延所得税资产	0	0	0	0	其他综合收益	0	0	0	0
其他非流动资产	0	0	0	0	盈余公积	849	851	2	0.24
非流动资产合计	6 782	6 822	40	0.59	未分配利润	336	364	28	8.33
					所有者权益合计	2 433	2 466	33	1.36
资产总计	9 720	9 903	183	1.88	负债和所有者权益总计	9 720	9 903	183	1.88

根据表 3－4 M 公司水平资产负债表的计算结果，分析评价如下。

① 从投资或资产角度进行分析评价。根据表 3－4 可以看出，M 公司总资产 2021 年较 2020 年增加了 183 万元，增长幅度为 1.88%，其主要原因是流动资产中应收账款的变动比较大，增长额为 267 万元，增长幅度为 46.43%。这一现象应引起 M 公司的重视，应进一步分析应收账款的增加是由于公司扩大销售所致，还是由于应收账款信用政策发生变化所致。另外，M 公司预付款项和存货的增长幅度也比较大，分别为 25% 和 21.13%。对此，M 公司应注重分析存货的构成，关注流动资金的周转速度。总体来说，资产的增加说明企业生产经营得到发展，生产能力得到加强，资产得到保值、增值。

② 从筹资或权益角度进行分析评价。M 公司负债和所有者权益 2021 年较 2020 年同期增加了 183 万元，增长幅度为 1.88%，其主要原因是短期借款的大幅度增加。将其与流动资产比较来看，流动负债的增长幅度明显低于流动资产的增长幅度，公司的偿债压力和财务风险没有加大，所以应结合流动资产各项目进行深入分析。同时，M 公司的所有者权益也有所增加，增加额为 33 万元，增长率为 1.36%，其主要原因是公司经营良好，未分配利润明显增加。这说明 M 公司贯彻了资本金保全的原则，实现了资本金增值的要求，但未分配利润出现一定幅度的增长，应结合利润表展开进一步分析。

此外，M 公司还需要结合生产经营的发展情况，分析资产增加是否得当，资产增加后资产结构是否更加合理，增加的资产能否获得良好的经济效益等。

（二）资产负债表结构分析

1. 资产负债表结构分析的含义与内容

资产负债表结构分析是指对资产负债表中各项目内容金额之间的相互关系进行分析，进而对企业的整体财务状况做出判断。

资产负债表结构分析的内容主要有以下两个方面。

(1) 分析同类项目中各项目在整体中的比重。

(2) 分析各个项目之间或不同项目之间的比例和结构，如资产结构、资本结构、资产与资本结构等。

2. 资产负债表结构分析的意义

(1) 通过资产负债表各项目之间的依存关系，揭示企业在某一时点的财务状况。水平分析中，只说明单一项目在连续期间的变化情况，而财务报表各项目是一个整体，通过分析不同项目之间的关系可以进一步说明企业的经济实质。

(2) 通过资产负债表结构分析，能揭示企业现有资产结构和财务结构存在的问题，了解当前负债程度的高低和债务风险的大小，有针对性地调整资产，使资本处于较为合理的水平上，进而提高资源配置效率，改善资产结构与资本结构。

3. 结构资产负债表的编制

结构资产负债表也称共同比资产负债表，是指将资产负债表各项目与总资产或总权益进行比较，计算出各项目占总体的比重，并将各项目构成与历史数据、同行业水平进行比较，分析说明企业资产结构和权益结构及其增减变动的合理程度，分析其变动的具体原因，评价企业资产结构与资本结构的适应程度。

结构资产负债表主要反映财务报表中各项目相互之间垂直或纵向的关系，以及内部整体的构成情况。为了便于分析，在编制结构资产负债表时，应增加比较差异栏。具体编制步骤如下。

(1) 选定资产、负债的计算分析期，将资产负债表中各项目与总资产进行对比，各资产、负债及所有者权益项目作为分子，总资产作为分母(对比基数)，计算各项目的百分比。

(2) 将计算的结构比率用表格列示出来，也可根据相关数据画出辅助柱状图。

(3) 对比计算相同项目比重的增减差异额和差异率，用文字分析评价其变动的结构状况。

4. 结构资产负债表的分析

分析结构资产负债表可以参照以下几个步骤进行。

(1) 资产结构分析评价。资产结构是指企业在某一时点上资产的各组成项目的排列和搭配关系。

① 从静态角度分析企业资产的配置情况，特别关注流动资产和非流动资产的比重，以及其中重要项目的比重，分析时可以通过与行业平均水平或可比企业的资产结构进行对比，对资产的流动性和风险进行判断，进而对企业资产结构的合理性给出评价。

② 从动态角度分析资产结构的变动情况，对企业资产结构的稳定性进行评价，进而对企业资产结构的调整情况给出评价。

(2) 资本结构分析评价。资本结构分析是分析企业各种长期资金筹集来源的构成及比例关系。

企业的长期资金来源主要是长期负债和所有者权益，通常债务筹资有抵税作用，筹资成本较低，但到期要还本付息，当企业支付能力不足时，还会带来较大的财务风险。权益资本虽然成本较高，但对于企业来说不需要偿还，没有财务风险。所以，企业要对债务资本和权益资本确定一个合理的结构，这样才能将企业的财务风险控制在一个合理的范围内。

① 从静态角度观察资本结构的构成，衡量企业的财务实力，评价企业的财务风险，同时，结合企业的获利能力和经营风险，评价资本结构的合理性。

② 从动态角度分析企业资本结构的变动情况，对资本结构的调整情况及对股东收益可能产生的影响进行评价。

5. 资产负债表的结构类别

企业的资产结构受制于行业的性质，不同的资产性质，其资金融通方式也有所不同，即使总资产或总资本相同的企业，由于不同的投资方式产生的资产结构和由于不同的筹资方式产生的资本结构也不完全相同。资产负债表的结构可以说是千差万别，但归纳起来可以分为保守结构、稳健结构、平衡结构和风险结构四种类型。

(1) 保守结构。保守结构是指无论资产负债表左方的资产结构如何，资产负债表右方的资金全部来源于长期资金。非流动负债与所有者权益的比例高低不影响这种结构形式。在实务中，保守结构很少被企业采用。

(2) 稳健结构。稳健结构是指长期资产的资金需要依靠长期资金来解决，短期资产的资金需要则使用长期资金和短期资金共同解决。长期资产和短期资产的资金需要的比例不影响这一形式。这一结构是能够被企业普遍采用的资产与权益对称结构。

(3) 平衡结构。平衡结构是指以流动负债来满足流动资产的资金需要，以非流动负债及所有者权益来满足长期资产的资金需求。长期负债与所有者权益之间的比例关系不是判断这一结构形式的标志，这一结构形式只适用于经营状况良好、成长性较好的企业。

(4) 风险结构。风险结构是指流动负债不仅用于满足流动资产的资金需要，还用于满足部分长期资产的资金需要。这一结构形式不因为流动负债在多大程度上满足长期资产的资金需求而改变。风险结构只适用于处在发展壮大时期的企业，而且只能在短期内采用。

章节训练

一、单项选择题

1. 下列资产负债表项目中，应根据多个总账科目期末余额合计填列的是(　　)。

A. 短期借款　　B. 应付账款　　C. 货币资金　　D. 资本公积

2. 下列各项中，“预付账款”科目所属明细科目期末为贷方余额，应将其贷方余额列入资产负债表的项目是(　　)。

A. 预收款项　　B. 应付账款　　C. 预付款项　　D. 应收账款

3. 2021 年 12 月 31 日，某公司有关科目余额如下：“在建工程”科目借方余额为 80 万元，“在建工程减值准备”科目贷方余额为 8 万元，“工程物资”科目借方余额为 30 万元，“工程物资减值准备”科目贷方余额为 3 万元。不考虑其他因素，2021 年 12 月 31 日，该公司资产负债表“在建工程”项目期末余额应填列的金额为(　　)万元。

A. 72　　B. 80　　C. 99　　D. 110

4. 2021 年 12 月 31 日，甲企业“预收账款”总账科目贷方余额为 15 万元，其明细科目余额如下：“预收账款—乙企业”科目贷方余额为 25 万元，“预收账款—丙企业”科目借方余额为 10 万元。不考虑其他因素，甲企业年末资产负债表中“预收款项”项目的期末余额为(　　)万元。

A. 10　　B. 15　　C. 5　　D. 25

5. 2021 年 12 月 31 日，某公司有关科目期末借方余额如下：原材料 80 万元，周转材料 10 万元，生产成本 30 万元，库存商品 60 万元。不考虑其他因素，2021 年 12 月 31 日该公司资产负债表“存货”项目期末余额填列的金额为(　　)万元。

A. 140　　B. 50　　C. 180　　D. 170

6. 反映某一会计主体在某一特定时点财务状况的会计报表是(　　)。

A. 资产负债表　　B. 利润表　　C. 现金流量表　　D. 所有者权益变动表

7. 资产负债表中所有者权益项目排列的依据是(　　)。

A. 权益的顺序　　B. 偿还的紧迫性　　C. 稳定程度　　D. 流动性

8. 报表使用者可以判断所有者的资本保值增值情况的报表是(　　)。

A. 资产负债表　　B. 利润表　　C. 现金流量表　　D. 所有者权益变动表

9. 对资产负债表上数据反映企业真实财务状况的程度的分析是(　　)。

A. 资产负债表结构分析　　B. 资产负债表质量分析

C. 资产负债表趋势分析　　D. 资产负债表层次分析

10. 如果持有的货币资金量过大，则导致企业整体获利能力(　　)。

A. 不变　　B. 上升　　C. 下降　　D. 不确定

11. 应收票据质量可靠的票据是(　　)。

A. 商业承兑汇票　　B. 银行承兑汇票　　C. 银行本票　　D. 银行汇票

12. 将资产按流动性分类，可分为(　　)。

A. 固定资产与流动资产　　B. 有形资产与无形资产

C. 货币资产与非货币资产　　D. 流动资产与非流动资产

13. 资产负债表的共同比报表的基数通常为(　　)。

A. 流动资产总额　　B. 长期资产总额

C. 资产总额　　D. 净资产总额

14. 企业应收账款的账龄越大，应收账款不能收回的可能性就越大，发生坏账的可能性就(　　)。

A. 越大　　B. 越小

C. 不确定　　D. 以上三种情况均有可能

15. 2021 年 12 月 31 日，甲公司有关科目的期末贷方余额如下：实收资本 80 万元，资本公积 20 万元，盈余公积 35 万元，利润分配—未分配利润 5 万元。不考虑其他因素，2021 年 12 月 31 日，该公司资产负债表中“所有者权益合计”项目期末余额填列的金额为(　　)万元。

A. 140　　B. 80　　C. 160　　D. 120

16. 2021 年 12 月 31 日，某企业“其他应收款”科目借方余额为 2 000 万元，“应收利息”科目借方余额为 500 万元，“应收股利”科目借方余额为 300 万元，“坏账准备”中有关其他应收款计提的坏账金额为 160 万元。不考虑其他因素，该企业 2021 年 12 月 31 日资产负债表中“其他应收款”项目金额为(　　)万元。

A. 2 000　　B. 2 640　　C. 2 800　　D. 2 500

17. 2021 年 12 月 31 日，某企业“生产成本”账户借方余额为 100 万元，“原材料”账户借方余额为 200 万元，“材料成本差异”账户借方余额为 30 万元，“存货跌价准备”账户贷方余额为 20 万元，“工程物资”账户借方余额为 300 万元。不考虑其他因素，该企业 2021 年 12 月 31 日资产负债表中“存货”项目金额为(　　)万元。

A. 300　　B. 310　　C. 350　　D. 610

二、多项选择题

1. 下列各项中，关于资产负债表项目填列正确的有(　　)。

A. “短期借款”项目根据“短期借款”总账科目期末余额直接填列

B. “实收资本”项目根据“实收资本”总账科目期末余额直接填列

C. “开发支出”项目根据“研发支出”科目所属“资本化支出”明细科目期末余额填列

D. “长期借款”项目根据“长期借款”总账科目及其明细账科目期末余额分析计算填列

2. 下列资产减值准备相关科目余额中，不在资产负债表上单独列示的有(　　)。

A. 固定资产减值准备　　B. 长期股权投资减值准备

C. 存货跌价准备　　D. 坏账准备

3. 下列各项中，根据总账科目期末余额直接填列的资产负债表项目有(　　)。

A. 应收票据　　B. 资本公积　　C. 短期借款　　D. 应付账款

4. 下列各项中，应在企业资产负债表“预付款项”项目中填列的有(　　)。

A. “应付账款”科目所属明细科目的期末借方余额

B. “应收账款”科目所属明细科目的期末贷方余额

C. “预付账款”科目所属明细科目的期末借方余额

D. “预收账款”科目所属明细科目的期末贷方余额

5. 下列各项中，企业应在期末资产负债表“存货”项目中填列的有(　　)。

A. 工程物资　　B. 发出商品

C. 生产成本　　D. 商品进销差价

6. 通过资产负债表，报表使用者可以了解企业在某一日期的(　　)。

A. 资产总额　　B. 资产结构

C. 债务的数量　　D. 所有者的资本保值增值情况

7. 决定企业货币资金持有量的因素有(　　)。

A. 企业规模　　B. 所在行业的特性

C. 企业融资能力　　D. 企业负债结构

8. 判断应收账款质量时应考虑(　　)。

A. 应收账款的账龄　　B. 应收账款的债务分布

C. 坏账准备的计提　　D. 存货的质量

9. 对于存货的质量分析，应当关注(　　)。

A. 存货的增值情况　　B. 存货的周转状况

C. 存货的构成　　D. 存货的可变现净值与账面金额之间的差异

10. 企业的长期负债主要包括(　　)。

A. 应付股利　　B. 应付债券

C. 长期应付款　　D. 长期借款

11. 根据企业会计准则的相关规定，企业存货的发出方法包括(　　)。

A. 个别计价法　　B. 先进先出法

C. 移动加权平均法　　D. 月末一次加权平均法

三、判断题

1. 资产负债表中的“开发支出”项目，应根据“研发支出”科目所属的“资本化支出”明细科目期末余额填列。(　　)

2. “工程物资”科目期末余额，应在企业资产负债表“存货”项目中列报。(　　)

3. 企业资产负债表中“使用权资产”项目应根据“使用权资产”科目的期末余额减去“使用权资产累计折旧”和“使用权资产减值准备”科目的期末余额后的金额填列。(　　)

4. 资产负债表中的“货币资金”项目，应根据“库存现金”“银行存款”和“其他货币资金”科目期末余额的合计数填列。(　　)

5. “应付账款”项目根据“应付账款”和“预付账款”科目所属的相关明细科目的期末借方余额合计数填列。(　　)

6. 企业编制资产负债表时，对于资产负债表日后一年内到期且企业不能自主展期清偿的长期借款，应在资产负债表“一年内到期的非流动负债”项目中列示。(　　)

7. 企业应缴纳的增值税税额，应在利润表的“税金及附加”项目中填列。(　　)

四、案例思考

李明是一个初涉股市的投资者，但他不太了解公司的财务信息系统。他看中了一家药品公司，因此他查看了该公司公开披露的年度报表。从该公司的年度资产负债表中，他发现该公司的资产过亿，但其中应收账款金额过大，无形资产所占比重也很高，公司负债水平很高。李明很是疑惑，不知道是否应该投资。

要求：请根据本章所学知识及案例提供的信息，对药品公司的资产负债表信息进行简要的分析与评价。

第四章 利润表的编制与分析

知识要点

1. 掌握利润表的类型及基本内容；
2. 掌握利润表的编制与分析方法；
3. 熟悉利润表各项目之间的关系；
4. 熟悉利润表各项目的基本内涵；
5. 了解利润表分析的作用。

能力要点

1. 能够学会阅读利润表；
2. 能够解释利润表中有关数字之间存在的勾稽关系；
3. 能够根据资料完成利润表的编制，并运用相关方法结合企业的实际情况对利润表进行分析。

情境导入

扬子在一家上市公司实习期间，公司的财务总监要求他协助财务部的一位会计师出具本公司具体经营成果的分析数据，并就本公司资金运营情况写出分析报告，为公司高层进行来年的经营决策提供依据。扬子应从何处入手开展这项工作呢？

第一节　认识利润表

一、利润表概述

（一）利润表的概念

利润表又称损益表，是反映企业在一定会计期间的经营成果的报表。它是在会计凭证、会计账簿等会计资料的基础上进一步确认企业一定会计期间经营成果的结构性表述，综合反映了企业利润的实现过程和利润的来源及构成情况，是对企业一定会计期间经营成果的系统总结。

（二）利润表的结构原理

利润表主要由表首和表体两部分组成。表首部分应列明报表名称、编制单位名称、编制日期、报表编号和计量单位；表体部分是利润表的主体，列示了形成经营成果的各个项目和计算过程。利润表表体部分的基本结构主要根据“收入－费用＝利润”平衡公式，按照各具体项目的性质和功能作为分类标准，依次将某一会计期间的收入、费用和利润的具体项目予以适当排列编制而成。利润表项目的性质是指各具体项目的经济性质，如营业利润是指企业一定会计期间通过日常营业活动所实现的利润额；利润总额是指营业利润和非经常性损益净额（即损失和利得）的总和；净利润是指利润总额减去所得税费用的净额。利润表项目的功能是指各具体项目在创造和实现利润的经营业务活动过程中的功能与作用，如利润表中对于费用的列报通常按照功能进行分类，包括从事经营业务发生的成本、管理费用、销售费用、研发费用和财务费用等。

利润表的表体结构有单步式和多步式两种。单步式利润表是将当期所有的收入列在一起，所有的费用列在一起，然后将两者相减得出当期净损益。我国企业的利润表采用多步式，对当期的收入、费用、支出项目按性质加以归类，按利润形成的主要环节列示一些中间性利润指标，分步计算当期净损益，以便财务报表使用者理解企业经营成果的不同来源。

为了使财务报表使用者通过比较不同期间利润的实现情况，判断企业经营成果的未来发展趋势，企业需要提供比较利润表。因此，利润表金额栏应分为“本期金额”和“上期金额”两栏。

（三）利润表的类型

根据结构的不同，利润表通常分为科目式利润表和报告式利润表。

1. 科目式利润表

科目式利润表将利润表的项目分为左右两方，左方列示费用支出，右方列示收入。若有右方差额，则为利润；若有左方差额，则为亏损。

2. 报告式利润表

报告式利润表正表一般有两种格式：单步式利润表和多步式利润表。单步式利润表是指将当期所有的收入列在一起，然后将所有的费用列在一起，两者相减得出当期净损益；多步式利润表是指将当期的收入、费用、支出项目按性质加以归类，按利润形成的主要环节列示一些中间性利润指标，如营业利润、利润总额、净利润，分步计算当期净损益。目前，国际上通用的利润表主要是单步式利润表和多步式利润表，我国企业采用多步式利润表。

（四）利润表的格式

利润表一般由表首、正表和补充资料三部分构成。

利润表的表首主要包括报表名称、编制单位、编制日期、报表编号和数量单位等要素。

利润表的正表是利润表的主体部分，主要反映收入、费用和利润各项目的具体内容及相互关系。

利润表的补充资料主要用于列示那些影响本期财务报表金额或未来经营活动，而在本期利润表中无法或不便于表达的项目，以便于财务报表使用者准确地分析企业的经营成果。

根据《企业会计准则第 30 号—财务报表列报》的规定，企业应当采用多步式利润表，将不同性质的收入和费用类别进行对比，从而得出一些中间性的利润指标，便于财务报表使用者理解企业经营成果的不同来源。多步式利润表反映的内容主要包括营业收入、营业利润、利润总额、净利润和每股收益等。多步式利润表的格式如表 4 - 1 所示。

表 4 - 1　利润表

编制单位：　　　　　　年　月　日　　　　　　单位：元

项　目	本期金额	上期金额
一、营业收入		
减：营业成本		
税金及附加		
销售费用		
管理费用		
研发费用		
加：其他收益		
投资收益(损失以“—”填列)		
净敞口套期收益(损失以“—”填列)		
公允价值变动收益(损失以“—”填列)		
资产减值损失(损失以“—”填列)		
信用减值损失(损失以“—”填列)		
资产处置损失(损失以“—”填列)		
二、营业利润(亏损以“—”填列)		
加：营业外收入		
减：营业外支出		
三、利润总额(亏损以“—”填列)		
减：所得税费用		
四、净利润(亏损以“—”填列)		
五、其他综合收益的税后净额		
六、综合收益总额		
七、每股收益		

二、利润表的特征

1. 动态性

与资产负债表不同，利润表和现金流量表属于动态报表，都是反映企业在一定期间内财务状况变化的过程，而非反映某一时点的结果。

2. 阶段性

利润表反映的是企业一个经营周期中经营情况的变化过程。相关人员通过分析利润表能够了解企业在一定经营期间实现的净收益及现金流入流出的具体情况。

3. 成果性

通过利润表提供的数据，可以了解企业的经营成果，分析企业经营成果的结构，有利于判断企业的财务前景。

三、利润表的作用

利润表的基本功能是分析企业一定期间内发生盈亏的原因。

自 20 世纪 30 年代起，利润表开始取代资产负债表，成为现代财务报表体系的核心。究其原因，主要是利润表提供的有关数据反映的是企业利益相关者的直接利益。对企业利益相关者或报表使用者来说，利润表在以下几个方面发挥着重要的作用。

(1) 可以反映企业一定会计期间收入的实现情况，如实现的营业收入有多少，实现的投资收益有多少，实现的营业外收入有多少等，据以判断企业未来的经营前景。

(2) 可以反映一定会计期间费用的耗费情况，如营业成本有多少，税金及附加有多少，销售费用、管理费用和财务费用有多少，营业外支出有多少等，据以推断成本控制的关键环节的情况。

(3) 可以反映企业生产经营活动的成果，即净利润的实现情况，据以判断资本保值、增值情况，评价和考核管理人员的绩效。

第二节 利润表的编制

一、利润表的编制要求

利润表中一般应单独列报的项目主要有营业收入、营业利润、利润总额、净利润、其他综合收益的税后净额、综合收益总额和每股收益等。其中，营业利润单独列报的项目包括营业收入、营业成本、税金及附加、销售费用、管理费用、研发费用、财务费用、信用减值损失、资产减值损失、其他收益、投资收益、公允价值变动收益、资产处置收益等；利润总额项目为营业利润加上营业外收入减去营业外支出；净利润项目为利润总额减去所得税费用，净利润包括持续经营净利润和终止经营净利润等项目；其他综合收益的税后净额包括不能重分类进损益的其他综合收益和将重分类进损益的其他综合收益等项目；综合收益总额为净利润加上其他综合收益的税后净额；每股收益包括基本每股收益和稀释后每股收益。

利润表各项目需填列“本期金额”和“上期金额”两栏。其中“上期金额”栏内各项数字应根据上年该期利润表的“本期金额”栏内所列数字填列。“本期金额”栏内各期数字除“基本每股收益”和“稀释每股收益”项目外，应当按照相关科目的发生额计算填列。如“营业收入”项目，根据“主营业务收入”“其他业务收入”科目的发生额计算填列；“营业成本”项目，根据“主营业务成本”“其他业务成本”科目的发生额计算填列。

二、利润表的填列方法

利润表的“本期金额”栏一般应根据损益类科目和所有者权益类科目的发生额填列。

(1)“营业收入”项目，反映企业经营主要业务和其他业务发生的收入总额。本项目应根据“主营业务收入”和“其他业务收入”科目的发生额填列。

例 4－1 甲公司是从事生产和销售家用电器产品的一家制造企业，为一般纳税人。2021 年度，甲公司“主营业务收入”科目发生额合计为 6 120 万元，则甲公司 2021 年度利润表中“营业收入”项目“本期金额”栏的列报金额为 6 120 万元。

(2)“营业成本”项目，反映企业经营主要业务和其他业务发生的成本总额。本项目应根据“主营业务成本”和“其他业务成本”科目的发生额填列。

甲公司 2021 年度“主营业务成本”科目发生额合计为 3 680 万元，则甲公司 2021 年度利润表中“营业成本”项目“本期金额”栏的列报金额为 3 680 万元。

(3)“税金及附加”项目，反映企业经营业务应负担的消费税、城市维护建设税、教育费附加、资源税、土地增值税、房产税、车船税、城镇土地使用税、印花税、环境保护税等相关税费。本项目应根据“税金及附加”科目的发生额填列。

例 4－2 甲公司 2021 年度“税金及附加”科目的发生额如下：城市维护建设税合计为 5 万元，教育费附加合计为 3 万元，房产税合计为 40 万元，城镇土地使用税合计为 2 万元，则甲公司 2021 年度利润表中“税金及附加”项目“本期金额”栏的列报金额为 5＋3＋40＋2＝50(万元)。

(4)“销售费用”项目，反映企业在销售商品过程中发生的包装费、广告费等费用和为销售本企业商品而专设的销售机构的职工薪酬、业务费等经营费用。本项目应根据“销售费用”科目的发生额填列。

例 4－3 甲公司 2021 年度“销售费用”科目的发生额合计为 120 万元，则甲公司 2021 年度利润表中“销售费用”项目“本期金额”栏的列报金额为 120 万元。

(5)“管理费用”项目，反映企业为组织和管理生产经营发生的管理费用。本项目应根据“管理费用”科目的发生额填列。

例 4－4 甲公司 2021 年度“管理费用”科目发生额合计为 780 万元，其中“研发费用”明细科目发生额为 300 万元，则甲公司 2021 年度利润表中“管理费用”项目“本期金额”栏的列报金额为 780－300＝480(万元)。

(6)“研发费用”项目，反映企业进行研究与开发过程中发生的费用化支出以及计入管理费用的自行开发无形资产的摊销。本项目应根据“管理费用”科目下的“研发费用”明细科目的发生额以及“管理费用”科目下“无形资产摊销”明细科目的发生额填列。

例 4－5 甲公司 2021 年度计入当期损益的研发费用合计为 300 万元，则甲公司 2021 年度利润表中“研发费用”项目“本期金额”栏的列报金额为 300 万元。

(7)“财务费用”项目，反映企业为筹集生产经营所需资金等而发生的应予费用化的利息支出。本项目应根据“财务费用”科目的相关明细科目发生额填列。其中，“利息费用”项目，反映企业为筹集生产经营所需资金等而发生的应予费用化的利息支出，本项目应根据“财务费用”科目的相关明细科目的发生额填列；“利息收入”项目，反映企业应冲减财务费用的利息收入，本项目应根据“财务费用”科目的相关明细科目的发生额填列。

例 4－6 甲公司 2021 年度“财务费用”科目的发生额如下所示：银行借款利息费用合计为 17.5 万元，银行存款利息收入合计为 25 万元，银行手续费等支出合计为 82.5 万元，则甲公司 2021 年度利润表中“财务费用”项目“本期金额”栏的列报金额为 17.5＋82.5－25＝75(万元)。

(8)“其他收益”项目，反映计入其他收益的政府补助以及其他与日常活动相关且计入其他收益的项目。本项目应根据“其他收益”科目的发生额填列。企业作为个人所得税的扣缴义务人，根据《中华人民共和国个人所得税法》，收到的扣缴税款手续费，应作为其他与日常活动相关的收益在本项目中填列。

(9)“投资收益”项目，反映企业以各种方式对外投资取得的收益。本项目应根据“投资收益”科目的发生额分析填列。若为投资损失，本项目以“－”填列。

例 4－7 甲公司 2021 年度“投资收益”科目的发生额合计为 120 万元，则甲公司 2021 年度利润表中“投资收益”项目“本期金额”栏的列报金额为 120 万元。

(10)“净敞口套期收益”项目，反映净敞口套期下被套期项目累计公允价值变动转入当期损益的金额或现金流量套期储备转入当期损益的金额。本项目应根据“净敞口套期损益”科目的发生额填列。若为套期损失，本项目以“－”填列。

(11)“公允价值变动收益”项目，反映企业应当计入当期损益的资产或负债公允价值变动收益。本项目应根据“公允价值变动损益”科目的发生额填列，若为净损失，本项目以“－”填列。

(12)“信用减值损失”项目，反映企业按照《企业会计准则第 22 号—金融工具确认和计量》的要求计提的各项金融工具信用减值准备所确认的信用损失。本项目应根据“信用减值损失”科目的发生额填列。

例 4－8 甲公司 2021 年度“信用减值损失”科目的发生额合计为 28 万元，则甲公司 2021 年度利润表中“信用减值损失”项目“本期金额”栏的列报金额为 28 万元。

(13)“资产减值损失”项目，反映企业有关资产发生的减值损失。本项目应根据“资产减值损失”科目的发生额填列。

例 4－9 甲公司 2021 年度“资产减值损失”科目的发生额为固定资产减值损失，合计为 30 万元，则甲公司 2021 年度利润表中“资产减值损失”项目“本期金额”的列报金额为 30 万元。

(14)“资产处置收益”项目，反映企业出售划分为持有待售的非流动资产(金融工具、长期股权投资和投资性房地产除外)或处置组(子公司和业务除外)时确认的处置利得或损失，以及处置未划分为持有待售的固定资产、在建工程、生产性生物资产及无形资产而产生的处置利得或损失。债务重组中因处置非流动资产(金融工具、长期股权投资和投资性房地产除外)产生的利得或损失和非货币性资产交换中换出非流动资产(金融工具、长期股权投资和投资性房地产除外)产生的利得或损失也包括在本项目内。本项目应根据"资产处置损益"科目的发生额填列。若为处置损失，本项目以"－"填列。

(15)"营业利润"项目，反映企业实现的营业利润。若为亏损，本项目以"－"填列。

(16)"营业外收入"项目，反映企业发生的除营业利润以外的收益，主要包括非流动资产毁损报废收益、与企业日常活动无关的政府补助、盘盈利得、捐赠利得(企业接受股东或股东的子公司直接或间接的捐赠，经济实质属于股东对企业的资本性投入的除外)等。本项目应根据"营业外收入"科目的发生额填列。

例 4－10　甲公司 2021 年度"营业外收入"科目的发生额为固定资产报废清理净收益 53 万元，则甲公司 2021 年度利润表中"营业外收入"项目"本期金额"的列报金额为 53 万元。

(17)"营业外支出"项目，反映企业发生的除营业利润以外的支出，主要包括公益性捐赠支出、非常损失、盘亏损失、非流动资产毁损报废损失等。本项目应根据"营业外支出"科目的发生额填列。

(18)"利润总额"项目，反映企业实现的利润。若为亏损，本项目以"－"填列。

(19)"所得税费用"项目，反映企业应从当期利润总额中扣除的所得税费用。本项目应根据"所得税费用"科目的发生额填列。

例 4－11　甲公司 2021 年度"所得税费用"科目的发生额合计为 350 万元，则甲公司 2021 年度利润表中"所得税费用"项目"本期金额"栏的列报金额为 350 万元。

(20)"净利润"项目，反映企业实现的净利润。若为亏损，本项目以"－"填列。

(21)"其他综合收益的税后净额"项目，反映企业根据企业会计准则规定未在损益中确认的各项利得和损失扣除所得税影响后的净额。

(22)"综合收益总额"项目，反映企业净利润与其他综合收益(税后净额)的合计金额。

(23)"每股收益"项目，包括基本每股收益和稀释每股收益两项指标，反映普通股或潜在普通股已公开交易的企业，以及正处在公开发行普通股或潜在普通股过程中的企业的每股收益信息。

第三节　利润表的分析

一、利润表分析的内容和作用

(一) 利润表分析的内容

1. 利润额增减变动分析

利润额增减变动分析是指通过对利润表的水平分析，从利润的形成和分配两个方面反映利润额的变动情况，揭示企业在利润形成与分配各环节的会计政策、管理业绩及存在的问题。

2. 利润结构变动分析

利润结构变动分析是指在对利润表进行结构垂直分析的基础上，揭示企业的各项利润及成本费用管理水平。

3. 收入分析

收入是影响利润的重要因素。收入分析的内容包括收入的确认与计量分析、影响收入的价格因素与销售因素分析、收入的构成分析等。

4. 成本费用分析

成本费用分析包括营业成本分析和期间费用分析。通过成本费用分析，可以揭示各成本费用升降的原因，为深入分析找到方向。

5. 其他损益项目分析

其他损益项目分析主要包括对资产减值损失、公允价值变动收益、投资损益、营业外收支及所得税费用的分析。

（二）利润表分析的作用

1. 评价和预测企业的经营成果和获利能力，为投资决策与经营决策提供依据

由于利润受到各环节和各方面的影响，对此，通过对不同环节的利润分析，根据利润表所提供的经营成果信息，股东和管理部门可以评价或预测企业的获利能力，对是否投资或追加投资、投向何处、投资多少等做出决策。

企业管理人员通过比较和分析利润表中的各种构成因素，可知悉各项收入、成本、费用与收益之间的消长趋势，发现各方面工作中存在的问题，从而做出合理的经营决策，为进一步改进企业的经营管理工作指明方向。

2. 评价和预测企业的偿债能力，为筹资决策提供依据

通过分析和比较利润表的有关信息，可以评价企业的偿债能力，揭示企业的经营潜力及发展前景，对筹资的方案和资本结构以及财务杠杆的运用做出决策。

3. 评价和考核管理人员的绩效

董事会和股东从利润表中所反映的收入、成本、费用与收益的信息可以评价管理层的业绩，为考核和奖励管理人员提供依据。

二、利润表分析应注意的问题

1. 应从正、反两方面进行判断

在分析企业的利润表时，不仅要寻找、挖掘出企业的投资价值，还要发现企业在经营管理中存在的问题及财务风险，并判断出该风险属于系统风险还是非系统风险，以及企业对风险的承受能力，从相反的方向来说明企业的持续经营能力和投资价值。

2. 结合使用比率与趋势分析方法

比率与趋势分析方法有着相互联系、相互补充的关系，在运用时不能孤立地使用。一般的投资者往往只根据每股收益的净资产收益率等单位化后的指标，或仅仅依靠比率分析来制定投资策略，这样很容易走入误区。

总之，现代企业的利润表分析形成了以利润表和其他资料为依据和起点，采用专门方法，进行系统分析和评价的体系。这能很好地帮助财务报表使用者了解企业的过去和现在以及预测未来，进行正确决策。但随着社会筹资范围的扩大，信息量的不断增加，在进行企业盈利能力分析时，现有利润表分析体系的局限性不断显现。为了适应新形势的变化，要不断地对其进行改进，使该体系更加完善、合理，以使财务报表信息使用者能够从中选择自己需要的信息，进行科学的决策。

三、利润表的综合分析

利润表的综合分析主要是通过研究利润表中有关项目的结构和增减情况来评价企业当期的经营成果和未来的发展趋势。利润表的综合分析分为横向比较分析、纵向比较分析和盈利结构分析。下面详细介绍利润表的横向比较分析与纵向比较分析。

（一）利润表的横向比较分析

1. 利润表横向比较分析的意义

利润表横向比较分析是指通过对企业连续两期或多期利润表中的数据进行比较，计算其增减变动的数额和增减变动的百分比，从而了解企业利润额的变动情况，包括变动方向、数额和幅度，以反映管理业绩和存在的问题，预测企业未来财务活动的发展前景。

对利润表进行横向比较分析，主要从绝对额比较分析和百分率比较分析两方面来进行。绝对额比较分析是指以利润表中各项目的增减变动额为分析对象，通过分析各期金额的增减变化及其趋势，判断企业的发展前景；百分率比较分析是通过利润表中各项目的增减变动百分比进行的分析，能够揭示各损益项目变动对经营成果的影响，从而判断企业的发展前景。

2. 横向利润表的编制

横向利润表是指将两期或两期以上的连续若干期间的利润相关数额平行列示变动差异额和差异变动百分比的报表。具体编制步骤如下。

（1）按从低到高的年度连续期间平行排列金额，并增加变动情况数据计算栏。

（2）增加“增减金额”与“增减率”栏，对比计算增减差异额，用差异额除以基期进行对比。

横向利润表既可以编制短期的，也可以编制长期的。短期横向利润表仅取最近两期利润的数据进行比较，这是因为最近两期提供的信息是财务报表信息使用者最关心的信息；长期横向利润表选取两年以上利润表的数据进行比较，这样可以更加准确地反映企业发展的总体趋势，更好地预测企业的发展前景。

3. 横向利润表的分析

对横向利润表的分析采用比较分析法。在分析横向利润表时，相关人员可以从营业利润、利润总额和净利润三个方面展开，分别分析每个利润项目的变动情况及变动原因，找出企业利润增长的有利因素和不利因素。报据分析的目的和要求不同，横向比较分析有以下三种比较形式。

(1) 实际指标同计划指标比较。实际指标同计划指标比较，可以揭示实际与计划之间的差异，了解该指标的完成情况。

(2) 本期指标同上期指标或历史最好水平比较。本期指标同上期指标或历史最好水平比较，可以确定前后不同时期有关指标的变动情况、发展趋势，以及管理工作的改进情况。

(3) 本企业指标同国内外同行业先进指标比较。本企业指标同国内外同行业先进指标比较，可以找出本企业与先进企业之间的差异，推动本企业改善经营管理方法，赶超先进水平。

例 4-12 甲股份有限公司(以下简称甲公司)2020 年和 2021 年的汇总利润表如表 4-2 所示。

表 4-2 汇总利润表

编制单位：甲股份有限公司　　2021 年 12 月 31 日　　单位：万元

项　目	本期金额	上期金额
一、营业收入	806 000	570 000
减：营业成本	645 000	478 200
税金及附加	3 200	3 260
销售费用	71 970	52 300
管理费用	15 000	10 870
研发费用	0	0
财务费用	−4 330	−2 080
加：其他收益	0	0
投资收益(损失以“－”填列)	130	−40
净敞口套期收益(损失以“－”填列)	0	0
公允价值变动收益(损失以“－”填列)	0	0
资产减值损失(损失以“－”填列)	0	0
信用减值损失(损失以“－”填列)	0	0
资产处置损失(损失以“－”填列)	0	0
二、营业利润(亏损以“－”填列)	74 380	27 020
加：营业外收入	870	1 340
减：营业外支出	1 230	723
三、利润总额(亏损以“－”填列)	74 020	27 637
减：所得税费用	16 600	12 260
四、净利润(亏损以“－”填列)	57 420	15 377
五、其他综合收益的税后净额		
六、综合收益总额		
七、每股收益		

根据上述所给资料编制横向利润表，并对横向利润表进行分析。编制的横向利润表见表4－3。

表4－3 横向利润表

编制单位：甲股份有限公司　　2021年12月31日　　单位：万元

项　目	本期金额	上期金额	增减金额	增减率(%)
一、营业收入	806 000	570 000	236 000	41.40
减：营业成本	645 000	478 200	166 800	34.88
税金及附加	3 200	3 260	－60	－1.84
销售费用	71 970	52 300	19 670	37.61
管理费用	15 000	10 870	4 130	37.99
研发费用	0	0	0	0
财务费用	－4 330	－2 080	－2 250	108.17
加：其他收益	0	0	0	0
投资收益(损失以“－”填列)	130	－40	170	－425
净敞口套期收益(损失以“－”填列)	0	0	0	0
公允价值变动收益(损失以“－”填列)	0	0	0	0
资产减值损失(损失以“－”填列)	0	0	0	0
信用减值损失(损失以“－”填列)	0	0	0	0
资产处置损失(损失以“－”填列)	0	0	0	0
二、营业利润(亏损以“－”填列)	74 380	27 020	47 360	175.28
加：营业外收入	870	1340	－470	－35.07
减：营业外支出	1 230	723	507	70.12
三、利润总额(亏损以“－”填列)	74 020	27 637	46 383	167.83
减：所得税费用	16 600	12 260	4 340	35.40
四、净利润(亏损以“－”填列)	57 420	15 377	42 043	273.41
五、其他综合收益的税后净额				
六、综合收益总额				
七、每股收益				

对甲公司的利润增减变动情况主要从以下几个方面进行分析。

(1) 净利润分析。净利润是企业经营业绩的最终成果，是衡量一个企业经营效益的主要指标。净利润的增长是企业成长性的基本表现。净利润多，说明企业的经营效益好，反之，说明企业的经营效益差。甲公司在2021年实现净利润57 420万元，比2020年增长了

42 043 万元，增长率为 273.41%。从横向利润表来看，净利润增长的主要原因是 2021 年利润总额比 2020 年增长了 46 383 万元。尽管 2021 年的所得税费用也比 2020 年增长了 4 340 万元，两个因素相抵后，2021 年的净利润相比 2020 年仍有较大增长。因此，还应该对利润总额的增长进行分析。

（2）利润总额分析。利润总额是企业在一定时期内经营活动的税前成果。甲公司 2021 年实现利润总额 74 020 万元，比 2020 年的 27 637 万元增加了 46 383 万元，增幅为 167.83%。由横向利润表来看，利润总额大幅增长的主要原因是公司的营业利润增长了 47 360 万元，增长率为 175.28%，反映出公司获利能力增强，主营业务的经营管理取得了较好的业绩；营业外收入减少和营业外支出增加两个不利因素使利润总额减少了 977 万元，反映了公司在对营业外收支的控制上存在不足。几个因素的共同作用使得公司 2021 年的利润总额有较大的增长。此外，还应对营业利润进行分析。

（3）营业利润分析。正常情况下，企业的营业利润越大，说明经济效益越好。甲公司在 2021 年实现营业利润 74 380 万元，比 2020 年增加了 47 360 万元，增幅为 175.28%。由横向利润表来看，引起 2021 年度公司营业利润大幅增长的因素有两个：营业收入的增加和财务费用的减少，前者较 2020 年增加了 236 000 万元，增幅为 41.40%；后者较 2020 年减少了 2 250 万元，减幅为 108.17%。虽然营业成本、销售费用、管理费用、资产减值损失等项目均有不同幅度的增加，但仍不能抵消前述因素的有利作用。值得注意的是，2021 年的管理费用与销售费用较 2020 年都有较大幅度的增加，这是在进一步分析时应该注意的，企业应结合具体情况分析这两项费用增加的具体原因，进而找出解决办法。

（二）利润表的纵向比较分析

1. 利润表纵向比较分析的意义

利润表纵向比较分析也称利润表结构分析、垂直分析，是指在对利润表进行结构分析的基础上，显示报表中各项目相互间结构的关系，从而揭示各项利润与成本费用及收入的关系，以反映企业各环节的利润构成，以及利润与成本费用水平。通过编制利润表的结构分析表，企业可以对利润构成的变动情况进行分析。

2. 纵向利润表的分析

利润表的纵向比较分析是指以利润表中营业收入项目为 100%，计算出其他项目占营业收入的百分比，再比较各个指标百分比的增减情况，以此判断有关费用、利润指标的变动规律和趋势，了解利润形成的过程，为进一步深入分析重点项目奠定基础。利润表的纵向比较分析通过编制和分析纵向利润表来进行。

对纵向利润表的分析采用比率分析法，既可以从静态角度评价实际利润的构成情况，也可以从动态角度将实际利润构成与标准或基期利润构成进行分析评价。对于标准与基期利润构成，既可以用预算数，也可以用上期数，还可以用同行业比较数据。不同的比较标准适用于不同的分析评价目的。

比率分析法是将常规的财务报表换算成结构百分比形式的报表，然后将本期与前一期或前几期的结构百分比报表汇编在一起，逐项比较，查明各特定项目在不同年度所占比重的变化情况，以进一步判断企业的财务状况与经营成本的发展趋势。

具体来说，纵向利润表的分析可以从以下几个方面进行。

（1）通过对净利润、利润总额和营业利润占营业收入的比重的分析，揭示企业的获利能力。

（2）通过对营业成本占营业收入的比重的分析，揭示企业的成本水平。

（3）通过对期间费用占营业收入的比重的分析，揭示企业的期间费用水平。

沿用甲公司2021年利润表的资料，编制纵向利润表，并对纵向利润表进行分析。编制的纵向利润表见表4-4。

表4-4　纵向利润表

编制单位：甲股份有限公司　　　　2021年12月31日　　　　单位：万元

项　目	本期金额	上期金额	本期结构百分比(%)	上期结构百分比(%)	差异率(%)
一、营业收入	806 000	570 000	100	100	
减：营业成本	645 000	478 200	180.02	83.89	−3.87
税金及附加	3 200	3 260	0.4	0.57	−0.17
销售费用	71 970	52 300	8.93	9.18	−0.25
管理费用	15 000	10 870	1.86	1.91	−0.05
研发费用	0	0	0	0	0
财务费用	−4 330	−2 080	−0.54	−0.36	−0.18
加：其他收益	0	0	0	0	0
投资收益(损失以"−"填列)	130	−40	0.02	−0.01	0.03
净敞口套期收益(损失以"−"填列)	0	0	0	0	0
公允价值变动收益(损失以"−"填列)	0	0	0	0	0
资产减值损失(损失以"−"填列)	0	0	0	0	0
信用减值损失(损失以"−"填列)	0	0	0	0	0
资产处置损失(损失以"−"填列)	0	0	0	0	0
二、营业利润(亏损以"−"填列)	74 380	27 020	9.23	4.74	4.49
加：营业外收入	870	1 340	0.11	0.24	−0.13
减：营业外支出	1 230	723	0.15	0.13	0.02
三、利润总额(亏损以"−"填列)	74 020	27 637	9.18	4.85	4.33
减：所得税费用	16 600	12 260	2.06	2.15	−0.09
四、净利润(亏损以"−"填列)	57 420	15 377	7.12	2.70	4.42
五、其他综合收益的税后净额					
六、综合收益总额					
七、每股收益					

从表 4－4 中可以看到甲公司 2021 年度财务成果的构成情况：营业利润占营业收入的比重为 9.23%，比 2020 年度的 4.74%增长了 4.49%；利润总额占营业收入的比重为 9.18%，比 2020 年度的 4.85%增长了 4.33%；净利润占营业收入的比重为 7.12%，比 2020 年度的 2.70%增长了 4.42%。由此可见，从利润的构成上看，2021 年度甲公司的获利能力比 2020 年度有大幅度的提高。

从营业利润的内部结构变化看，2021 年度的营业成本、税金及附加、销售费用、管理费用及财务费用所占的比重较 2020 年有所降低，说明该公司在成本控制方面取得了成效。但需要注意的是，2021 年该公司的资产减值损失所占的比重比 2020 年有所提高，这对公司的经营业绩不利，还应结合具体情况进行分析。

总之，甲公司 2021 年在增加营业收入、控制营业成本方面取得了一定成效，获利能力大幅提高。

章节训练

一、单项选择题

1. 下列各项中，应列入利润表“营业收入”项目的是（　　）。

A. 销售材料取得的收入　　B. 接受捐赠收到的现金

C. 出售专利权取得的净收益　　D. 出售自用房产取得的净收益

2. 下列各项中，不应列入利润表“营业成本”项目的是（　　）。

A. 已销商品的实际成本　　B. 在建工程领用产品的成本

C. 对外提供劳务结转的成本　　D. 投资性房地产计提的折旧额

3. 下列各项中，不属于利润表“利润总额”项目内容的是（　　）。

A. 确认的资产减值损失　　B. 无法查明原因的现金溢余

C. 确认的所得税费用　　D. 收到政府补助确认的其他收益

4. 下列各项中，制造企业应在利润表“营业成本”项目填列的是（　　）。

A. 出售固定资产发生的净损失　　B. 在建工程领用产品的成本

C. 为取得生产技术服务合同发生的投标费　　D. 出租包装物的摊销额

5. 下列各项中，应列入利润表“税金及附加”项目的是（　　）。

A. 转让建筑物应交的土地增值税　　B. 进口原材料应交的关税

C. 销售商品应交的增值税　　D. 应缴纳的房产税

6. 2021 年甲企业发生短期借款利息 120 万元，收到银行存款利息收入 30 万元。2021 年末甲企业利润表中“财务费用”项目应列报的金额是（　　）万元。

A. 120　　B. 90　　C. 80　　D. 100

7. 下列各项中，应列入利润表“销售费用”项目的是（　　）。

A. 计提行政管理部门使用无形资产的摊销额

B. 计提由行政管理部门负担的工会经费

C. 计提专设销售机构固定资产的折旧费

D. 发生的不符合资本化条件的研发费用

二、多项选择题

1. 下列各项中，在利润表中列示的有(　　)。

A. 其他收益　　B. 资产处置收益　　C. 递延收益　　D. 投资收益

2. 下列各项中，应在制造业企业利润表“营业收入”项目中列示的有(　　)。

A. 持有交易性金融资产期间取得的利息收入

B. 销售商品取得的收入

C. 出租无形资产取得的租金收入

D. 出售固定资产实现的净收益

3. 下列各项中，不影响企业利润表“利润总额”项目的有(　　)。

A. 收到投资者超过注册资本份额的出资

B. 向投资者分配的现金股利

C. 向灾区捐款发生的支出

D. 确认的所得税费用

4. 2021 年度，某企业确认营业收入为 12 000 万元，营业成本为 8 000 万元，管理费用为 1 000 万元，税金及附加为 156 万元，营业外收入为 200 万元。不考虑其他因素，2021 年度该企业利润表中“营业利润”和“利润总额”项目本期金额为(　　)万元。

A. 2 644　　B. 2 844　　C. 3 044　　D. 4 000

5. 下列各项中，属于利润表“营业外支出”项目填列内容的有(　　)。

A. 公益性捐赠支出　　B. 无形资产报废净损失

C. 固定资产盘亏净损失　　D. 存货非常损失净额

6. 下列各项中，属于利润表“营业利润”项目填列内容的有(　　)。

A. 出售交易性金融资产确认的投资收益

B. 接受原材料捐赠的利得

C. 出售生产设备的净收益

D. 转回已计提的存货跌价准备

7. 下列各项中，属于企业利润表列示项目的有(　　)。

A. 每股收益　　B. 未分配利润　　C. 其他收益　　D. 信用减值损失

8. 下列各项中，关于利润表项目本期金额填列方法表述正确的有(　　)。

A. “税金及附加”项目应根据“应交税费”科目的本期发生额填列

B. “营业利润”项目应根据“本年利润”科目的本期发生额填列

C. “营业收入”项目应根据“主营业务收入”和“其他业务收入”科目的本期发生额填列

D. “管理费用”项目应根据“管理费用”科目的本期发生额填列

三、判断题

1. 企业利润表中的“综合收益总额”项目，应根据企业当年的“净利润”和“其他综合收益的税后净额”的合计数计算填列。(　　)

2. 多步式利润表将当期所有的收入、费用分别列在一起，将两者相减得出当期净利润。(　　)

3. 利润表中“其他综合收益的税后净额”项目应按照净利润与“其他综合收益”(税后净额)的合计金额填列。(　　)

四、计算题

M 公司某两年利润表如表 4－5 所示。

表 4－5　利润表(简表)

编制单位：M 股份有限公司　　2021 年 12 月 31 日　　单位：元

项　目	本期金额	上期金额
一、营业收入	1 161 800	1 095 460
减：营业成本	870 200	976 470
税金及附加	30 700	40 300
销售费用	35 000	27 300
管理费用	91 700	20 300
研发费用	0	0
财务费用	3 220	22 400
加：其他收益		
投资收益(损失以“－”填列)	0	30 000
公允价值变动收益(损失以“－”填列)	0	0
资产减值损失(损失以“－”填列)	0	0
资产处置收益(损失以“－”填列)	0	0
二、营业利润(亏损以“－”填列)	130 980	38 690
加：营业外收入	20 000	35 000
减：营业外支出	11 000	2 000
三、利润总额(亏损总额“－”填列)	139 980	71 690
减：所得税费用	34 995	17 922
四、净利润(净亏损以“－”填列)	104 985	53 768

要求：编制比较利润表并作简要评价。

表 4－6　比较利润表(简表)

编制单位：M 股份有限公司　　2021 年 12 月 31 日　　单位：元

项目	本期金额	上期金额	增减金额	增减率(%)
一、营业收入	1 161 800	1 095 460		
减：营业成本	870 200	976 470		
税金及附加	30 700	40 300		
销售费用	35 000	27 300		

续表

项　目	本期金额	上期金额	增减金额	增减率(%)
管理费用	91 700	20 300		
研发费用	0	0		
财务费用	3 220	22 400		
加：其他收益				
投资收益(损失以"－"填列)	0	30 000		
公允价值变动收益(损失以"－"填列)	0	0		
资产减值损失(损失以"－"填列)	0	0		
资产处置收益(损失以"－"填列)	0	0		
二、营业利润(亏损以"－"填列)	130 980	38 690		
加：营业外收入	20 000	35 000		
减：营业外支出	11 000	2 000		
三、利润总额(亏损总额以"－"填列)	139 980	71 690		
减：所得税费用	34 995	17 922		
四、净利润(净亏损以"－"填列)	104 985	53 768		

第五章 现金流量表的编制与分析

知识要点

1. 掌握现金流量表的结构及基本内容；
2. 熟悉现金流量表各项目的基本内涵；
3. 掌握现金流量表的编制方法与基本分析方法；
4. 了解现金流量表分析的意义。

能力要点

1. 能够读懂现金流量表；
2. 能够阐述现金流量表中有关数字之间存在的勾稽关系；
3. 能够根据相关资料完成现金流量表的编制，并运用相应的分析方法对企业的现金流量表进行分析。

情境导入

李秀在一家上市公司供职，在年度总结会上，财务总监说了这样一番话："目前，单从财务报表所反映的信息来看，现金流量日益取代净利润，成为评价公司股票价值的一个重要标准，盈亏已经不是决定股票价值的唯一重要因素。投资最好选择每股税后利润和每股现金流量净额都高的个股。利用每股现金流量净额去分析公司的获利能力，比利用每股税后利润分析的结果更加客观。"

李秀听后一头雾水，决定学习一下与现金流量相关的知识。

第一节 认识现金流量表

一、现金流量表概述

（一）现金流量表的概念

现金流量表是指反映企业在一定会计期间现金和现金等价物流入和流出的报表。它是

以资产负债表和利润表等会计核算资料为依据，按照收付实现制会计基础要求对现金流量进行的结构性表述，揭示企业在一定会计期间获取现金及现金等价物的能力。

现金是指企业库存现金以及可以随时用于支付的存款。不能随时用于支付的存款不属于现金。

现金等价物是指企业持有的期限短、流动性强、易于转换为已知金额现金、价值变动风险很小的投资。期限短一般是指从购买日起三个月内到期。现金等价物通常包括三个月内到期的债券投资等。权益性投资变现的金额通常不确定，因而不属于现金等价物。企业应当根据具体情况，确定现金等价物的范围，一经确定不得随意变更。下文中表述现金时，除非同时提及现金等价物，均包括现金和现金等价物。

现金流量是指现金和现金等价物的流入和流出。

（二）现金流量表的结构原理

1. 现金流量表的结构内容

现金流量表的基本结构根据“现金流入量－现金流出量＝现金净流量”公式设计。现金流量包括现金流入量、现金流出量、现金净流量。根据企业业务活动的性质和现金流量的功能，主要现金流量可以分为三类并在现金流量表中列示，即：经营活动产生的现金流量、投资活动产生的现金流量和筹资活动产生的现金流量。每一项分为流入量、流出量和净流量三部分分项列示。

经营活动产生的现金流量，是指与销售商品、提供劳务有关的活动产生的现金流量，包括企业投资活动和筹资活动以外的所有交易和事项产生的现金流量。如销售商品收到现金、购买商品支付现金、经营性租赁、制造产品、广告宣传、缴纳税款等。经营活动产生的现金流量分为经营活动产生的现金流入量、经营活动产生的现金流出量以及经营活动产生的现金净流量。

投资活动产生的现金流量，是指与非流动资产的取得或处置有关的活动产生的现金流量，包括企业长期资产的购建和不包括在现金等价物范围内的投资及其处置活动产生的现金流量，如购买股票或债券支付现金、销售长期投资收回现金、购建或处置固定资产及无形资产等。投资活动产生的现金流量分为投资活动产生的现金流入量、投资活动产生的现金流出量以及投资活动产生的现金净流量。

筹资活动产生的现金流量，是指涉及企业财务规模的更改或财务结构组成变化的活动，也就是指导致企业资本及债务规模和构成发生变动的活动产生的现金流量。如向银行借入款项收到现金、归还银行借款支付现金、吸收投资、发行股票、分配利润等。筹资活动产生的现金流量分为筹资活动产生的现金流入量、筹资活动产生的现金流出量以及筹资活动产生的现金净流量。

除上述三类主要现金流量外，企业持有除记账本位币外的以外币为计量单位的资产负债及往来款项时，现金流量表应列示汇率变动对现金及现金等价物的影响。

2. 现金流量表的格式

现金流量表的格式，是指现金流量表结构内容的编排顺序和方式。现金流量表的格式应有利于反映企业业务活动的性质和现金流量的来源，其基本原理是以权责发生制为基础提供的会计核算资料为依据，按照收付实现制基础进行调整计算，以反映现金流量增减变动及其结果，即将以权责发生制为基础编制的资产负债表和利润表资料，按照收付实现制基础调整计算，编制现金流量表。调整计算方法通常有直接法和间接法两种。

直接法，是指通过现金收入和现金支出的主要类别列示企业经营活动现金流量的一种方法。例如，某企业某年度利润表中列示的营业收入为100万元，资产负债表中列示的应收账款年末金额为20万元、上年年末金额为15万元，不考虑其他因素的影响，则表明该企业当年度100万元的营业收入中有5万元尚未收到现金，即销售商品收到的现金为95万元。

间接法，是指将净利润调整为经营活动现金流量的一种方法。例如，某企业某年度利润表中列示的净利润为10万元，资产负债表中列示的应收账款年末金额为20万元、上年年末金额为15万元，不考虑其他因素的影响，则表明该企业当年度10万元的净利润中有5万元尚未收到现金，即经营活动产生的现金流量净额为5万元。

由此可见，直接法是以利润表中的营业收入为起算点调整计算经营活动产生的现金流量净额，而间接法则是以净利润为起算点调整计算经营活动产生的现金流量净额，二者的结果是一致的。调整计算的经营活动产生的现金流量净额加上投资活动产生的现金流量净额和筹资活动产生的现金流量净额，即为报告期的现金及现金等价物净增加额，再加上报告期期初现金及现金等价物余额，等于期末现金及现金等价物余额。

以直接法编制的现金流量表便于分析经营活动产生的现金流量的来源和用途，预测企业现金流量的未来前景；而以间接法编制的现金流量表则便于将净利润与经营活动产生的现金流量净额进行比较，了解净利润与经营活动产生的现金流量差异的原因，从现金流量的角度分析净利润的质量。二者可以相互验证和补充。

按照我国现行会计准则的规定，企业应当采用直接法列示经营活动产生的现金流量。同时规定，企业应当在附注中披露将净利润调整为经营活动现金流量的信息。因此，现金流量表的格式分为直接法格式和间接法格式两种。

（三）现金流量表的作用

现金流量表的主要作用有以下几个。

（1）现金流量表能够说明企业一定期间内现金流入和流出的原因。现金流量表将现金流量划分为经营活动、投资活动和筹资活动所产生的现金流量，并按照流入现金和流出现金项目分别反映。因此，现金流量表能够清晰地反映企业现金流入和现金流出的原因，即现金从哪里来，又用到哪里去了。这些信息是资产负债表和利润表所不能提供的。

（2）现金流量表能够说明企业的偿债能力和支付股利的能力。投资者投入资金，债权人提供企业短期或长期使用的资金的目的主要是获利。通常，财务报表信息使用者比较关注企业的获利情况，并且往往以获得利润的多少作为衡量标准。企业获利多少在一定程度上表明了企业具有多大的现金支付能力。但是，企业在一定期间内获得的利润并不代表企业真正具有偿债或支付能力。现金流量表完全以现金的收支为基础，通过它能够了解企业现金流入的构成，分析企业偿债和支付股利的能力。

（3）现金流量表可以用来分析企业未来获取或支付现金的能力。现金流量表中的经营活动产生的现金流量，代表企业运用经济资源创造现金流量的能力；投资活动产生的现金流量，代表企业运用资金产生现金流量的能力；筹资活动产生的现金流量，代表企业筹资获得现金流量的能力。通过现金流量表及其他财务信息，可以分析企业未来获取或支付现金的能力。

（4）现金流量表可以用来分析企业投资和理财活动对经营成果和财务状况的影响。资

产负债表能够提供企业一定时期的财务状况，它所提供的是静态的财务信息，并不能反映财务状况变动的原因，也不能表明这些资产、负债给企业带来了多少现金，又支付了多少现金。利润表虽然反映企业一定期间的经营成果，提供动态的财务信息，但只能反映利润的构成，也不能反映经营活动、投资活动和筹资活动给企业带来了多少现金，又支付了多少现金；而且利润表不能反映投资活动和筹资活动的全部事项。现金流量表提供一定时期现金流入和流出的动态财务信息，可以表明企业在报告期内从经营活动、投资活动和筹资活动中获得了多少现金，以及企业获得的这些现金是如何被运用的；现金流量表能够说明资产、负债变动的原因，对资产负债表和利润表起到补充说明的作用。现金流量表是连接资产负债表和利润表的“桥梁”。

(5) 现金流量表能够提供不涉及现金的投资活动和筹资活动的信息。现金流量表除了反映企业与现金有关的投资活动和筹资活动外，还通过补充资料(附注)的方式提供不涉及现金的投资活动和筹资活动方面的信息，使财务报表信息使用者能够全面了解和分析企业的投资活动和筹资活动。

(6) 编制现金流量表，便于和国际惯例相协调。目前，世界上许多国家(如美国、英国、澳大利亚、加拿大等)都要求企业编制现金流量表。我国企业编制现金流量表，将对开展跨国经营，境外筹资，加强国际经济合作起到积极的作用。

二、现金流量表的基本结构

现金流量表分为三部分：第一部分为表头，第二部分为正表，第三部分为补充资料。

现金流量表的表头主要标明报表的名称、编制时间、编制单位、货币单位及报表编号。

现金流量表的正表是根据企业经济业务的性质和现金流量的来源，分类反映经营活动、投资活动和筹资活动产生的三大类现金流以及汇率变动对现金构成的影响；反映企业本年度产生的现金净流量总额，以及各类活动产生的现金流入和流出的金额等。

现金流量表的补充资料是对正表内容的补充说明，主要包括三项内容：将净利润调整为经营活动的现金流量；不涉及现金收支的投资活动和筹资活动；现金及现金等价物净增加情况。

表 5-1　现金流量表

编制单位：　　　　年　月　日　　　　金额单位：万元

项　目	本期金额	上期金额
一、经营活动产生的现金流量：		
销售商品、提供劳务收到的现金		
收到的税费返还		
收到其他与经营活动有关的现金		
经营活动现金流入小计		
购买商品、接受劳务支付的现金		
支付给职工以及为职工支付的现金		
支付的各项税费		

续表

项　目	本期金额	上期金额
支付其他与经营活动有关的现金		
经营活动现金流出小计		
经营活动产生的现金流量净额		
二、投资活动产生的现金流量：		
收回投资收到的现金		
取得投资收益收到的现金		
处置固定资产、无形资产和其他长期资产收回的现金净额		
收回定期存款的现金		
处置子公司及其他营业单位收到的现金净额		
收到其他与投资活动有关的现金		
投资活动现金流入小计		
购建固定资产、无形资产和其他长期资产支付的现金		
投资支付的现金		
取得子公司及其营业单位支付的现金净额		
支付其他与投资活动有关的现金		
投资活动现金流出小计		
投资活动产生的现金流量净额		
三、筹资活动产生的现金流量：		
吸收投资收到的现金		
其中：子公司吸收少数股东投资收到的现金		
取得借款收到的现金		
收到其他与筹资活动有关的现金		
筹资活动现金流入小计		
偿还债务支付的现金		
分配股利、利润或偿付利息支付的现金		
支付其他与筹资活动有关的现金		
筹资活动现金流出小计		
筹资活动产生的现金流量净额		
四、汇率变动对现金及现金等价物的影响		
五、现金及现金等价物净增加额		
加：期初现金及现金等价物余额		
六、期末现金及现金等价物余额		

三、现金流量表的项目内容

（一）经营活动现金流量项目

经营活动是指企业投资活动和筹资活动以外的交易和事项，也就是企业最基本的日常经营活动。包括但不限于销售商品、产品生产、采购活动、市场宣传活动、税款缴纳活动和劳务提供与接受等活动。

1. 经营活动流入的现金

经营活动流入的现金包括销售商品、提供劳务收到的现金，收到的税费返还，收到其他与经营活动有关的现金。

（1）“销售商品、提供劳务收到的现金”项目。该项目反映企业本期销售商品、提供劳务收到的现金，前期销售商品、提供劳务在本期收到的现金和本期预收的款项减去本期销售退回支付的现金。

分析时主要关注企业的资金所得是否要依赖于其日常销售商品、提供劳务收到的现金，即注意分析两点：经营活动取得的现金流入是否与利润表中的营业收入总额相匹配？如果经营活动取得的现金流入过少，需要进一步分析问题在哪里，收取现金比例是否较高，同时应与企业采取的收账政策结合分析。

（2）“收到的税费返还”项目。该项目说明企业的增值税、所得税、消费税、关税和教育费附加返还款等各种税费返还款。此项目数额一般不大，很多企业该项目为零；一般外贸出口型企业、国家财政扶持领域的企业或地方政府支持的上市公司才有可能涉及。因此，“收到的税费返还”项目的分析，一方面应当与企业的营业收入相结合，同时注意有些企业虚构收入，但现金流量表中却没有收到相应的税费返还情况；另一方面还应当关注企业享受的税收优惠在未来可持续的时间，以及哪些税收享受优惠。

（3）“收到其他与经营活动有关的现金”项目。该项目反映企业收到的罚款收入、经营租赁收到的租金及其他与经营活动有关的现金流入金额。本项目具有不稳定性和偶然性特征，其数额不应过多；如果其金额过大，应观察剔除该项目后企业经营活动产生的现金流量净额的情况。

2. 经营活动流出的现金

经营活动产生的现金流出项目包括：购买商品、接受劳务支付的现金；支付给职工以及为职工支付的现金；支付的各项税费以及支付的其他与经营活动有关的现金。

（1）“购买商品、接受劳务支付的现金”项目。该项目反映企业本期购买商品、接受劳务支付的现金以及本期支付前期购买商品、接受劳务的未付款和本期预付款项，减去本期发生的购货退回收到的现金。分析时应关注该项目的内容和构成，同时将其与“销售商品、提供劳务收到的现金”项目对应分析，因为“销售商品、提供劳务收到的现金”是企业经营收入的物质基础与劳务保证。同时该项目也是企业现金流出的最主要方向，一般具有数额很大、持续性很强的特点。与利润表中营业成本对比分析，可以看出一个企业在购买商品或提供劳务时的付现率的情况。

（2）“支付给职工以及为职工支付的现金”项目。该项目反映企业本期实际支付给职工的工资、奖金、各种津贴和补贴等职工薪酬。应根据“应付职工薪酬”项目填列。其中，应有在建工程、无形资产负担的职工薪酬以及支付的离退休人员的职工薪酬除外。该项目也是企业现金流出的大项目，金额波动不是太大。分析时应关注该项目的内容，注意查看企业是否将不应纳入其中的部分计算在内；同时，该项目在一定程度上也反映了企业生产经营规模的变化。

(3)“支付的各项税费”项目。该项目反映企业本期发生并支付的、本期支付前期发生的及预缴的教育费附加、矿产资源补偿费、印花税、房产税、土地增值税、车船税等税费，但是计入固定资产价值、实际支付的耕地占用税、本期退回的增值税、所得税等除外。此项目会随着销售规模的变动而变动。通过该项目，分析人员可以得到企业真实的税负状况。

(4)“支付其他与经营活动有关的现金”项目。该项目反映企业的各种罚款支出、支付的差旅费、业务招待费、保险费、经营租赁支付的现金等其他与经营活动有关的现金流出。该项目具有不稳定性，金额不宜过大，分析时主要关注其内容构成。

3. 经营活动产生的现金流量分析说明

在现金流的三种活动中，经营活动产生的现金流的稳定性和再生性都比较好。一般来说，经营活动产生的净现金流在整个现金流中所占的比重应该是最大的，通常有三种情况。

(1) 当企业的经营活动净现金流为负时，说明企业经营活动产生的现金流入小于经营活动产生的现金流出，产生了入不敷出的现象。这时，企业的经营风险很大，很容易使企业面临债务危机。如果企业处于创业初期或刚刚开始进入成长期，企业正在进行市场扩张，各方面都处于初期运营阶段，产生这种现象属于正常，并且是企业发展过程中的必然状态。但这时，企业应该加快市场开发和加强销售管理，一方面产生现金流入，另一方面控制成本支出等，减少现金流出。如果企业是一个正常运营的公司，出现上述状况，如果不是偶然现象，则表示企业的管理不佳，现金流质量较低。

(2) 当企业的经营活动净现金流为零时，说明企业经营活动产生的现金流入正好等于经营活动产生的现金流出，企业经营活动的现金流处于收支平衡状态。很多人认为，收支平衡是一种最佳状态，其实，对于企业现金流管理来说，这是一种运营危机的前兆。因为在现金流量表的收付实现制的记账规则下，固定资产折旧和无形资产等的摊销这类非现金消耗性成本没有体现。换句话说，在未来这类非现金消耗性成本不能够得到补偿，如固定资产不能更新。从长期性来看，这种状态不能维持企业的正常运营。

(3) 当企业经营活动产生的净现金流为正时，说明企业经营活动产生的现金流入大于经营活动产生的现金流出，企业经营活动的净现金流有盈余，企业运营处于相对稳定的状态。这种稳定状态又包括三种情况：

① 经营活动产生的净现金流不足以弥补本期的非现金性消耗性成本。短期来看，企业能够维持经营，但是长期来看，企业无法进行固定资产更新、扩大生产规模等经营活动，企业无法长期生存，更无法成长壮大。

② 经营活动产生的净现金流仅仅可以弥补本期的非现金性消耗性成本。企业能够在现有的状态下维持生存，但是，外部条件不能发生变化，如原材料不能涨价、外部应付账款的付款条件不能变化等，一旦发生微小的运营条件变化，企业的生存就会有危机，我们称这种状态为生存边际。处于生存边际的企业，抗风险能力很差。

③ 经营活动产生的净现金流能够弥补本期的非现金性消耗性成本并有剩余。这是企业运营的正常状态，也就是说，企业只有在这种状态下，才有可能发展和壮大，才有抗风险能力。这种状态下，经营活动产生的净现金流在为固定资产更新等预留后，能够为企业的投资行为提供支持，为其长期和短期债务偿还提供资金。

（二）投资活动现金流量项目

投资活动是指企业按照企业的需要购建长期资产和对外进行投资产生的现金流入和流出活动，既包括实物资产投资也包括金融资产投资。投资活动现金流包括的内容如下。

1. 投资活动流入的现金

投资活动流入的现金包括收回投资收到的现金，取得投资收益收到的现金，处置固定资产、无形资产和其他长期资产收回的现金净额，处置子公司及其他营业单位收到的现金净额，收到其他与投资活动有关的现金。

(1)“收回投资收到的现金”项目。该项目反映企业出售、转让或到期收回除现金等价物以外的交易性金融资产和收回长期债券资本而收到的现金，不包括因投资收回的利息。此项目分析时，主要应该关注如下两方面：

① 是否存在现金流量短缺或紧张的情况，如将原划分为债权投资的金融资产在未到期前出售，以缓解资金缺乏现象；

② 处理或处置企业的债权投资的原因，是因为被投资企业收益下滑还是调整企业未来期间的战略。

(2)“取得投资收益收到的现金”项目。该项目反映企业因股权性投资而分得现金股利，从子公司、联营企业或合营企业分回利润而收到的现金，以及因债权性投资而取得的现金利息收入。

(3)“处置固定资产、无形资产和其他长期资产收回的现金净额”项目。该项目反映企业处置固定资产、无形资产和其他长期资产收回的现金，包括因资产毁损而收到的保险赔偿收入扣除为处置这些资产而支付的有关费用后的净额。该项目不具有稳定性，具有偶然性特点。对本项目的分析主要关注以下两方面内容：

① 企业处置固定资产、无形资产等这些长期资产的目的，是因为调整经营方向还是缩减经营规模；

② 这些资产在企业总体经营中的地位与作用，分析是否因遇到现金危机而将正在使用的资产处置了。

(4)“处置子公司及其他营业单位收到的现金净额”项目。该项目专用于反映在丧失对子公司和其他营业单位控制权(因而不再将其纳入合并报表范围)的当期，所收到的处置现金对价减去该子公司和其他营业单位在处置日所持有的现金及现金等价物以及相关处置费用之后的净额。跨期(指在处置日所在会计期间之前或之后的会计期间)收取的现金对价，在收到当期列报为“收回投资收到的现金”。同上一个项目基本相同，分析人员应关注企业处置子公司或其他营业单位的目的，并确定这种行为对企业的长远影响。

(5)“收到其他与投资活动有关的现金”项目。该项目反映企业除了上述各项以外，收到的其他与投资活动有关的现金流入。其他现金流入如果价值较大，应单列项目反映。此项目一般不具有稳定性。

2. 投资活动流出的现金

投资活动流出的现金包括以下项目。

（1）“购建固定资产、无形资产和其他长期资产支付的现金”项目。该项目反映企业购买、建造固定资产，取得无形资产和其他长期资产支付的现金，和应由在建工程和无形资产负担的职工薪酬现金支出，不包括为购建固定资产而发生的借款利息资本化的部分、借款利息和融资租入固定资产支付的租赁费。此项目反映企业扩大再生产能力的强弱，揭示企业未来的经营战略和经营规划。分析时重点关注以下两方面内容：

① 增减数额变动，是否企业有调整经营规模或方向的意图；

② 企业经营周期变动对增减数额影响不同，初创和成长期投资较大，金额较大，衰退期则相反。

（2）“投资支付的现金”项目。该项目反映企业取得的除现金等价物以外的权益性投资和债权性投资所支付的现金及支付的佣金和手续费等附加费用。分析人员分析时应注意投资的金额是否来自闲置资金，是否存在挪用主营业务资金来进行投资的行为。

（3）“取得子公司及其他营业单位支付的现金净额”项目。该项目反映企业取得子公司及其他营业单位支付的现金减去子公司及其他营业单位持有的现金和现金等价物后的净额。分析时应关注其结算方式的真实性、完整性。

（4）“支付其他与投资活动有关的现金”项目。该项目指除上述各项目外，支付的其他与投资活动有关的现金。如购买股票和债券时，支付的买价中所包含的已宣告发放但尚未领取的现金股利或已到付息期但尚未领取的利息等，该部分股利或利息收到时计入“收到的其他与投资活动有关的现金”项目。

3. 投资活动产生的现金流量分析说明

投资活动产生的现金流量一般有两种情况：

（1）当企业的投资活动净现金流为负数时，说明企业投资活动产生的现金流入小于投资活动产生的现金流出。这种现象表明，在这个阶段中企业实行了投资扩张政策，企业有新的投资、扩张和发展的机会。

（2）当企业的投资活动净现金流为正数时，说明企业投资活动产生的现金流入大于投资活动产生的现金流出。这种现象表明，在这个阶段中，企业将闲置、多余或企业认为可以变现的固定资产进行了变现；或者是由于外部条件变化，企业收缩投资规模，收回了对外投资。

一般情况下，如果投资活动产生了大量的现金净流出，则说明企业本期实施了扩张性的投资和经营策略；如果投资活动产生了大量的现金净流入，则说明企业本期实施了收缩性的投资和经营策略，或者企业调整了经营策略，或者对外投资出现了不可预计的问题。

（三）筹资活动产生的现金流量项目

筹资活动是指企业对外进行融资、偿还债务等引起企业资本和债务规模和结构发生变化的活动。

1. 筹资活动流入的现金

筹资活动产生的现金流入项目包括：吸收投资所收到的现金；取得借款收到的现金；收到的其他与筹资活动有关的现金。

（1）“吸收投资收到的现金”项目。该项目反映企业以发行股票、债券等方式筹集资金实际收到的款项，减去直接支付给金融企业的佣金、手续费、宣传费、咨询费和印刷费等发行费用后的净额。此项目反映企业通过资本市场筹资能力的强弱，同时此项目增加的现金流可以增加企业的信用能力，并有利于企业长期发展。

（2）“取得借款收到的现金”项目。该项目反映企业借入的各种短期、长期款项收到的现金，可以反映企业筹资能力的强弱，同时分析人员分析时也要关注借款用途及内容。

（3）“收到其他与筹资活动有关的现金”项目。该项目反映企业除上述各项目外，收到的其他与筹资活动有关的现金。如接受现金捐赠等，收到其他与筹资活动有关的现金如果价值较大，应单列项目反映。

2. 筹资活动流出的现金

筹资活动产生的现金流出量包括偿还债务支付的现金，分配股利、利润或偿付利息所支付的现金，支付的其他与筹资活动有关的现金。

（1）“偿还债务支付的现金”项目。该项目反映企业以现金偿还债务的本金。包括偿还金融企业的借款本金、偿还债券本金等。企业偿还的借款利息、债券利息，在“分配股利、利润或偿付利息所支付的现金”项目反映，不包括在本项目内。本项目与“取得借款收到的现金”项目结合起来，可以观察企业债务使用的方法；同时，结合企业经营活动现金流量，可以观察企业日常经营所需流动资金是来源于企业内部，还是一直靠借款维持；如果是后者，则表明现金的质量不高。

（2）“分配股利、利润或偿付利息所支付的现金”项目。该项目反映企业实际支付的现金股利、支付给其他投资单位的利润或用现金支付的借款利息、债券利息等。该项目分析时关注内容组成的变化，看企业是否能够满足现金需要量。

（3）“支付的其他与筹资活动有关的现金”项目。该项目是指企业除了上述各项外，支付的其他与筹资活动有关的现金流出，包括以发行股票、债券等方式筹集资金而由企业直接支付的审计、咨询等费用，融资租入固定资产支付的租赁费，分期付款方式购建固定资产的各期支付的现金等。支付的其他与筹资活动有关的现金流出如果价值较大，应单列项目反映。

3. 筹资活动产生的现金流量分析说明

筹资活动产生的现金流量一般有两种情况：

（1）当企业的筹资活动净现金流为负时，说明企业筹资活动产生的现金流入小于筹资活动产生的现金流出。这种现象表明，在这个阶段中，要么企业进行了债务偿还、股利支付等活动，要么企业投资和经营活动运营较好，不需要进行外部融资。

（2）当企业的筹资活动净现金流为正时，说明企业筹资活动产生的现金流入大于筹资活动产生的现金流出。这种现象表明，在这个阶段中，企业的投资和经营活动需要大量资金，企业从外部进行了融资。

如果筹资活动产生了大量的现金净流入，应与投资活动、经营活动综合分析。如果同时投资活动的净现金流出，则说明企业有良好的投资机会，正在实施扩张性投资和经营策略；如果同时经营活动的净现金流出，则说明企业经营活动需要大量的资金，需要进行资金补充，经营活动的净现金流出现了问题。

第二节 现金流量表的编制

一、现金流量表的编制要求

现金流量表应当将经营活动、投资活动和筹资活动分别列报现金流量。现金流量应当分别按照现金流入和现金流出总额列报。但是，下列各项可以按照净额列报：

（1）代客户收取或支付的现金。

（2）周转快、金额大、期限短的项目的现金流入和现金流出。

（3）金融企业的有关项目，包括短期贷款发放与收回的贷款本金、活期存款的吸收与支付、同业存款和存放同业款项的存取、向其他金融企业拆借资金，以及证券的买入与卖出等。

（4）自然灾害损失、保险索赔等特殊项目，应当根据其性质，分别归并到经营活动、投资活动和筹资活动现金流量类别中单独列报。

（5）外币现金流量以及境外子公司的现金流量，应当采用现金流量发生日的即期汇率或按照系统合理的方法确定的、与现金流量发生日即期汇率近似的汇率折算。汇率变动对现金的影响额应当作为调整项目，在现金流量表中单独列报“汇率变动对现金及现金等价物的影响”。

二、直接法

运用直接法编制现金流量表可采用工作底稿法或T型账户法，也可以根据有关会计科目记录分析填列。

1. 工作底稿法

工作底稿法是以工作底稿为手段，以资产负债表和利润表数据为基础，分别对每一项目进行分析并编制调整分录，进而编制现金流量表的一种方法。编制的具体步骤和程序如下。

（1）将资产负债表的期初数和期末数分别写入工作底稿的期初数栏和期末数栏。

（2）对当期业务进行分析并编制调整分录。编制调整分录时，以利润表项目为基础，从“营业收入”项目开始，结合资产负债表项目逐一进行分析调整。将有关现金及现金等价物的流入流出，分别记入“经营活动产生的现金流量”“投资活动产生的现金流量”“筹资活动产生的现金流量”有关项目（指现金流量表中应列示的具体项目），借方表示现金流入，贷方表示现金流出，借方余额表示现金流入量净额，贷方余额表示现金流出量净额。

（3）将调整分录写入工作底稿中的相应部分。

（4）核对工作底稿中各项目的借方、贷方合计数是否相等，若相等一般表明调整分录无误。资产负债表中各项目期初数额加减调整分录中的借贷金额后的金额应等于期末金额；工作底稿中调整分录借方金额合计应等于贷方金额合计。

（5）根据工作底稿中的现金流量表项目部分编制正式的现金流量表。

2. T 型账户法

T 型账户法是以 T 型账户为手段，以资产负债表和利润表数据为基础，分别对每一项目进行分析并编制调整分录，进而编制现金流量表的一种方法。编制的具体步骤和程序如下。

(1) 为所有非现金项目(包括资产负债表项目和利润表项目)分别开设 T 型账户，并将各项目的期末期初变动数额记入各账户。如果某项目的期末数大于期初数，则将其差额记入和该项目余额相同的方向；反之，记入相反的方向。对于资产项目而言，如果期末余额大于期初余额，记入相关资产项目的借方，表明报告期内某项资产项目增加引起现金流出量增加。反之，如果期末余额小于期初余额，记入相关资产项目的贷方，表明报告期内某项资产项目减少引起现金流入量增加。

(2) 开设一个大的“现金及现金等价物”T 型账户，分设“经营活动”“投资活动”“筹资活动”三个二级 T 型账户，左方为借方登记现金流入，右方为贷方登记现金流出，借方余额为现金流入净额。

(3) 对当期业务进行分析并编制调整分录。编制调整分录时，以利润表项目为基础，从“营业收入”项目开始，结合资产负债表项目对非现金项目逐一进行分析调整。

(4) 将调整分录记入各 T 型账户，并进行核对。

(5) 根据 T 型账户编制正式的现金流量表。

三、间接法

企业采用间接法编制现金流量表的基本步骤如下。

(一) 将报告期利润表中净利润调节为经营活动产生的现金流量

具体方法为以净利润为起算点，加上编制利润表时作为净利润减少而报告期没有发生现金流出的填列项目，减去编制利润表时作为净利润增加而报告期没有发生现金流入的填列项目，以及不属于经营活动的现金流量。

1. 应加回的项目

本类项目属于净利润中没有实际支付现金的费用，需要在净利润的基础上分析调整的项目。

(1) “资产减值准备”项目。该项目反映企业报告期计提的存货跌价准备、投资性房地产减值准备、长期股权投资减值准备、债权投资减值准备、使用权资产减值准备、固定资产减值准备、在建工程减值准备、无形资产减值准备、商誉减值准备等对现金流量的影响。该项目在利润表中作为净利润项目的减项已经扣除，但在报告期内不需要支付现金，应予以加回。本项目可根据利润表中“资产减值损失”项目的填列金额直接填列。

(2) “信用减值准备”项目。该项目反映企业报告期计提的坏账准备对现金流量的影响。该项目在利润表中作为净利润项目的减项已经扣除，但在报告期内不需要支付现金，应予以加回。本项目可根据利润表中“信用减值损失”项目的填列金额直接填列。

(3) “固定资产折旧、油气资产折耗、生产性生物资产折旧”项目。该项目反映企业报告期计提的固定资产折旧、油气资产折旧、生产性生物资产折旧、使用权资产折旧、投资性房地产折旧等对现金流量的影响。该项目在利润表中作为净利润项目的减项已经扣除，但在报告期内不需要支付现金，应予以加回。本项目可根据资产负债表及其报表附注或“累计折旧”“累计折耗”“生产性生物资产累计折旧”“使用权资产累计折旧”“投资性房地产累计折旧”科目的贷方发生额等分析计算填列。

(4)“无形资产摊销”项目。该项目反映企业报告期计提的无形资产摊销对现金流量的影响。该项目在利润表中作为净利润项目的减项已经扣除，但在报告期内不需要支付现金，应予以加回。本项目可根据资产负债表及其报表附注或“累计摊销”科目的贷方发生额等分析计算填列。

(5)“长期待摊费用摊销”项目。该项目反映企业报告期计提的长期待摊费用摊销对现金流量的影响。该项目在利润表中作为净利润项目的减项已经扣除，但在报告期内不需要支付现金，应予以加回。本项目可根据资产负债表及其报表附注或“长期待摊费用累计摊销”科目的贷方发生额等分析计算填列。

2. 应加回或减去的项目

本类项目属于净利润中没有实际支付现金的费用或没有实际收到现金的收益，需要在净利润的基础上分析调整。

(1)“处置固定资产、无形资产和其他长期资产的损失(收益以“－”填列)”项目。该项目反映企业报告期内发生的处置固定资产、无形资产和其他长期资产的净损益对现金流量的影响。本项目内容属于计入净利润项目的投资活动产生的现金流量，在列报经营活动产生的现金流量时应予以扣除，对于发生的处置固定资产、无形资产和其他长期资产的净损失应予以加回；反之，对于实现的处置固定资产、无形资产和其他长期资产的净收益应予以减去。本项目可根据“资产处置损益”科目分析计算填列。

(2)“固定资产报废损失(收益以“－”填列)”项目。该项目反映企业报告期内发生的固定资产报废净损益对现金流量的影响。本项目内容属于计入净利润项目的投资活动产生的现金流量，在列报经营活动产生的现金流量时应予以扣除，对于发生的固定资产报废净损失应予以加回；反之，对于实现的固定资产报废净收益应予以减去。本项目可根据利润表中“营业外收入”项目和“营业外支出”项目或“营业外收入”科目和“营业外支出”科目分析计算填列。在根据营业外收支分析计算时，应注意对于企业日常活动之外的、不经常发生的特殊项目，如自然灾害损失、保险赔款、捐赠等，如果其中有能够确指属于流动资产损失的，应当列入经营活动产生的现金流量，不应调整。

(3)“公允价值变动损失(收益以“－”填列)”项目。该项目反映企业报告期内公允价值变动损益对现金流量的影响。本项目内容属于计入企业净利润项目的投资活动产生的现金流量，同时公允价值变动收益也未产生现金流量，在列报经营活动产生的现金流量时应予以扣除，对于发生的公允价值变动损失应予以加回；反之，对于发生的公允价值变动收益应予以减去。本项目可根据利润表中“公允价值变动收益(损失以“－”填列)”项目分析计算填列。

(4)“财务费用(收益以“－”填列)”项目。该项目反映企业报告期内发生的财务费用(或收益)对现金流量的影响。本项目内容的性质较为复杂，可能分别归属于经营活动、投资活动或筹资活动产生的现金流量。各种借款利息等属于筹资活动的现金流量项目，应收票据贴现利息、办理银行转账结算的手续费等属于经营活动产生的现金流量项目。对于属于筹资活动或投资活动的财务费用应予以加回；反之，对于属于筹资活动或投资活动的财务收益应予以减去；对于属于经营活动产生的现金流量项目应根据利息费用或利息收入等具体情况计算调整。本项目可根据“财务费用”和“其他应收款—应收利息”“其他应付款—应付利息”等项目的具体内容计算填列。

(5)“投资损失(收益以“－”填列)”项目。该项目反映企业报告期内发生的投资损失(或收益)对现金流量的影响。本项目内容属于计入净利润项目的投资活动产生的现金流量，在列报经营活动产生的现金流量时应予以扣除，对于发生的投资损失应予以加回；反之，对于发生的投资收益应予以减去。本项目应根据利润表中“投资收益(损失以“－”填列)”项目分析计算填列。

(6)“递延所得税资产减少(增加以“－”填列)”项目。该项目反映企业报告期内产生的递延所得税资产减少(或增加)对现金流量的影响。递延所得税资产属于企业未来期间的应纳税所得额及应交所得税，不构成报告期的现金流量。具体而言，本项目内容属于计入净利润项目中“所得税费用”项目的内容，在计算“所得税费用”时，递延所得税资产减少额计入“所得税费用”科目的增加额，减少了报告期利润表中的净利润，应予以加回；反之，递延所得税资产增加额计入“所得税费用”科目的减少额，增加了报告期利润表中的净利润，应予以减去。本项目可根据资产负债表中“递延所得税资产”项目的期末期初金额的差额分析计算填列。

(7)“递延所得税负债增加(减少以“－”填列)”项目。该项目反映企业报告期内产生的递延所得税负债增加(或减少)对现金流量的影响。递延所得税负债属于企业未来期间的应纳税所得额及应交所得税，不构成报告期的现金流量。具体而言，本项目内容属于计入净利润项目中“所得税费用”项目的内容，在计算“所得税费用”时，递延所得税负债增加额计入“所得税费用”科目的增加额，减少了报告期利润表中的净利润，应予以加回；反之，递延所得税负债减少额计入“所得税费用”科目的减少额，增加了报告期利润表中的净利润，应予以减去。本项目可根据资产负债表中“递延所得税负债”项目的期末期初金额的差额分析计算填列。

(8)“存货的减少(增加以“－”填列)”项目。该项目反映企业报告期内产生的存货减少(或增加)对现金流量的影响。资产负债表中“存货”项目的年末较年初减少的差额，说明报告期消耗或发出了期初存货，这部分存货在报告期不需要支付现金，但按报告期营业成本等计算的净利润已经减去了这部分不需要支付的现金，应予以加回；反之，资产负债表中“存货”项目的年末较年初增加的差额，这部分存货在报告期已经支付了现金，但按报告期营业成本计算的净利润并未减去这部分需要支付的现金，应予以减去。此外，存货减少可能有属于投资活动或筹资活动的现金流量部分，填列该项目时需要分析计算调整非经营活动的现金流量。本项目可根据资产负债表中“存货”项目期末期初数的差额和报表附注中“存货跌价准备”项目的期末期初数的差额分析计算填列。

3. 经营性应收应付项目的增减变动

本类项目属于不直接影响净利润的经营活动产生的现金流入量或流出量，需要在净利润的基础上分析调整的项目。

(1)“经营性应收项目的减少(增加以“－”填列)”项目。该项目反映企业报告期内发生的经营性应收项目减少(或增加)对现金流量的影响。经营性应收项目包括应收票据、应收账款、预付账款、合同资产、其他应收款和长期应收款等项目中与经营活动有关的部分。资产负债表中经营性应收项目减少，表明报告期内收到了以前年度应收项目的现金，形成在净利润之外的营业活动现金流入量，应予以加回；反之，经营性应收项目增加，表明报告期的净利润中有尚未收到的现金流入量，应予以减去。本项目可根据资产负债表中“经营性应收项目”期末期初数的差额和报表附注中“坏账准备”项目的期末期初数的差额分析计算填列。

(2)“经营性应付项日的增加(减少以“一”填列)”项目。该项目反映企业报告期内发生的经营性应付项目增加(或减少)对现金流量的影响。经营性应付项目包括应付票据、应付账款、预收账款、合同负债、其他应付款和长期应付款等项目中与经营活动有关的部分。资产负债表中经营性应付项目增加，表明报告期内“存货”等项目中存在尚未支付的应付项目的现金，在计算净利润时通过“营业成本”等项目已经扣除，形成净利润中存在尚未发生的经营活动现金流出量，应予以加回；反之，经营性应付项目减少，表明报告期计算净利润时存在尚未扣除的现金流出量，应予以减去。本项目可根据资产负债表中“经营性应付项目”期末期初数的差额分析计算填列。

(二) 分析调整不涉及现金收支的重大投资和筹资活动项目

本项目反映企业一定会计期间内影响资产或负债但不形成该期现金收支的各项投资或筹资活动的信息资料。如企业报告期内实施的债务转为资本、一年内到期的可转换的公司债券、融资租入固定资产等。该类项目虽然不涉及报告期实际的现金流入流出，但对以后各期的现金流量有重大影响。此类需要列报的项目有：

(1) 债务转为资本。该项目反映企业报告期内转为资本的债务金额。本项目可根据资产负债表中“应付债券”“长期应付款”“实收资本”“资本公积”等项目计算填列。

(2) 一年内到期的可转换公司债券。该项目反映企业报告期内到期的可转换公司债券的本息。本项目可根据资产负债表中“应付债券—优先股”等项目计算填列。

(3) 融资租入固定资产。该项目反映企业报告期内融资租入的固定资产。本项目可根据资产负债表中“使用权资产”“长期应付款”“租赁负债”等项目计算填列。

(三) 分析调整现金及现金等价物净变动情况

本项目反映现金及现金等价物增减变动及其净增加额。本项目可根据资产负债表中“货币资金”项目及现金等价物期末期初余额及净增额计算填列。

(四) 编制正式的现金流量表补充资料

具体方法可采用前述的工作底稿法或 T 型账户法，也可以根据有关会计科目记录分析填列。这里不再赘述。

第三节 现金流量表的分析

一、现金流量表分析的内容与作用

现金流量在很大程度上决定着企业的生存和发展。即便企业有较强的盈利能力，但如

果现金周转不畅、调度不灵，也会严重影响企业正常的生产经营。因此，管理者掌握现金流量信息对企业管理十分重要。

拥有一定数量的现金是企业维持正常偿债能力，避免财务风险，保证生产经营顺利进行的必要条件。无论是企业的经营者，还是企业的投资者、债权人、政府有关部门及其他财务报表使用者，都要对现金流量表进行分析，因为其对相关决策的制定具有十分重要的意义。

（一）现金流量表分析的要点

通过对现金流量表进行分析，可以评价企业现金流量的质量，即企业的现金流量能够按照企业的预期目标进行顺畅运转的程度和状况。具体来说，可以从以下几方面对现金流量进行分析。

1. 对经营活动产生的现金流量质量进行分析的要点

经营活动产生的现金流量是企业现金的主要来源。与净利润相比，经营活动产生的现金净流量能够更确切地反映企业的经营质量。经营活动产生的现金流量净额指标表明企业经营活动获取现金的能力。在正常情况下，企业的现金流入量主要依靠经营活动来获取。经营活动产生的现金流量的质量可以通过以下现象的分析加以判断。

(1) 经营活动现金流量净额为正，说明企业通过正常的商品购销活动所带来的现金流入量不但能够支付因经营活动而引起的货币流出，还能为企业的投资活动提供现金流量的支持，表明企业生产的产品产销对路，销售回款能力较强，成本费用控制在较适宜的水平上。企业经营活动产生的现金流量良好，表明企业经营活动健康稳定，对企业规模的扩大能起到重要的支持作用。

(2) 经营活动现金流量净额等于零，说明企业通过正常的商品购销活动所带来的现金流入量，恰好能够支付因上述经营活动而引起的货币流出。这时的企业经营活动现金流量处于收支平衡的状态。在这种情况下，企业正常经营活动虽然不需要额外补充流动资金，但也不能为企业的投资活动与融资活动贡献现金。

(3) 经营活动现金流量净额为负，说明企业通过正常的商品购销活动所带来的现金流入量不足以支付因经营活动而引起的货币流出，需要采用筹资或拖延债务支付、收回投资等方式来解决经营活动所需的现金流出。

2. 对投资活动产生的现金流量质量进行分析的要点

对投资活动产生的现金流量质量的分析，主要应关注投资活动的现金流量与企业发展战略之间的吻合程度及其效益性。

(1) 投资活动现金流量净额为正，说明企业投资活动产生的现金流入量大于流出量。这种情况的发生，可能因为企业在本会计期间的投资回收活动的规模大于投资支出活动的规模，也可能是因为企业在经营活动与筹资活动方面急需要资金而不得不处理手中的长期资产以求变现。

(2) 投资活动现金流量净额接近于零，同时出现“大进大出”的情况时，说明很有可能是企业正在进行战略转移，或进行长期经营性资产的更新换代，正试图进一步优化资产结构，改善企业的财务状况。然而，企业未来的发展仍具有不确定性，其主要取决于新增资产的未来盈利能力。

(3) 投资活动现金流量净额为负，说明企业投资所需资金出现缺口，意味着企业在购买固定资产、无形资产，以及进行权益性投资与债权性投资等方面所流出的现金之和，大于企业因收回投资，分得股利或利润，取得债券利息收入，处置固定资产、无形资产和其他长期资产而流入的现金之和，表明企业扩大再生产的能力较强，参与资本市场运作、实施股权及债权投资的能力较强。

3. 对筹资活动产生的现金流量质量分析的要点

对筹资活动产生的现金流量质量的分析，主要应关注筹资活动的现金流量与经营活动、投资活动产生的现金流量之和的适应程度。

(1) 筹资活动现金流量净额为正，表明企业筹资活动产生的现金流入大于现金流出，企业通过银行及资本市场筹资的能力较强。此时应重点关注企业的筹资活动是否已经纳入企业的发展规划，是企业管理层以扩大投资和经营活动为目标的主动筹资行为，还是企业因投资活动和经营活动的现金流出失控，不得已的筹资行为，更要关注企业是否存在一些不良的融资行为。

(2) 筹资活动现金流量净额为负，表明企业筹资活动产生的现金流入小于现金流出，这种情况可能是企业在本会计期间集中发生偿还债务、支付筹资费用、分配股利或利润、偿付利息等业务而产生的；还可能是企业在投资和企业扩张方面没有更多作为的一种表现。

4. 对现金流量表补充资料分析的要点

现金流量表的补充资料在一定程度上体现了现金流量某些方面的质量。对此部分内容进行分析，将有助于挖掘净利润与经营活动现金流量之间在数量上出现差异的具体原因。

当期取得或处置子公司及其他营业单位的有关信息，实际上反映了企业在年度或会计期间内对控制性投资的增加、减少的变动，以及所消耗资源的情况。这些信息的重要性在于：企业的上述变化可能意味着企业的投资与经营战略在发生变化，企业可能通过对投资公司的增减调整来改变企业的投资和经营方向，从而在很大程度上改变企业未来的盈利模式；企业的某些非现金投资活动可能在一定程度上反映了企业利用非现金资产进行投资活动的努力。

现金和现金等价物的具体内容与变化反映了企业现金资产的结构变化。显然，具有不同活力的现金资产，其用于周转的质量会有明显差异。

（二）现金流量表分析的作用

1. 直接揭示企业的偿债能力和支付能力

企业的还本付息活动、股利支付活动和生产采购活动是企业债权人、投资者和供应商极为关注的部分。通过对现金流量表进行分析，可以获取企业是否具备现金偿债能力和支付能力的重要信息。

2. 对企业的经营活动、投资活动和筹资活动进行评价

经营活动产生的现金流量从本质上来说代表了企业自我创造现金的能力，该部分占现金流量的比例越高，企业的财务基础越稳固。而投资活动和筹资活动也是企业重要的业务活动，会对现金流动状况产生较大影响。经营管理者通过对现金流量的分析，可以有效地进行现金管理。

3. 对企业的收益质量进行评价

企业的账面利润并不一定意味着收回了相应的现金。如果应收账款过多，营业收入的质量就值得怀疑。按照权责发生制计量的企业会计利润和按照收付实现制计量的现金净流量并非同向变化。有的企业的账面利润很高，但收现能力很差。在这种情况下，对现金流量的分析可以揭示企业的收益质量。

4. 预测企业未来的现金流量

在许多情况下，过去的现金流量是财务报表信息使用者预计企业未来现金流量变动的基础。通过分析过去现金流量变化的趋势，可以从中找到现金流量变化的规律，为未来的经营决策打下基础。在企业资本预算和项目评估中，现金流量是预测分析的关键信息。

二、现金流量表的综合分析

现金流量表的综合分析主要有水平分析、结构分析和趋势分析。

（一）现金流量表的水平分析

1. 现金流量表水平分析的意义

现金流量表的水平分析通常是编制两年或历年现金流量表，采用金额、百分比的形式，对现金流量表内每个项目的本期或多期的金额与其基期的金额进行比较分析，以确定其增减差异，观察其变动趋势。

2. 水平现金流量表的编制

水平现金流量表是将两期或两期以上连续若干期间的现金流量相关数额平行列示，并列示增减额和增减百分比的报表。具体编制步骤如下：

（1）按从低到高的年度连续期间平行排列金额，并增加变动情况数据计算栏。

（2）增加“增减额”与“增减百分比”栏目，对比计算增减额，再用增减额除以基期进行对比。

水平现金流量表可以是短期的，仅取最近两期现金流量表的数据进行比较，因为最近两期提供的信息是报表使用者最关心的；也可以是长期的，即选取两年以上现金流量表的数据进行比较，这样可以更加准确地反映企业发展的总体趋势，更好地预测企业的发展前景。

3. 水平现金流量表的分析

采用比较分析法对水平现金流量表进行分析。

例 5-1 甲股份有限公司（简称甲公司）2021 年水平现金流量表的相关资料如表 5-2 所示。

表 5－2　现金流量比较分析表

编制单位：甲股份有限公司　　　　2021 年 12 月 31 日　　　　金额单位：万元

项　目	2020 年	2021 年	增减额	增减百分比(%)
一、经营活动产生的现金流量：				
销售商品、提供劳务收到的现金	3 191 970	3 887 540	695 570	21.79
收到的税费返还	0	0	0	0
收到其他与经营活动有关的现金	0	0	0	0
经营活动现金流入小计	3 191 970	3 887 540	695 70	21.79
购买商品、接受劳务支付的现金	2 389 970	2 865 780	475 810	19.91
支付给职工以及为职工支付的现金	94 853.30	107 495	12 641.70	13.33
支付的各项税费	185 353	220 062	34 709	18.73
支付其他与经营活动有关的现金	71 894	112 160	40 266	56.01
经营活动现金流出小计	2 742 070.30	3 305 497	563 426.70	20.55
经营活动产生的现金流量净额	449 899.70	582 043	132 143.30	29.37
二、投资活动产生的现金流量：				
收回投资收到的现金	33 421.70	12 335.80	－21 085.90	－63.09
取得投资收益收到的现金	912.90	14 215.10	13 302.20	1457.14
处置固定资产、无形资产和其他长期资产收回的现金净额	11 663.70	38 565.70	26 902	230.65
收回定期存款的现金	128 773.40	24 968.10	－103 805.30	－80.61
处置子公司及其他营业单位收到的现金净额	7 014	170 32.10	10 018	142.83
收到其他与投资活动有关的现金	0	999.20	999.20	
投资活动现金流入小计	181 785.80	108 116	－73 669.80	－40.53
购建固定资产、无形资产和其他长期资产支付的现金	310 411.20	395 223.50	84 812.3	27.32
投资支付的现金	50 912.10	142 074	91 161.90	179.06
取得子公司及其营业单位支付的现金净额	21 706.60	20 351.70	－1 354.90	－6.24
支付其他与投资活动有关的现金	37 986.20	10 632.30	－27 353.90	－72.01
投资活动现金流出小计	421 016.10	568 281.50	147 265.40	34.98
投资活动产生的现金流量净额	－239 230.30	－460 165.50	－220 935.20	92.35

续表

项　目	2020 年	2021 年	增减额	增减百分比(%)
三、筹资活动产生的现金流量：				
吸收投资收到的现金	12 484.20	8 495.30	−3 988.90	−31.95
其中：子公司吸收少数股东投资收到的现金	12 484.20	8 495.30	−3 988.90	−31.95
取得借款收到的现金	452 569	772 204	319 635	70.63
收到其他与筹资活动有关的现金	34 164.90	27 608.70	−6 556.20	−19.19
筹资活动现金流入小计	499 218.10	808 308	309 089.90	61.91
偿还债务支付的现金	435 733.60	562 254	126 520.40	29.04
分配股利、利润或偿付利息支付的现金	199 809	218 539	18 730	9.37
支付其他与筹资活动有关的现金	13 086	0	−13 086	100
筹资活动现金流出小计	648 628.60	780 793	132 164.40	20.38
筹资活动产生的现金流量净额	−149 410.50	27 515	176 925.50	−118.42
四、汇率变动对现金及现金等价物的影响	1 358.50	−2 145.30	3 503.50	−257.95
五、现金及现金等价物净增加额	62 617.10	147 247.20	84 630.10	135.15
加：期初现金及现金等价物余额	27 1987	299 906	27 919	10.26
六、期末现金及现金等价物余额	334 604.10	447 153.20	112 549.10	33.64

从表 5－2 可以看出，甲公司 2021 年的现金及现金等价物净增加额比 2020 年增加了 84 630.10 万元。经营活动、投资活动和筹资活动产生的现金流量净额较 2020 年的变动额分别为 132 143.30 万元、－220 935.20 万元和 176 925.50 万元。

(1) 经营活动现金流量分析。经营活动产生的现金流量净额比 2020 年增长了 132 143.30 万元，增长率为 29.37%。经营活动现金流入与现金流出分别比 2020 年增长了 21.79%和 20.55%，增长额分别为 695 570 万元和 563 426.70 万元。经营活动产生的现金流量的增加主要受益于主要产品价格的大幅上涨和产销量的增加。

(2) 投资活动现金流量分析。投资活动产生的现金净流出量比 2020 年增加了 220 935.20 万元，投资支付的现金增加了 91 161.90 万元，增长率为 179.06%。结合资产负债表中可供出售的金融资产项目分析，可知 2021 年该公司增加了对该项目的投资。投资活动产生的现金净流出增加的主要原因是经济回暖，产品价格上升，价格创出历史新高。公司加快了项目建设的进度，同时增加了并购投入。投资活动现金流入的减少主要是因为收回定期存款的现金本期减少了 103 805.30 万元，且收回投资收到的现金也减少了。

(3) 筹资活动现金流量分析。筹资活动产生的现金流量净额比 2020 年增加了 176 925.50 万元，增长率为 118.42%，主要是因为本年度投资活动支出增加，从而增加了银行借款。取得借款收到的现金比上期增加了 319 635 万元，增长率为 70.63%。而本期支付其他与筹资活动有关的现金为 0，比上期减少了 100%，导致筹资活动现金流入的增加额远远大于筹资活动现金流出的增加额。

（二）现金流量表的结构分析

1. 现金流量表结构分析的意义

结构分析也称垂直分析，是指将财务报表中某一关键项目的数字作为基数(100%)，再计算各项目的具体构成，从而使各个组成部分的相对重要性明显地表现出来，以揭示财务报表中各个项目的相对地位和总体结构关系。

通过现金流量表结构分析可以具体了解现金主要来自哪里，主要用于何处，以及净现金流量是如何形成的；并可进一步分析个体对总体产生的影响，发生变化的原因和变化的趋势，从而有利于对现金流量做出更准确的评价。

现金流量垂直分析主要采用比率分析法，通过判断比例的合理性程度来反映企业现金流量的水平。

2. 现金流量结构分析表的编制

对现金流量表的结构分析是通过编制现金流量结构分析表来进行的。现金流量的结构分析是指各种现金流入量、现金流出量及净现金流量占企业总的现金流入量、现金流出量及净现金流量的比例关系。

3. 现金流量表结构分析的内容

现金流量表的结构分析包括现金流入结构分析、现金流出结构分析和净现金流量结构分析。现金流量表结构分析的目的在于揭示现金流入量和现金流出量的结构情况，把握企业现金流量管理的重点。

(1) 现金流入结构分析。现金流入结构反映经营活动、投资活动和筹资活动的现金流入在全部现金流入中所占的比重，以及各项业务活动现金流入中具体项目的构成情况。现金流入结构分析是将这三类活动中的各项现金流入加总，然后计算每个项目现金流入量占总现金流入量的比例。通过现金流入结构分析，可以明确企业的现金究竟来自何方，为企业增加现金流入提供可行的建议。

(2) 现金流出结构分析。现金流出结构是指企业的各项现金支出占企业当期全部现金支出的百分比。它具体反映企业现金的主要去向和各项现金流出的波动情况，可据以查找可以节约开支的项目。企业管理者也可以借此分析企业未来财务运营能力和发展状况。现金流出结构包括两部分内容：一部分是反映企业经营活动的现金流出量、投资活动的现金流出量和筹资活动的现金流出量分别占现金总流出量的比例；另一部分是反映经营活动、投资活动和筹资活动等各项业务活动中各具体项目的现金流出量占总现金流出量的比例。

(3) 净现金流量结构分析。净现金流量结构是指企业经营活动、投资活动及筹资活动的现金净流量占全部净现金流量的比例。通过净现金流量结构分析，可以明确本期的现金净流量主要因哪类活动产生，以此说明现金净流量形成的原因是否合理。

对于一个健康的、正在成长的企业来说，经营活动的现金流量应是正数，投资活动的现金流量应是负数，筹资活动的现金流量应是正负相间的。

例 5-2　甲股份有限公司(简称甲公司)2021 年现金流入结构分析表的相关资料如表 5-3 所示。

表 5-3　现金流入结构分析表

编制单位：甲股份有限公司　　　　2021 年 12 月 31 日　　　　金额单位：万元

项　目	2021 年金额	结构百分比(%)
一、经营活动产生的现金流量：		
销售商品、提供劳务收到的现金	3 887 540	80.92
收到的税费返还	0	0
收到其他与经营活动有关的现金	0	0
经营活动现金流入小计	3 887 540	80.92
二、投资活动产生的现金流量：		
收回投资收到的现金	12 335.80	0.26
取得投资收益收到的现金	14 215.10	0.30
处置固定资产、无形资产和其他长期资产收回的现金净额	38 565.70	0.80
收回定期存款的现金	24 968.10	0.52
处置子公司及其他营业单位收到的现金净额	17 032.10	0.35
收到其他与投资活动有关的现金	999.20	0.02
投资活动现金流入小计	108 116	2.25
三、筹资活动产生的现金流量：		
吸收投资收到的现金	8 495.30	0.18
其中：子公司吸收少数股东投资收到的现金	8 495.30	0.18
取得借款收到的现金	772 204	16.07
收到其他与筹资活动有关的现金	27 608.70	0.57
筹资活动现金流入小计	808 308	16.83
现金流入合计	4 803 964	

从表 5-3 可知，甲公司 2021 年总现金流入量为 4 803 964 万元，其中经营活动现金流入量、投资活动现金流入量和筹资活动现金流入量所占总现金流入量的比例分别为 80.92%、2.25%、16.83%。可见，该公司的现金流入主要是由经营活动产生的。经营活动的现金流入量全部为销售商品、提供劳务收到的现金。投资活动的现金流入量大部分为处置固定资产、无形资产和其他长期资产所收回的现金净额。筹资活动的现金流入量中取得借款收到的现金分别占各类现金流入量的绝大部分。总体来说，甲公司的现金流入量中，

经营活动的现金流入量占大部分比例，特别是其销售商品、提供劳务收到的现金明显高于其他业务活动流入的现金；有较少部分来自投资活动和筹资活动。

很显然，甲公司要增加现金流入，首先要依靠经营活动，特别是来自销售商品、提供劳务的现金流入；其次要依靠筹资活动。

（三）现金流量表的趋势分析

对现金流量表进行分析，一个重要的意义就是预测企业未来现金流量的情况。只有对连续数期的现金流量表进行比较分析，才能了解哪些项目发生了趋势性的变化，并从中掌握其变动趋势，从大局上把握企业现金流量变动的方向，进而做出正确的决策。

趋势分析通常是将连续多年的报表并列在一起加以分析，以观察变化趋势。观察连续数期的财务报表比单看一个报告期的财务报表，能了解到更多的信息和情况，并有利于分析变化的趋势。现金流量趋势不能单纯就某个项目的变动进行孤立的分析，要结合表中现金流量表项目与项目之间、各财务报表之间有关项目的相互联系进行分析。只有这样才能全面、准确地对企业现金流量的变化趋势进行分析评价。

运用趋势百分比分析法对现金流量的趋势进行分析，通常应计算趋势百分比。趋势百分比有定比和环比两种。定比就是选定某一年作为基期，然后将其余各年与基期进行比较，计算出趋势百分数。由于这样计算出的各会计期间的趋势百分比均是以基期为计算基准的，所以能够明确地反映出有关项目和基期相比发生了多大变化。环比是指将项目本年数和上一年数相比较而计算出趋势百分比。由于它以上一期作为基数，因而能更明确地说明项目的发展变化速度。

章节训练

一、单项选择题

1. 下列各项中，不属于投资活动产生的现金流出的是（　　）。

A. 购买固定资产支付的现金　　B. 购买无形资产支付的现金

C. 购买其他企业股票支付的现金　　D. 购买原材料支付的现金

2. 下列各项中，会引起现金流量表“经营活动产生的现金流量净额”项目发生增减变动的是（　　）。

A. 偿还长期借款引起的现金流出　　B. 收取现金股利引起的现金流入

C. 购置固定资产引起的现金流出　　D. 购买日常办公用品引起的现金流出

3. 2021 年甲公司发生如下经济业务：以银行存款购买自购买日起 3 个月国债 250 万元，因销售应税消费品等支付消费税 150 万元，以银行存款支付给生产工人工资 100 万元，因购买商品以银行存款支付的价款和增值税 234 万元，以银行存款支付长期借款利息 50 万元，2021 年年末甲公司现金流量表中“经营活动现金流出小计”项目金额为（　　）万元。

A. 234　　B. 484　　C. 784　　D. 734

4. 下列各项中，不属于广义的现金内容的是（　　）。

A. 银行存款　　B. 长期债券投资　　C. 银行汇票存款　　D. 银行本票存款

5. 下列各项中，属于经营活动现金流入量的是（　　）。

A. 销售商品、提供劳务收到的现金　　B. 收回投资所收到的现金

C. 取得借款收到的现金　　D. 投资收益所收到的现金

6. 下列各项中，不属于筹资活动产生的现金流量的是（　　）。

A. 分配股利、利润或偿付利息支付的现金

B. 购建固定资产、无形资产和其他长期资产支付的现金

C. 吸收投资收到的现金

D. 偿还债务支付的现金

二、多项选择题

1. 下列各项中，影响企业现金流量表中“现金及现金等价物净增加额”项目金额的有（　　）。

A. 以银行存款支付职工工资

B. 收到出租资产的租金

C. 将库存现金存入银行

D. 以货币资金购买自购买日起 3 个月内到期的国库券

2. 下列各项中，属于现金流量表“现金及现金等价物”的有（　　）。

A. 库存现金

B. 银行本票

C. 银行承兑汇票

D. 持有的自购买日起 2 个月内到期的国债

3. 以下情况下，企业可以产生负的经营活动现金净流量有（　　）。

A. 处于初创期　　B. 金融危机　　C. 处于转型期　　D. 经营不善

4. 下列各项中，属于经营活动产生的现金流量的有（　　）。

A. 取得投资收益收到的现金

B. 支付的所得税

C. 分配股利、利润或偿付利息支付的现金

D. 购买商品、接受劳务支付的现金

5. 下列属于经营活动产生的现金流量的有（　　）。

A. 取得投资性收益收到的现金　　B. 支付的所得税

C. 销售商品收到的现金　　D. 购买商品支付的现金

三、判断题

1. 企业用现金支付在建工程人员的薪酬属于投资活动产生的现金流量。（　　）

2. “偿还债务支付的现金”项目中包含企业为偿还债务利息而支付的现金。（　　）

3. 经营活动是企业经济活动的主体，但不是企业获取持续资金来源的基本途径。（　　）

4. 经营活动现金流量的充足性是指企业是否具有足够的经营活动现金流量，能够满足正常的运转和规模扩张的需要。（　　）

5. 向自己的母公司和兄弟公司提供资金属于关联方占用资金，不应属于企业的正常经营活动范畴。（　　）

6. 企业经营活动现金流量的规模和结构经常出现明显波动，说明企业主营业务的获现

能力可能存在很大的不确定性，经营风险较大。（　　）

7. 只有企业利润主要来自那些未来秩序性较强的经济业务时，利润的质量才比较高。（　　）

8. 筹资活动中“偿还债务支付的现金”项目反映企业以现金偿还债务的本金和利息。（　　）

9. 企业用现金支付采购人员的差旅费，应反映在现金流量表“购买商品、接受劳务支付的现金”项目中。（　　）

10. 企业持有的拟在近期出售的股票投资属于现金等价物。（　　）

第六章 所有者权益变动表的编制与分析

知识要点

1. 掌握所有者权益变动表的结构及基本内容；
2. 掌握所有者权益变动表的编制方法与分析方法；
3. 熟悉所有者权益变动表各项目的基本内涵；
4. 了解所有者权益变动表分析的意义。

能力要点

1. 能够读懂所有者权益变动表；
2. 能够阐述所有者权益变动表中有关数字之间存在的勾稽关系；
3. 能够根据相关资料完成所有者权益变动表的编制，并运用相应的分析方法对企业的所有者权益变动表进行分析。

情境导入

王华大学毕业后进入了某银行信贷部门工作。一次，王华接手一个放贷任务，需要他对借款企业的资产负债表、利润表和现金流量表进行认真阅读。银行老信贷员提醒王华，除了认真做好阅读工作外，还要注意分析所有者权益变动表中所有者权益总额的各个组成部分是如何形成的。

王华并不完全理解老信贷员的意图，他带着疑问对所有者权益变动表进行了分析。

第一节　认识所有者权益变动表

一、所有者权益变动表概述

（一）所有者权益变动表的概念

所有者权益变动表是指反映构成所有者权益各组成部分当期增减变动情况的报表。它是对资产负债表的补充及对所有者权益增减变动情况的进一步说明。其主要有两个作用，一是通过所有者权益变动表，既可以为财务报表使用者提供所有者权益总量增减变动的信息，也能提供所有者权益增减变动的结构性信息，特别是能够让财务报表使用者理解所有者权益增减变动的根源；二是所有者权益增减变动表将综合收益和所有者(或股东)的资本交易导致的所有者权益的变动分项列示，有利于分清导致所有者权益增减变动的缘由与责任，对于考察、评价企业一定时期所有者权益的保全状况，正确评价管理当局受托责任的履行情况等具有重要的作用。

(二) 所有者权益变动表的内容

在所有者权益变动表中，企业至少应当单独列示反映下列信息的项目：综合收益总额；会计政策变更和差错更正的累积影响金额；所有者投入资本和向所有者分配的利润等；提取的盈余公积；实收资本、其他权益工具、资本公积、其他综合收益、专项储备、盈余公积、未分配利润的期初和期末余额及其调节情况。下面讨论所有者权益变动表的主要项目内容及其功能。

1. "上年年末余额"项目

"上年年末余额"项目反映企业上年资产负债表中实收资本(或股本)、其他权益工具、资本公积、库存股、其他综合收益、专项储备、盈余公积、未分配利润的年末余额。

2. "会计政策变更""前期差错更正"项目

"会计政策变更""前期差错更正"项目分别反映企业采用追溯调整法处理的会计政策变更的累积影响金额和采用追溯重述法处理的会计差错更正的累积影响金额。追溯调整法是指对某项交易或事项变更的会计政策，视同该项交易或事项初次发生时采用变更后的会计政策，并以此对财务报表相关项目进行调整的方法。追溯重述法是指在发现前期差错时，视同该项前期差错从未发生过，从而对财务报表相关项目进行更正的方法。前期差错通常包括计算错误、应用会计政策错误、疏忽或曲解事实和舞弊产生的影响以及存货、固定资产盘盈等。

3. "本年增减变动金额"项目

"本年增减变动金额"项目反映所有者权益各项目本年增减变动的金额，具体有以下内容。

(1) "综合收益总额"项目，反映净利润和其他综合收益扣除所得税影响后的净额相加后的合计金额。

(2) "所有者投入和减少资本"项目，反映企业当年所有者投入的资本和减少的资本。本项目内容包括：①"所有者投入的普通股"项目，反映企业接受投资者投入形成的实收资本(或股本)和资本溢价或股本溢价；②"其他权益工具持有者投入资本"项目，反映企业发行的除普通股以外分类为权益工具的金融工具的持有者投入资本的金额；③"股份支付计入所有者权益的金额"项目，反映企业处于等待期中的权益结算的股份支付当年计入资本公积的金额。

(3) "利润分配"项目，反映企业当年的利润分配金额。

(4)“所有者权益内部结转”项目，反映企业构成所有者权益的组成部分之间当年的增减变动情况。本项目内容包括：①“资本公积转增资本(或股本)”项目，反映企业当年以资本公积转增资本或股本的金额。②“盈余公积转增资本(或股本)”项目，反映企业当年以盈余公积转增资本或股本的金额。③“盈余公积弥补亏损”项目，反映企业当年以盈余公积弥补亏损的金额。④“设定受益计划变动额结转留存收益”项目，反映企业因重新计量设定受益计划净负债或净资产所产生的变动计入其他综合收益，结转至留存收益的金额。⑤“其他综合收益结转留存收益”项目，主要反映企业指定为以公允价值计量且其变动计入其他综合收益的非交易性权益工具投资终止确认时，之前计入其他综合收益的累计利得或损失从其他综合收益中转入留存收益的金额；以及企业指定为以公允价值计量且其变动计入当期损益的金融负债终止确认时，之前由企业自身信用风险变动引起而计入其他综合收益的累计利得或损失从其他综合收益中转入留存收益的金额等。

(三) 所有者权益变动表的结构

所有者权益变动表的结构为纵横交叉的矩阵式结构。

1. 纵向结构

纵向结构按所有者权益增减变动时间及内容分为“上年年末余额”“本年年初余额”“本年增减变动金额”和“本年年末余额”四栏。

上年年末余额＋会计政策变更、前期差错更正及其他变动＝本年年初余额

本年年初余额＋本年增减变动金额＝本年年末余额

其中，本年增减变动金额按照所有者权益增减变动的交易或事项列示，即

本年增减变动金额＝综合收益总额±所有者投入和减少资本±利润分配±所有者权益内部结转

2. 横向结构

横向结构采用比较式结构，分为“本年金额”和“上年金额”两栏，每栏的具体结构按照所有者权益构成内容逐项列示，即

实收资本(或股本)＋其他权益工具＋资本公积－库存股＋其他综合收益＋未分配利润＝所有者权益合计

纵横填列结果归结到本年年末所有者权益合计数，保持所有者权益变动表的表内填列数额的平衡。

所有者权益变动表以矩阵式结构列报，一方面，列示导致所有者权益变动的交易或事项，即所有者权益变动的来源，对一定时期内所有者权益的变动情况进行全面反映；另一方面，按照实收资本、其他权益工具、资本公积、库存股、其他综合收益、盈余公积、未分配利润等所有者权益各组成部分及其总额列示交易或事项对所有者权益各部分的影响。此外，所有者权益变动表采用逐项的本年金额和上年金额比较式结构，能够清楚地表明构成所有者权益的各组成部分当期的增减变动情况以及与上期的增减变动情况的对照和比较。

所有者权益变动表见表 6－1。

表 6-1 所有者权益变动表

编制单位：　　　　　　　　　　年　月　日　　　　　　　　　　金额单位：元

项　目	本　年　金　额										
	实收资本（或股本）	其他权益工具			资本公积	减：库存股	其他综合收益	专项储备	盈余公积	未分配利润	所有者权益合计
		优先股	永续债	其他							
一、上年年未余额											
加：会计政策变更											
前期差错更正											
其他											
二、本年年初余额											
三、本年增减变动金额（减少以"－"填列）											
（一）综合收益总额											
（二）所有者投入和减少资本											
1. 所有者投入的普通股											
2. 其他权益工具持有者投入资本											
3. 股份支付计入所有者权益的金额											
4. 其他											

续表

项　目	本年金额										
	实收资本（或股本）	其他权益工具			资本公积	减：库存股	其他综合收益	专项储备	盈余公积	未分配利润	所有者权益合计
		优先股	永续债	其他							
（三）利润分配											
1. 提取盈余公积											
2. 对所有者（或股东）的分配											
3. 其他											
（四）所有者权益内部结转											
1. 资本公积转增资本（或股本）											
2. 盈余公积转增资本（或股本）											
3. 盈余公积弥补亏损											
4. 设定受益计划变动额结转留存收益											
5. 其他综合收益结转留存收益											
6. 其他											
四、本年年末余额											

二、所有者权益变动表的作用

（1）反映企业的经济实力，为财务报表信息使用者提供企业盈利能力方面的信息。所有者权益是企业的自有资本，也是企业开展生产经营，承担债务责任，抵御财务风险的物质基础。所有者权益的增减变动直接决定着企业经济实力的强弱变化，即企业承担债务责任、抵御财务风险的实力变化。而所有者权益的增减主要源于企业利润的增长，所以该表也间接地反映出企业的盈利能力，从而为财务报表信息使用者提供企业盈利能力方面的信息。

（2）揭示所有者权益变动的原因，为财务报表信息使用者正确地评价企业的经营管理工作提供信息。所有者权益的增减变动有多种原因，所有者权益变动表全面记录了影响所有者权益变动的各个因素的年初余额和年末余额。通过每个项目年末余额和年初余额的对比，以及各项目构成比例的变化，揭示所有者权益变动的原因及过程，从而为财务报表信息使用者判断企业自有资本的质量，正确评价企业的经营管理工作提供信息。

（3）反映企业股利分配政策及现金支付能力，为投资者的投资决策提供全面信息。所有者权益变动表中提供的所有者权益变动信息与资产负债表和利润表中的部分信息相辅相成，既有资产负债表中的项目内容，又有利润表中的项目内容，还包括了利润分配的内容。

第二节　所有者权益变动表的填列方法

所有者权益变动表是根据上年度所有者权益变动表和本年已编制的资产负债表、利润表及相关会计政策、前期差错更正和会计科目记录等资料计算填列的。各项目具体填列方法如下。

一、上年金额栏的填列方法

所有者权益变动表“上年金额”栏内各项数字，应根据上年度所有者权益变动表“本年金额”栏内所列数字填列。上年度所有者权益变动表规定的各个项目的名称和内容同本年度不一致的，应对上年度所有者权益变动表各项目的名称和数字按照本年度的相关规定进行调整，填入所有者权益变动表的“上年金额”栏内。

二、本年金额栏的填列方法

所有者权益变动表“本年金额”栏内各项目金额一般应根据资产负债表所有者权益项目金额或“实收资本（或股本）”“其他权益工具”“资本公积”“库存股”“其他综合收益”“专项储备”“盈余公积”“利润分配”“以前年度损益调整”等科目及其明细科目的发生额填列。

第三节　所有者权益变动表的分析

一、所有者权益变动表的结构分析

（一）所有者权益变动表结构分析的意义

所有者权益变动表结构分析的本质是计算所有者权益的各项目金额占所有者权益总额的比重，分析的结果反映了企业所有者权益各项目的分布情况，揭示了企业的经济实力和风险承担能力。此外，由于所有者权益中的盈余公积和未分配利润属于留存收益，是企业税后利润分配的结果，因此，所有者权益变动表结构分析能反映出企业的内部积累能力，间接地反映企业的经营状况。

（二）影响所有者权益变动表结构的因素

影响所有者权益变动表结构的因素有以下几个。

(1) 所有者权益的规模。所有者权益变动表的结构往往会由于所有者权益的规模或总量的变动而相应地发生变动。如在其他条件相对稳定时，投资者追加投资或法定收回投资或盈余公积转增资本，送配股等，都会引起所有者权益总量或其中某个项目总量的变动，进而引起所有者权益结构的变动。

(2) 利润分配政策。企业投入资本和留存收益的结构直接受制于企业的利润分配政策。若企业某期采用高利润分配政策，而盈余公积又按照法定比例提取，则未分配利润减少，必然引起留存收益的比重降低；反之，采取低利润分配政策或暂缓分配政策，留存收益的比重必然会因此提高。

(3) 企业的控制权。企业的控制权掌握在控股股东或持有一定股份的大股东手中，如果企业决定接受其他投资者的投资，就会释放股权，分散企业的控制权。如果企业现有的投资者不愿意分散对企业的控制权，就会采取负债筹资的方式，这样就不会影响所有者权益的结构。

(4) 权益资本成本。企业的权益资本成本往往要高于负债资本成本，因为所有者权益承担的风险要大于债权人承担的风险，所以其要求的回报也会更高。在所有者权益的内部，投入资本的资本成本往往要高于留存收益的资本成本，因此要降低筹资成本，应尽量利用留存收益，加大其比重。只有这样，综合资本成本率才会相对降低。

(5) 外部因素。企业在选择筹资渠道时，往往不会由企业的主观意志决定，还会受到经济环境、金融政策、资本市场状况等因素的制约，这些因素影响着企业的筹资方式，也必然会影响所有者权益的结构。

（三）所有者权益变动表结构分析示例

通过对所有者权益的构成及增减变动的分析，可以进一步了解企业对负债偿还的保证程度和企业自身积累资金的能力与潜力。

例 6-1 甲公司 2021 年所有者权益变动的相关资料如表 6-2 所示。

表 6-2 甲公司所有者权益结构及增减变动分析表

项目	2020 年		2021 年		差异	
	金额/元	比重(%)	金额/元	比重(%)	金额/元	比重(%)
实收资本	10 830 057	16.98	10 830 057	16.66	0	−0.32
资本公积	20 380 218.5	31.96	20 456 401	31.48	76 182.5	−0.48
盈余公积	24 148 421.5	37.87	24 600 239.5	37.85	451 818	−0.02
未分配利润	8 411 287.5	13.19	9 106 149	14.01	694 861.5	0.82
所有者权益合计	63 769 984.5	100	64 992 846.5	100	1 222 862	0

根据表 6-2 的资料对甲公司的所有者权益进行结构分析。

由表 6-2 可知，甲公司 2021 年的所有者权益比 2020 年增加了 1 222 862 元，其中资本公积增加了 76 182.5 元，盈余公积增加了 451 818 元，未分配利润增加了 694 861.5 元。说明该公司除了“实收资本”项目以外，其他所有者权益项目都有所增加，其中未分配利润的增长额度最大，其次是盈余公积，资本公积也有所增加，这意味着公司的自有资金增加，投资和债权的保证程度提高，公司的偿债能力和获利能力也提高了。

从所有者权益的内部结构来看，甲公司近两年所有者权益各项目的构成比例基本没有变化。从表 6-2 中可以看出，实收资本占所有者权益的比重偏低，资本公积占所有者权益的比重偏高，留存收益占所有者权益的比重超过 50%，说明积累充足。

值得注意的是，甲公司是否值得投资，其财务状况和收益情况如何，还应综合资产负债表、利润表、现金流量表进行分析。

二、所有者权益变动表的项目分析

在对所有者权益总额各组成部分的形成过程有所了解之后，还需要对实收资本（或股本）、资本公积、盈余公积和未分配利润进行详细分析，进一步判断企业的经济实力和风险承担能力。

1. 实收资本（或股本）分析

实收资本（或股本）是指投资者按照企业章程、合同或协议的约定投入企业的各种资产的价值，是企业实际收到的投资者投入的资本。除非企业出现增资、减资等情况，实收资本（或股本）在企业正常经营期间一般不发生变动。

实收资本（或股本）增加的渠道有资本公积转入、盈余公积转入、利润分配转入和发行新股等。前三种渠道是由所有者权益项目内部结转形成的，不会引起所有者权益总额的变动；而发行新股（企业投资者投入资本），不仅会增加企业的实收资本或股本，还会增加所有者权益总额，这表明投资者对企业的发展充满信心，是一种对企业发展最有利的增资方式。

2. 资本公积分析

资本公积是由特定来源形成的，包括资本溢价（投资者的出资额超过其在注册资本或股本中所占份额部分）和直接计入所有者权益的利得和损失。资本公积主要是用来转增资本或股本。

3. 盈余公积分析

盈余公积主要从净利润中提取。提取盈余公积实际上是企业当期实现的净利润向投资者分配利润的一种限制，其本身属于利润分配的一部分。经股东会或股东大会决议，盈余公积可用于弥补亏损、转增资本、分派股利。不论是提取盈余公积还是使用盈余公积，都属于所有者权益的内部变动，并不会引起所有者权益总额的变动。

4. 未分配利润分析

未分配利润是指企业留待以后年度分配的结存利润，是企业所有者权益的组成部分。从数量上来看，未分配利润等于期初未分配利润加上本期实现的净利润，是提取盈余公积和向投资者分配利润后的余额，相关人员可以用未分配利润的多少来衡量企业的储备能力和获利能力。

章节训练

一、单项选择题

1. 下列各项中，可反映企业净利润及其他分配情况的财务报表是（　　）。

A. 所有者权益变动表　　B. 利润表
C. 资产负债表　　D. 现金流量表

2. 2021 年年初，某企业所有者权益合计为 1 120 万元。当年该企业实现综合收益总额为 300 万元，用盈余公积转增资本 200 万元，向所有者宣告分配现金股利 15 万元。不考虑其他因素，该企业 2021 年度所有者权益变动表中“所有者权益合计”项目的本年年末余额的列报金额为（　　）万元。

A. 1 250　　B. 1 420　　C. 1 220　　D. 1 405

3. 下列各项中，不在所有者权益变动表中列示的项目是（　　）。

A. 综合收益总额　　B. 所有者投入和减少资本
C. 利润分配　　D. 每股收益

二、多项选择题

1. 下列各项中，在企业所有者权益变动表中单独列示反映的信息有（　　）。

A. 会计政策变更累积影响金额　　B. 所有者投入资本
C. 会计差错更正累积影响金额　　D. 向所有者分配利润

2. 下列各项中，属于所有者权益变动表“本年增减变动金额”项目的有（　　）。

A. 盈余公积转增资本　　B. 提取盈余公积
C. 盈余公积弥补亏损　　D. 资本公积转增资本

3. 下列各项中，应在所有者权益变动表中单独列示反映的信息有(　　)。

A. 向所有者(股东)分配利润　　B. 所有者投入资本

C. 综合收益总额　　D. 盈余公积弥补亏损

三、判断题

1. 所有者权益变动表中，“综合收益总额”项目反映净利润和其他综合收益扣除所得税影响后的净额相加后的合计金额。(　　)

2. 企业年报的所有者权益变动表中，“未分配利润”项目本年年末余额应与资产负债表中“未分配利润”项目年末余额相一致。(　　)

3. 所有者权益变动表是反映企业当期所有者权益各构成部分增减变动情况的报表。(　　)

4. 所有者权益变动表是对资产负债表中“所有者权益”项目的进一步说明，它进一步反映了所有者权益各组成部分当期的增减变动额及变动原因。(　　)

第七章 财务报表的综合分析

知识要点

1. 掌握基本的财务报表分析方法；
2. 掌握上市公司特殊财务分析指标；
3. 了解财务报表综合分析。

能力要点

1. 能够阐述财务报表综合分析的演变；
2. 能够运用基本的财务报表分析方法。

情境导入

万达是全球领先的不动产企业，2015 年其持有物业面积达到世界规模最大。围绕不动产的发展，万达的触角也延伸到其他产业。基于对房地产未来发展趋势的分析，从 2016 年开始，万达进行全面转型。从空间上看，要从国内企业发展成为跨国企业；从内容上看，要从以房地产为主的企业转型为高科技服务企业。

万达的重资产不是发展得不好，但也不是没有发展空间；中国的城市化还在进行，行业里模仿万达者众多，那么万达为什么要果断地转向轻资产呢？

第一节　基本的财务报表分析

基本的财务报表分析方法主要是财务比率分析法，旨在通过财务报表数据的相对关系来揭示企业经营管理的各方面问题。基本的财务报表分析内容包括偿债能力分析、营运能力分析、盈利能力分析、发展能力分析和现金流量分析五个方面，以下分别加以介绍。

为了便于说明，本节各项财务指标的计算，将主要采用爱华公司作为示例。该公司的资产负债表、利润表分别如表 7 - 1 和表 7 - 2 所示。

表 7-1 资产负债表(简表)

编制单位：爱华公司　　2021 年 12 月 31 日　　单位：万元

资　产	年末余额	年初余额	负债和所有者权益	年末余额	年初余额
流动资产：			流动负债：		
货币资金	260	135	短期借款	310	235
交易性金融资产	40	70	交易性金融负债	0	0
衍生金融资产	0	0	衍生金融负债	0	0
应收票据	50	65	应付票据	35	30
应收账款	2 000	1 005	应付账款	510	555
预付款项	70	30	预收账款	60	30
其他应收款	120	120	应付职工薪酬	90	105
存货	605	1 640	应交税费	55	70
持有待售资产	0	0	其他应付款	295	180
一年内到期的非流动资产	345	0	持有待售负债	0	0
其他流动资产	100	65	一年内到期的非流动负债	260	0
流动资产合计	3 590	3 130	其他流动负债	25	35
非流动资产：			流动负债合计	1 640	1 240
可供出售金融资产	0	0	非流动负债：		
持有至到期投资	0	0	长期借款	2 260	1 235
长期应收款	0	0	应付债券	1 210	1 310
长期股权投资	160	235	其他非流动负债	360	385
固定资产	6 190	4 775	非流动负债合计	3 830	2 930
在建工程	100	185	负债合计	5 470	4 170
			所有者权益：		
无形资产	100	120	实收资本	3 000	3 000
递延所得税资产	35	85	资本公积	90	60
其他非流动资产	25	70	盈余公积	380	210
非流动资产合计	6 610	5 470	未分配利润	1 260	1 160
			所有者权益合计	4 730	4 430
资产总计	10 200	8 600	负债和所有者权益总计	10 200	8 600

表 7-2 利润表(简表)

编制单位：爱华公司　　2021 年 12 月 31 日　　单位：万元

项　目	本年金额	上年金额
一、营业收入	15 010	14 260
减：营业成本	13 230	12 525
税金及附加	150	150
销售费用	120	110
管理费用	240	210
研发费用	0	0
财务费用	560	490
资产减值损失	0	0
加：其他收益	0	0
投资收益	210	130
公允价值变动收益	110	190
资产处置收益	0	0
二、营业利润	1 030	1 095
加：营业外收入	60	95
减：营业外支出	110	35
三、利润总额	980	1 155
减：所得税费用	330	385
四、净利润	650	770

一、偿债能力分析

偿债能力是指企业偿还本身所欠债务的能力。对偿债能力进行分析有利于债权人进行正确的借贷决策；有利于投资者进行正确的投资决策；有利于企业经营者进行正确的经营决策；有利于信息使用者正确评价企业的财务状况。

偿债能力的衡量方法有两种：一种是比较可供偿债资产存量与债务的存量，资产存量超过债务存量较多，则认为偿债能力较强；另一种是比较经营活动现金流量和偿债所需现金，如果经营活动产生的现金超过偿债所需的现金较多，则认为偿债能力较强。

债务一般按到期时间分为短期债务和长期债务，偿债能力分析也由此分为短期偿债能力分析和长期偿债能力分析。

(一) 短期偿债能力分析

企业在短期(一年或一个营业周期)需要偿还的负债主要指流动负债，因此短期偿债能力衡量的是对流动负债的清偿能力。企业的短期偿债能力取决于短期内企业产生现金的能力，即在短期内能够转化为现金的流动资产的多少。所以，短期偿债能力比率也称为变现能力比率或流动性比率，主要考察的是流动资产对流动负债的清偿能力。企业短期偿债能力的衡量指标主要有营运资金、流动比率、速动比率和现金比率。

1. 营运资金

营运资金是指流动资产超过流动负债的部分。其计算公式为

$$营运资金=流动资产-流动负债$$

根据爱华公司的财务报表数据，可得

$$本年末营运资金=3\ 590-1\ 640=1\ 950(万元)$$

$$上年末营运资金=3\ 130-1\ 240=1\ 890(万元)$$

计算营运资金使用的“流动资产”和“流动负债”，通常可以直接取自资产负债表。资产负债表项目区分为流动项目和非流动项目，并且按照流动性强弱排序，方便计算营运资金和分析流动性。营运资金越多则偿债越有保障。当流动资产大于流动负债时，营运资金为正，说明企业财务状况稳定，不能偿债的风险较小。反之，当流动资产小于流动负债时，营运资金为负，此时，企业部分非流动资产以流动负债作为资金来源，企业不能偿债的风险很大。因此，企业必须保持正的营运资金，以避免流动负债的偿付风险。

营运资金是绝对数，不便于不同企业之间的比较。例如，A 公司和 B 公司有相同的营运资金(见表 7－3)。是否意味着它们具有相同的偿债能力呢？

表 7－3　A 公司和 B 公司营运资金　　单位：万元

项　目	A 公司	B 公司
流动资产	600	2 400
流动负债	200	2 000
营运资金	400	400

尽管 A 公司和 B 公司营运资金都为 400 万元，但是 A 公司的偿债能力明显好于 B 公司，原因是 A 公司的营运资金占流动资产的比例是 2/3，即流动资产中只有 1/3 用于偿还流动负债；而 B 公司的营运资金占流动资产的比例是 1/6，即流动资产的绝大部分(5/6)用于偿还流动负债。

因此，在实务中直接使用营运资金作为偿债能力的衡量指标受到局限，偿债能力更多地通过债务的存量比率来评价。

2. 流动比率

流动比率是企业流动资产与流动负债之比。其计算公式为

$$流动比率=\frac{流动资产}{流动负债}$$

流动比率表明每 1 元流动负债有多少流动资产作为偿债保障，流动比率越大通常短期偿债能力越强。一般认为，生产企业合理的最低流动比率是 2。这是因为流动资产中变现能力最差的存货金额约占流动资产总额的一半，剩下的流动性较大的流动资产至少要等于流

动负债，企业短期偿债能力才会有保证。但随着企业的经营方式和金融环境的变化，流动比率有下降的趋势，现在有许多成功企业的流动比率低于2。

运用流动比率进行分析时，要注意以下问题：

(1) 流动比率高不意味着短期偿债能力一定很强。因为，流动比率假设全部流动资产可变现清偿流动负债。实际上，各项流动资产的变现能力并不相同，而且变现金额可能与账面金额存在较大差异。因此，流动比率是对短期偿债能力的粗略估计。

(2) 计算出来的流动比率，只有和同行业平均流动比率、本企业历史流动比率进行比较，才能知道这个比率是高还是低。这种比较通常并不能说明流动比率为什么这么高或低，要找出过高或过低的原因还必须分析流动资产和流动负债所包括的内容以及经营上的因素。

一般情况下，营业周期、流动资产中的应收账款和存货的周转速度是影响流动比率的主要因素。营业周期短、应收账款和存货的周转速度快的企业，其流动比率低一些也是可以接受的。

由表7-1可知，爱华公司2021年初与年末的流动资产分别为3 130万元、3 590万元，流动负债分别为1 240万元、1 640万元，则该公司流动比率为

$$\text{年初流动比率}=\frac{3130}{1240}=2.524$$

$$\text{年末流动比率}=\frac{3590}{1640}=2.189$$

爱华公司年初、年末流动比率均大于2，说明该企业具有较强的短期偿债能力。

流动比率的缺点是该比率比较容易被人为操纵，并且没有揭示流动资产的构成内容，只能大致反映流动资产整体的变现能力。但流动资产中包含像存货这类变现能力较差的资产，如能将其剔除，其所反映的短期偿债能力更加可信，这个指标就是速动比率。

3. 速动比率

速动比率是企业速动资产与流动负债之比，其计算公式为

$$\text{速动比率}=\frac{\text{速动资产}}{\text{流动负债}}$$

构成流动资产的各项目，流动性差别很大。其中货币资金、以公允价值计量且其变动计入当期损益的金融资产和各种应收款项，可以在较短时间内变现，称为速动资产；另外的流动资产，包括存货、预付款项、一年内到期的非流动资产和其他流动资产等，属于非速动资产。速动资产主要剔除了存货，原因是：① 流动资产中存货的变现速度比应收账款要慢得多；② 部分存货可能已被抵押；③ 存货成本和市价可能存在差异。由于剔除了存货等变现能力较差的资产，速动比率比流动比率能够更准确、可靠地评价企业资产的流动性及偿还短期债务的能力。例如，某公司虽然近几年来的流动比率远低于一般认为的最低流动比率，但其速动比率一直保持在1的水平，可见其短期偿债能力并不像只看流动比率时那么弱。

速动比率表明每1元流动负债有多少速动资产作为偿债保障。一般情况下，速动比率越大，短期偿债能力越强。由于通常认为存货占了流动资产的一半左右，因此剔除存货影响的速动比率至少要是1。速动比率过低，企业面临偿债风险；但速动比率过高，会因占用

现金及应收账款过多而增加企业的机会成本。影响速动比率可信度的重要因素是应收账款的变现能力。因为，应收账款的账面金额不一定都能转化为现金，而且对于季节性生产的企业来说，其应收账款金额存在着季节性波动，根据某一时点计算的速动比率不能客观反映其短期偿债能力。此外，使用该指标应考虑行业的差异性，如大量使用现金结算的企业其速动比率大大低于1是正常现象。

由表7-1可知，爱华公司2021年初速动资产为1 395万元(135＋70＋65＋1005＋120)，年末速动资产为2 470万元(260＋40＋50＋2 000＋120)。爱华公司的速动比率为

$$年初速动比率=1\ 395\div 1\ 240=1.13$$

$$年末速动比率=2\ 470\div 1\ 640=1.51$$

爱华公司2021年初、年末的速动比率都比一般公认标准高，说明其短期偿债能力较强；但进一步分析可以发现，在爱华公司的速动资产中应收账款比重很高(分别占72%和81%)，而应收账款不一定能按时收回，所以还必须计算分析第三个重要比率——现金比率。

4. 现金比率

现金资产包括货币资金和交易性金融资产等。现金资产与流动负债的比值称为现金比率。现金比率的计算公式为

$$现金比率=\frac{货币资金+交易性金融资产}{流动负债}$$

现金比率剔除了应收账款对偿债能力的影响，最能反映企业直接偿付流动负债的能力，表明每1元流动负债有多少现金资产作为偿债保障。由于流动负债是在一年内(或一个营业周期内)陆续到期清偿，所以并不需要企业时时保留相当于流动负债金额的现金资产。研究表明，0.2的现金比率就可以接受。而现金比率过高，就意味着企业过多资源占用在盈利能力较低的现金资产上，从而影响企业的盈利能力。

由表7-1可得，爱华公司的现金比率为

$$年初现金比率=\frac{135+70}{1\ 240}=0.165$$

$$年末现金比率=\frac{260+40}{1\ 640}=0.183$$

爱华公司虽然流动比率和速动比率都较高，但现金比率偏低，说明该公司短期偿债能力还是有一定风险。公司应缩短应收账款期，加大应收账款催账力度，以加速应收账款资金的周转。

(二) 长期偿债能力分析

长期偿债能力是指企业在较长的期间偿还债务的能力。企业在长期内，不仅需要偿还流动负债，还需要偿还非流动负债，因此，长期偿债能力衡量的是企业对所有负债的清偿能力。企业对所有负债的清偿能力取决于其总资产水平，因此长期偿债能力比率考察的是企业资产、负债和所有者权益之间的关系。其财务指标主要有四项：资产负债率、产权比率、权益乘数和利息保障倍数。

1. 资产负债率

资产负债率是企业负债总额与资产总额之比。其计算公式为

$$资产负债率=\frac{负债总额}{资产总额}\times 100\%$$

资产负债率反映企业总资产中有多大比例是通过负债取得的，可以衡量企业清算时资产对债权人权益的保障程度。当资产负债率高于50%时，表明企业资产来源主要依靠的是负债，财务风险较大。当资产负债率低于50%时，表明企业资产的主要来源是所有者权益，财务比较稳健。这一比率越低，表明企业资产对负债的保障能力越高，企业的长期偿债能力越强。

事实上，利益主体不同，看待该指标的立场也不同。从债权人的立场看，债务比率越低越好，企业偿债有保证，贷款不会有太大风险。从股东的立场看，其关心的是举债的效益。在全部资本利润率高于借款利息率时，负债比率越大越好，因为股东所得到的利润就会越大。从经营者的角度看，其进行负债决策时，更关注如何实现风险和收益的平衡。资产负债率较低表明财务风险较低，但同时也意味着可能没有充分发挥财务杠杆的作用，盈利能力也较低；而较高的资产负债率表明较大的财务风险和较高的盈利能力。只有当负债增加的收益能够涵盖其增加的风险时，经营者才能考虑借入负债。而在风险和收益实现平衡的条件下，是选择较高的负债水平还是较低的负债水平，则取决于经营者的风险偏好等多种因素。

对资产负债率进行分析时，应结合以下几个方面：

(1) 结合营业周期分析。营业周期短的企业，资产周转速度快，可以适当提高资产负债率。

(2) 结合资产构成分析。流动资产占的比率比较大的企业可以适当提高资产负债率。

(3) 结合企业经营状况分析。兴旺期间的企业可适当提高资产负债率。

(4) 结合客观经济环境分析。如利率和通货膨胀率水平。当利率提高时，会加大企业负债的实际利率水平，增加企业的偿债压力，这时企业应降低资产负债率。

(5) 结合资产质量和会计政策分析。

(6) 结合行业差异分析。不同行业资产负债率会有较大差异。例如，A股房地产业、零售业、医药制造业的平均资产负债率分别为64.2%、53.1%、30.6%，行业差异较为明显。

由表7-1可得，爱华公司的资产负债率为

$$年初资产负债率=\frac{4\ 170}{8\ 600}\times 100\%=48.49\%$$

$$年末资产负债率=\frac{5\ 470}{10\ 200}\times 100\%=53.63\%$$

爱华公司年初资产负债率为48.49%，年末资产负债率为53.63%，年末比年初有所上升，表明企业负债水平提高，但偿债能力强弱还需结合行业水平进一步分析。如果爱华公司所属的行业平均资产负债率为60%，说明尽管爱华公司资产负债率上升，财务风险有所加大，但相对于行业水平而言其财务风险仍然较低，长期偿债能力较强。企业仍有空间进一步提高负债水平，以发挥财务杠杆效应。

2. 产权比率

产权比率又称资本负债率，是负债总额与所有者权益之比，它是企业财务结构稳健与否的重要标志。其计算公式为

$$产权比率=\frac{负债总额}{所有者权益}\times 100\%$$

产权比率不仅反映了由债权人提供的资本与所有者提供的资本的相对关系，即企业财务结构是否稳定；而且反映了债权人资本受股东权益保障的程度，或者是企业清算时对债权人利益的保障程度。一般来说，这一比率越低，表明企业长期偿债能力越强，债权人权益保障程度越高。在分析时同样需要结合企业的具体情况加以分析，当企业的资产收益率大于负债利息率时，负债经营有利于提高资金收益率，获得额外的利润，这时的产权比率可适当高些。产权比率高，是高风险、高报酬的财务结构；产权比率低，是低风险、低收益的财务结构。

由表 7－1 可得，爱华公司的产权比率为

$$年初产权比率=\frac{4\ 170}{4\ 430}\times 100\%=94.13\%$$

$$年末产权比率=\frac{5\ 470}{4\ 730}\times 100\%=115.64\%$$

由计算可知，爱华公司年末的产权比率提高，表明年末该公司举债经营程度提高，财务风险有所加大。但其仍然低于行业水平，行业的产权比率是 150%(行业的资产负债率是 60%，因此产权比率是 60%÷40%＝1.5)。

产权比率与资产负债率对评价偿债能力的作用基本一致，只是资产负债率侧重于分析债务偿付安全性的物质保障程度，产权比率则侧重于揭示财务结构的稳健程度以及自有资金对偿债风险的承受能力。

3. 权益乘数

权益乘数是总资产与股东权益的比值。其计算公式为

$$权益乘数=\frac{总资产}{股东权益}$$

权益乘数表明股东每投入 1 元钱可实际拥有和控制的金额。企业在存在负债的情况下，权益乘数大于 1。企业负债比例越高，权益乘数越大。产权比率和权益乘数是资产负债率的另外两种表现形式，是常用的反映财务杠杆水平的指标。

由表 7－1 可得，爱华公司的权益乘数为

$$年初权益乘数=\frac{8\ 600}{4\ 430}=1.94$$

$$年末权益乘数=\frac{10\ 200}{4\ 730}=2.16$$

4. 利息保障倍数

利息保障倍数是指企业息税前利润与应付利息之比，又称已获利息倍数，用以衡量偿付借款利息的能力。其计算公式为

$$利息保障倍数=\frac{息税前利润}{应付利息}=\frac{净利润+利润表中的利息费用+所得税}{应付利息}$$

公式中的被除数“息税前利润”是指利润表中扣除利息费用和所得税前的利润。公式中的除数“应付利息”是指本期发生的全部应付利息，不仅包括财务费用中的利息费用，还应包括计入固定资产成本的资本化利息。资本化利息虽然不在利润表中扣除，但仍然是要偿还的。利息保障倍数主要是衡量企业支付利息的能力，没有足够大的息税前利润，利息的支付就会发生困难。

利息保障倍数反映支付利息的利润来源（息税前利润）与利息支出之间的关系，该比率越高，长期偿债能力越强。从长期看，利息保障倍数至少要大于1（国际公认标准为3），也就是说，息税前利润至少要大于应付利息，企业才具有偿还债务利息的可能性。如果利息保障倍数过低，企业将面临亏损、偿债的安全性与稳定性下降的风险。在短期内，利息保障倍数小于1也仍然具有利息支付能力，因为计算息税前利润时减去的一些折旧和摊销费用并不需要支付现金。但这种支付能力是暂时的，当企业需要重置资产时，势必发生支付困难。因此，在分析时需要比较企业连续多个会计年度（如5年）的利息保障倍数，以说明企业付息能力的稳定性。

根据表7-2，假定表中财务费用全部为利息费用，资本化利息为0，则爱华公司利息保障倍数为

$$\text{上年利息保障倍数}=\frac{1\,155+490}{490}=3.36$$

$$\text{本年利息保障倍数}=\frac{980+560}{560}=2.75$$

从以上计算结果看，爱华公司的利息保障倍数减少，利息支付能力有所下降，但盈利能力还能支付将近3期的利息，有一定的偿债能力；同时还需要与其他企业特别是本行业平均水平进行比较来分析评价。

（三）影响偿债能力的其他因素

1. 可动用的银行贷款指标或授信额度

当企业存在可动用的银行贷款指标或授信额度时，这些数据不在财务报表内反映，但其可以随时增加企业的支付能力，因此可以提高企业的偿债能力。

2. 资产质量

在财务报表内反映的资产金额为资产的账面价值，但由于财务会计的局限性，资产的账面价值与实际价值可能存在差异，如资产可能被高估或低估，一些资产无法进入到财务报表等。此外，资产的变现能力也会影响偿债能力，如果企业存在很快变现的长期资产，会增加企业的短期偿债能力。

3. 或有事项和承诺事项

如果企业存在债务担保或未决诉讼等或有事项，会增加企业的潜在偿债压力。同样各种承诺支付事项，也会加大企业偿债义务。

4. 经营租赁

企业存在经营租赁，意味着企业要在租赁期内分期支付租赁费用，也即有固定的、经常性的支付义务。但是经营租赁的负债未反映在资产负债表中，因此经营租赁作为一种表

外融资方式，会影响企业的偿债能力，特别是经营租赁期限较长、金额较大的情况。因此，当企业存在经营租赁时，应考虑租赁费用对偿债能力的影响。

二、营运能力分析

营运能力主要指资产运用、循环的效率。一般而言，资金周转速度越快，说明企业的资金管理水平越高，资金利用效率越高，企业可以以较少的投入获得较多的收益。因此，营运能力指标是通过投入与产出(主要指收入)之间的关系反映的。企业营运能力分析主要包括：流动资产营运能力分析、固定资产营运能力分析和总资产营运能力分析三个方面。

(一) 流动资产营运能力分析

反映流动资产营运能力的指标主要有应收账款周转率、存货周转率和流动资产周转率。

1. 应收账款周转率

应收账款在流动资产中有着举足轻重的地位，及时收回应收账款，不仅能增强企业的短期偿债能力，也反映出企业管理应收账款的效率。反映应收账款周转情况的比率有应收账款周转率(次数)和应收账款周转天数。

应收账款周转次数，是一定时期内商品或产品营业收入与应收账款平均余额的比值，表明一定时期内应收账款平均收回的次数。其计算公式为

$$\text{应收账款周转次数}=\frac{\text{营业收入}}{\text{应收账款平均余额}}=\frac{\text{营业收入}}{\dfrac{\text{期初应收账款}+\text{期末应收账款}}{2}}$$

应收账款周转天数指应收账款周转一次(从销售开始到收回现金)所需要的时间，其计算公式为

$$\text{应收账款周转天数}=\frac{\text{计算期天数}}{\text{应收账款周转次数}}=\text{计算期天数}\times\frac{\text{应收账款平均余额}}{\text{营业收入}}$$

通常，应收账款周转次数越高(或周转天数越短)表明应收账款管理效率越高。

在计算和使用应收账款周转率指标时应注意以下问题。

(1) 营业收入指扣除销售折扣和折让后的销售净额。从理论上讲，应收账款是由赊销引起的，其对应的收入应为赊销收入，而非全部营业收入。但是赊销数据难以取得，且可以假设现金销售是收账时间为零的应收账款，因此只要保持计算口径的历史一致性，使用销售净额也不会影响分析。营业收入数据使用利润表中的“营业收入”。

(2) 应收账款包括会计报表中“应收票据”及“应收账款”等全部赊销账款在内，因为应收票据是销售形成的应收款项的另一种形式。

(3) 应收账款应为未扣除坏账准备的金额。应收账款在财务报表上按净额列示，计提坏账准备会使财务报表上列示的应收账款金额减少，而营业收入不变。其结果是，计提坏账准备越多，应收账款周转率越高、周转天数越少，对应收账款实际管理欠佳的企业反而会得出应收账款周转情况更好的错误结论。

(4) 应收账款期末余额的可靠性问题。应收账款是特定时点的存量，容易受季节性、偶然性和人为因素的影响。在用应收账款周转率进行业绩评价时，最好使用多个时点的平均

数，以减少这些因素的影响。

应收账款周转率反映了企业应收账款周转速度的快慢及应收账款管理效率的高低。在一定时期内周转次数多(或周转天数少)表明：

(1) 企业收账迅速，信用销售管理严格。

(2) 应收账款流动性强，从而增强企业短期偿债能力。

(3) 可以减少收账费用和坏账损失，相对增加企业流动资产的投资收益。

通过比较应收账款周转天数及企业信用期限，可评价客户的信用程度，调整企业信用政策。

由表 7－1、表 7－2 可知，爱华公司 2021 年度营业收入为 15 010 万元，2021 年应收账款、应收票据年末数分别为 2 000 万元和 50 万元，年初数分别为 1 005 万元和 65 万元，假设年初、年末坏账准备均为 0。则 2021 年该公司应收账款周转率指标计算如下：

$$应收账款周转次数=\frac{15010}{(2000+50+1005+65)\times 2}=9.62(次)$$

$$应收账款周转天数=\frac{360}{9.62}=37(天)$$

运用应收账款周转率指标评价企业应收账款管理效率时，应将计算出的指标与该企业前期、与行业平均水平或其他类似企业相比较来进行判断。

2. 存货周转率

在流动资产中，存货所占比重较大，存货的流动性将直接影响企业的流动比率。存货周转率的分析同样可以通过存货周转次数和存货周转天数反映。

存货周转率(次数)是指一定时期内企业营业成本与存货平均资金占用额的比率，是衡量和评价企业购入存货、投入生产、销售收回等各环节管理效率的综合性指标。其计算公式为

$$存货周转次数=\frac{营业成本}{存货平均余额}$$

$$存货平均余额=\frac{期初存货+期末存货}{2}$$

式中，营业成本为利润表中“营业成本”的数值。

存货周转天数是指存货周转一次(即从存货取得到存货销售)所需要的时间。计算公式为

$$存货周转天数=\frac{计算期天数}{存货周转次数}=计算期天数\times\frac{存货平均余额}{营业成本}$$

根据表 7－1、表 7－2 可知，爱华公司 2021 年度营业成本为 13 230 万元，期初存货为 1 640 万元，期末存货为 605 万元，该公司存货周转率指标为

$$存货周转次数=\frac{13\ 230}{\frac{1\ 640+605}{2}}=11.79(次)$$

$$存货周转天数=\frac{360}{11.79}=30.53(天)$$

一般来讲，存货周转速度越快，存货占用水平越低，流动性越强，存货转化为现金或应

收账款的速度就越快，这样会增强企业的短期偿债能力及盈利能力。通过存货周转速度分析，有利于找出存货管理中存在的问题，尽可能地降低资金占用水平。在具体分析时，应注意以下几点：

（1）存货周转率的高低与企业的经营特点有密切联系，应注意行业的可比性。例如，A股零售业公司的平均存货周转次数大概为 11.15 次，而房地产公司的平均存货周转次数仅为 1.34 次左右。

（2）存货周转率反映的是存货整体的周转情况，不能说明企业经营各环节的存货周转情况和管理水平。

（3）应结合应收账款周转情况和信用政策进行分析。

3. 流动资产周转率

流动资产周转率是反映企业流动资产周转速度的指标。流动资产周转率(次数)是一定时期企业收入净额与企业流动资产平均占用额之间的比率。其计算公式为

$$\text{流动资产周转次数}=\frac{\text{营业收入}}{\text{流动资产平均余额}}$$

$$\text{流动资产周转天数}=\frac{\text{计算期天数}}{\text{流动资产周转次数}}=\text{计算期天数}\times\frac{\text{流动资产平均余额}}{\text{营业收入净额}}$$

$$\text{流动资产平均余额}=\frac{\text{期初流动资产}+\text{期末流动资产}}{2}$$

在一定时期内，流动资产周转次数越多，表明以相同的流动资产完成的周转额越多，流动资产利用效果越好。流动资产周转天数越少，表明流动资产在经历生产销售各阶段所占用的时间越短，可相对节约流动资产，增强企业的盈利能力。

由表 7-1、表 7-2 可知，爱华公司 2021 年营业收入为 15 010 万元，2021 年流动资产期初数为 3 130 万元，期末数为 3 590 万元，则该公司流动资产周转指标计算如下：

$$\text{流动资产周转次数}=\frac{15\ 010}{\frac{3\ 130+3\ 590}{2}}=4.47(\text{次})$$

$$\text{流动资产周转天数}=\frac{360}{4.47}=80.53(\text{天})$$

（二）固定资产营运能力分析

反映固定资产营运能力的指标为固定资产周转率(次数)。固定资产周转率是指企业年营业收入与固定资产平均额的比率。它是反映企业固定资产周转情况，从而衡量固定资产利用效率的一项指标。其计算公式为

$$\text{固定资产周转率}=\frac{\text{营业收入}}{\text{平均固定资产}}$$

$$\text{平均固定资产}=\frac{\text{期初固定资产}+\text{期末固定资产}}{2}$$

固定资产周转率高(即一定时期内固定资产周转次数多)，说明企业固定资产投资得当，结构合理，利用效率高；反之，如果固定资产周转率不高，则表明固定资产利用效率不高，提供的生产成果不多，企业的营运能力不强。

由表7-1、表7-2可知，爱华公司2020年、2021年的营业收入分别为14 260万元、15 010万元，2021年初固定资产为4 775万元，2021年末固定资产为6 190万元。假设2020年初固定资产为4 000万元，则固定资产周转率计算如下：

$$2020\text{年固定资产周转率}=\frac{14\ 260}{\frac{4\ 000+4\ 775}{2}}=3.25(\text{次})$$

$$2021\text{年固定资产周转率}=\frac{15\ 010}{\frac{4\ 775+6\ 190}{2}}=2.74(\text{次})$$

通过以上计算可知，爱华公司2021年固定资产周转率为2.74次，2020年固定资产周转率为3.25次，说明2021年度周转速度要比上年慢。其主要原因在于固定资产增长幅度要大于营业收入增长幅度，说明企业营运能力有所减弱，这种减弱幅度是否合理，还要视公司目标及同行业水平的比较而定。

（三）总资产营运能力分析

反映总资产营运能力的指标是总资产周转率(次数)。总资产周转率是企业营业收入与企业平均总资产的比率。计算公式为

$$\text{总资产周转次数}=\frac{\text{营业收入}}{\text{平均总资产}}$$

如果企业各期资产总额比较稳定，波动不大，则

$$\text{平均总资产}=\frac{\text{期初总资产}+\text{期末总资产}}{2}$$

如果资金占用的波动性较大，企业应采用更详细的资料进行计算，如按照各月份的资金占用额计算，则

$$\text{月平均总资产}=\frac{\text{月初总资产}+\text{月末总资产}}{2}$$

$$\text{季平均占用额}=\frac{\frac{\text{季初}}{2}+\text{第一月末}+\text{第二月末}+\frac{\text{季末}}{2}}{3}$$

$$\text{年平均占用额}=\frac{\frac{\text{年初}}{2}+\text{第一季度末}+\text{第二季度末}+\text{第三季度末}+\frac{\text{年末}}{2}}{4}$$

计算总资产周转率时分子分母在时间上应保持一致。

总资产周转率用来衡量企业资产整体的使用效率。总资产由各项资产组成，在营业收入既定的情况下，总资产周转率的驱动因素是各项资产。因此，对总资产周转情况的分析应结合各项资产的周转情况，以发现影响企业资产周转的主要因素。

由表7-1、表7-2可知，2020年爱华公司营业收入为14 260万元，2021年为15 010万元，2021年初资产总额为8 600万元，2021年末为10 200万元。假设2020年初资产总额为7 800万元，则该公司2020年、2021年总资产周转率计算如下：

$$2020\text{年总资产周转率}=\frac{14\ 260}{\frac{7\ 800+8\ 600}{2}}=1.74(\text{次})$$

$$2021\text{年总资产周转率}=\frac{15\ 010}{\frac{8\ 600+1\ 0200}{2}}=1.60(\text{次})$$

从以上计算可知，爱华公司2021年总资产周转速度比上年减慢，这与前面计算分析得出的固定资产周转速度减慢结论一致。该公司应扩大销售额，处理闲置资产，以提高资产使用效率。

总之，各项资产的周转率指标用于衡量各项资产赚取收入的能力，经常与企业盈利能力的指标结合在一起，以全面评价企业的盈利能力。

三、盈利能力分析

不论是投资人、债权人还是经理人员，都会非常重视和关心企业的盈利能力。盈利能力是企业获取利润、实现资金增值的能力。因此，盈利能力指标主要通过收入与利润之间的关系、资产与利润之间的关系反映。反映企业盈利能力的指标主要有营业毛利率、营业净利率、总资产净利率和净资产收益率。

（一）营业毛利率

营业毛利率是指营业毛利与营业收入之比，其计算公式如下：

$$\text{营业毛利率}=\frac{\text{营业毛利}}{\text{营业收入}}\times 100\%$$

$$\text{营业毛利}=\text{营业收入}-\text{营业成本}$$

营业毛利率反映产品每1元营业收入所包含的毛利润是多少，即营业收入扣除营业成本后还有多少剩余可用于弥补各期费用和形成利润。营业毛利率越高，表明产品的盈利能力越强。将营业毛利率与行业水平进行比较，可以反映企业产品的市场竞争地位。那些营业毛利率高于行业水平的企业意味着实现一定的收入占用了更少的成本，表明它们在资源、技术或劳动生产率方面具有竞争优势。而那些营业毛利率低于行业水平的企业则意味着在行业中处于竞争劣势。此外，将不同行业的营业毛利率进行横向比较，也可以说明行业间盈利能力的差异。

根据表7-2，可计算爱华公司营业毛利率如下：

$$2020\text{年营业毛利率}=\frac{14\ 260-12\ 525}{14\ 260}\times 100\%=12.17\%$$

$$2021\text{年营业毛利率}=\frac{15\ 010-13\ 230}{415\ 010}\times 100\%=11.86\%$$

（二）营业净利率

营业净利率是净利润与营业收入之比，其计算公式为

$$\text{营业净利率}=\frac{\text{净利润}}{\text{营业收入}}\times 100\%$$

营业净利率反映每1元营业收入最终赚取了多少利润，用于反映产品最终的盈利能力。在利润表上，从营业收入到净利润需要扣除营业成本、期间费用、税金等项目。因此，将营业净利率按利润的扣除项目进行分解可以识别影响营业净利率的主要因素。根据表7-2，可计

算营业净利率如下：

$$2020\text{ 年营业净利率}=\frac{770}{14\ 260}\times 100\%=5.40\%$$

$$2021\text{ 年营业净利率}=\frac{650}{15\ 010}\times 100\%=4.33\%$$

从上述计算分析可以看出，爱华公司 2021 年各项营业利润率指标均比上年有所下降。说明企业盈利能力有所下降。企业应查明原因，采取相应措施，提高盈利水平。

（三）总资产净利率

总资产净利率指净利润与平均总资产的比率，反映每 1 元资产创造的净利润。其计算公式为

$$\text{总资产净利率}=\frac{\text{净利润}}{\text{平均总资产}}\times 100\%$$

总资产净利率衡量的是企业资产的盈利能力。总资产净利率越高，表明企业资产的利用效果越好。影响总资产净利率的因素是营业净利率和总资产周转率。

$$\begin{aligned}\text{总资产净利率}&=\frac{\text{净利润}}{\text{平均总资产}}=\frac{\text{净利润}}{\text{营业收入}}\times\frac{\text{营业收入}}{\text{平均总资产}}\\&=\text{营业净利率}\times\text{总资产周转率}\end{aligned}$$

因此，企业可以通过提高营业净利率、加速资产周转来提高总资产净利率。

根据表 7－1、表 7－2 可知，爱华公司 2020 年净利润为 770 万元，年末总资产为 8 600 万元；2021 年净利润为 650 万元，年末总资产为 10 200 万元。假设 2020 年年初总资产为 7 800 万元，则爱华公司总资产净利率计算如下：

$$2020\text{ 年总资产净利率}=\frac{770}{\frac{7\ 800+8\ 600}{2}}\times 100\%=9.39\%$$

$$2021\text{ 年总资产净利率}=\frac{650}{\frac{10\ 200+8\ 600}{2}}\times 100\%=6.91\%$$

由以上计算结果可知，总资产净利率下降明显，表明企业盈利能力减弱。结合前面计算的营业净利率和总资产周转率发现，营业净利率和资产周转率均下降是总资产净利率下降的原因，表明企业产品的盈利能力和资产运用效率均存在问题。企业应进一步分析产品盈利能力和资产周转能力下降的原因，通过提高营业净利率和资产周转率改善企业整体盈利水平。

（四）净资产收益率

净资产收益率又称权益净利率或权益报酬率，是净利润与平均所有者权益的比值，表示每 1 元权益资本赚取的净利润，反映权益资本经营的盈利能力。其计算公式为

$$\text{净资产收益率}=\frac{\text{净利润}}{\text{平均所有者权益}}\times 100\%$$

该指标是企业盈利能力指标的核心，也是杜邦财务指标体系的核心，更是投资者关注

的重点。一般来说，净资产收益率越高，所有者和债权人的利益保障程度越高。如果企业的净资产收益率在一段时期内持续增长，说明权益资本盈利能力稳定上升。但净资产收益率不是一个越高越好的概念，分析时要注意企业的财务风险。

$$净资产收益率=\frac{净利润}{平均净资产}=\frac{净利润}{平均总资产}\times\frac{平均总资产}{平均净资产}$$

$$=资产净利率\times权益乘数$$

通过对净资产收益率的分解可以发现，改善资产盈利能力和增加企业负债都可以提高净资产收益率。而如果不改善资产盈利能力，单纯通过加大举债力度提高权益乘数进而提高净资产收益率的做法则十分危险。因为，企业负债经营的前提是有足够的盈利能力保障偿还债务本息，单纯增加负债对净资产收益率的改善只具有短期效应，最终将因盈利能力无法涵盖增加的财务风险而使企业面临财务困境。因此，只有企业净资产收益率上升的同时财务风险没有明显加大，才能说明企业财务状况良好。

例如，某公司 2020 年、2021 年的净资产收益率分别为 30.2％和 32.2％，分析发现这 2％的增长主要是因为资产净利率从 21.55％上升到 23.67％，而权益乘数从 1.4 降到了 1.36，可见其 2021 年的财务状况较好。

根据表 7－1、表 7－2 可知，爱华公司 2020 年净利润为 770 万元，年末所有者权益为 4 430 万元；2021 年净利润为 650 万元，年末所有者权益为 4 730 万元。假设 2020 年初所有者权益为 4 000 万元，则爱华公司净资产收益率为

$$2020\text{ 年净资产收益率}=\frac{770}{\frac{4\ 000+4\ 430}{2}}\times100\%=18.27\%$$

$$2021\text{ 年净资产收益率}=\frac{650}{\frac{4\ 430+4\ 730}{2}}\times100\%=14.19\%$$

由于该公司所有者权益的增长快于净利润的增长，2021 年净资产收益率要比上年低了 4 个多百分点，说明权益资本的盈利能力明显降低。由前面的计算结果可以发现，企业权益乘数有所增加，但由于资产盈利能力下降较快导致了净资产收益率的下降。因此，爱华公司盈利水平下降的同时面临的财务风险加大。企业应尽快改善盈利能力，通过提高产品竞争能力、加快资产周转同时控制财务风险，以改善企业所面临的问题。

四、发展能力分析

衡量企业发展能力的指标主要有：营业收入增长率、总资产增长率、营业利润增长率、资本保值增值率和所有者权益增长率等。

（一）营业收入增长率

该指标反映的是相对化的营业收入增长情况，是衡量企业经营状况和市场占有能力、预测企业经营业务拓展趋势的重要指标。在实际分析时应考虑企业历年的销售水平、市场占有情况、行业未来发展及其他影响企业发展的潜在因素，或结合企业前三年的营业收入增长率进行趋势性分析判断。其计算公式为

$$营业收入增长率=\frac{本年营业收入增长额}{上年营业收入}\times 100\%$$

本年营业收入增长额=本年营业收入－上年营业收入

计算过程中，营业收入可以使用利润表中的“营业收入”数据。营业收入增长率大于零，表明企业本年营业收入有所增长。营业收入增长率值越高，表明企业营业收入的增长速度越快，企业的市场前景越好。

根据表 7－2 可知，爱华公司 2020 年营业收入为 14 260 万元，2021 年营业收入为 15 010 万元，则爱华公司营业收入增长率为

$$2021年营业收入增长率=\frac{15\,010-14\,260}{14\,260}\times 100\%=5.26\%$$

（二）总资产增长率

总资产增长率是指企业本年资产增长额同年初资产总额的比率，反映企业本期资产规模的增长情况。其计算公式为

$$总资产增长率=\frac{本年资产增长额}{年初资产总额}\times 100\%$$

本年资产增长额=年末资产总额－年初资产总额

总资产增长率越高，表明企业一定时期内资产经营规模扩张的速度越快。但在分析时，需要关注资产规模扩张的质和量的关系，以及企业的后续发展能力，避免盲目扩张。

根据表 7－1 可知，爱华公司 2020 年初资产总额为 8 600 万元，2021 年末资产总额为 10 200 万元，则爱华公司总资产增长率为

$$2021年总资产增长率=\frac{10\,200-8\,600}{8\,600}\times 100\%=18.60\%$$

（三）营业利润增长率

营业利润增长率是指企业本年营业利润增长额与上年营业利润总额的比率，反映企业营业利润的增减变动情况。其计算公式为

$$营业利润增长率=\frac{本年营业利润增长额}{上年营业利润总额}\times 100\%$$

本年营业利润增长额=本年营业利润－上年营业利润

根据表 7－2 可知，爱华公司 2020 年营业利润为 1 095 万元，2021 年营业利润为 1 030 万元，则爱华公司营业利润增长率为

$$2021年营业利润增长率=\frac{1\,030-1\,095}{1\,095}\times 100\%=-5.94\%$$

（四）资本保值增值率

资本保值增值率是指扣除客观因素影响后的所有者权益的期末总额与期初总额之比。其计算公式为

$$资本保值增值率=\frac{扣除客观因素影响后的期末所有者权益}{期初所有者权益}\times 100\%$$

在其他因素不变的情况下，如果企业本期净利润大于0，并且利润留存率大于0，则必然会使期末所有者权益大于期初所有者权益，所以该指标也是衡量企业盈利能力的重要指标。这一指标的高低，除了受企业经营成果的影响外，还受企业利润分配政策的影响。

根据前面净资产收益率的有关资料，爱华公司资本保值增值率计算如下：

$$2020\text{ 年资本保值增值率}=\frac{4\ 430}{4\ 000}\times 100\%=111\%$$

$$2021\text{ 年资本保值增值率}=\frac{4\ 730}{4\ 430}\times 100\%=107\%$$

可见，该公司2021年资本保值增值率比上年有所降低。

（五）所有者权益增长率

所有者权益增长率是指企业本年所有者权益增长额与年初所有者权益的比率，反映企业当年资本的积累能力。其计算公式为：

$$\text{所有者权益增长率}=\frac{\text{本年所有者权益增长额}}{\text{年初所有者权益}}\times 100\%$$

$$\text{本年所有者权益增长额}=\text{年末所有者权益}-\text{年初所有者权益}$$

所有者权益增长率越高，表明企业的资本积累越多，应对风险、持续发展的能力越强。

根据表7-1可知，爱华公司2021年初所有者权益为4 430万元，2021年末所有者权益为4 730万元。则爱华公司所有者权益增长率为

$$2021\text{ 年所有者权益增长率}=\frac{4\ 730-4\ 430}{4\ 430}\times 100\%=6.77\%$$

五、现金流量分析

现金流量分析一般包括现金流量的结构分析、流动性分析、获取现金能力分析、财务弹性分析及收益质量分析。这里主要以A公司为例，从获取现金能力及收益质量方面介绍现金流量比率。

（一）获取现金能力的分析

获取现金的能力可通过经营活动现金流量净额与投入资源之比来反映。投入资源可以是营业收入、资产总额、营运资金、净资产或普通股股数等。

1. 营业现金比率

营业现金比率是指企业经营活动现金流量净额与企业营业收入的比值。其计算公式为

$$\text{营业现金比率}=\frac{\text{经营活动现金流量净额}}{\text{营业收入}}$$

如果A公司营业收入为15 010万元，经营活动现金流量净额为5 857.5万元，则

$$\text{营业现金比率}=\frac{5\ 857.5}{15\ 010}=0.39$$

该比率反映每1元营业收入得到的经营活动现金流量净额，其数值越大越好。

2. 每股营业现金净流量

每股营业现金净流量是通过企业经营活动现金流量净额与普通股股数之比来反映的。其计算公式为

$$每股营业现金净流量=\frac{经营活动现金流量净额}{普通股股数}$$

假设A公司有普通股50 000万股，则

$$每股营业现金净流量=\frac{5\ 857.5}{50\ 000}=0.12(元/股)$$

该指标反映企业最大的分派股利能力，超过此限度，可能就要借款分红。

3. 全部资产现金回收率

全部资产现金回收率是通过企业经营活动现金流量净额与企业平均总资产之比来反映的，它说明企业全部资产产生现金的能力。其计算公式为

$$全部资产现金回收率=\frac{经营活动现金流量净额}{平均总资产}\times100\%$$

假设A公司平均总资产为86 000万元，则

$$全部资产现金回收率=\frac{5\ 857.5}{86\ 000}\times100\%=6.81\%$$

如果同行业平均全部资产现金回收率为7%，说明A公司资产产生现金的能力较弱。

（二）收益质量分析

收益质量是指会计收益与公司业绩之间的相关性。如果会计收益能如实反映公司业绩，则其收益质量高；反之，则收益质量不高。收益质量分析，主要包括净收益营运指数分析与现金营运指数分析。

1. 净收益营运指数

净收益营运指数是指经营净收益与净利润之比，其计算公式为

$$净收益营运指数=\frac{经营净收益}{净利润}$$

$$经营净收益=净利润-非经营净收益$$

假设A公司有关现金流量补充资料如表7-4所示。

表7-4 A公司现金流量补充资料 单位：万元

将净利润调整为经营活动现金流量	金额	说　明
净利润	3 578.5	
加：计提的资产减值准备	14.5	非付现费用共4 034.5万元，少提取这类费用，可增加会计收益却不会增加现金流入，会使收益质量下降
固定资产折旧	1 510	
无形资产摊销	1 000	
长期待摊费用摊销	1 510	

续表

将净利润调整为经营活动现金流量	金额	说　明
处置固定资产损失(减收益)	−760	非经营净收益 594.5 万元，不代表正常的收益能力
固定资产报废损失	305.5	
财务费用	332.5	
投资损失(减收益)	−472.5	
递延所得税资产减少(减增加)	0	
存货减少(减增加)	89.5	经营资产净增加 655.5 万元，如收益不变而现金减少，收益质量下降
经营性应收项目减少(减增加)	−745	
经营性应付项目增加(减减少)	−800.5	无息负债净减少 505.5 万元，收益不变而现金减少，收益质量下降
其他	295	
经营活动产生的现金流量净额	5 857.5	

根据表 7-3，A 公司净收益营运指数计算如下：

$$经营净收益=3\ 578.5-594.5=2\ 984(万元)$$

$$净收益营运指数=\frac{2\ 984}{3\ 578.5}=0.83$$

净收益营运指数越小，非经营收益所占比重越大，收益质量越差；因为非经营收益不反映公司的核心能力及正常的收益能力，可持续性较低。

2. 现金营运指数

现金营运指数是指企业经营活动现金流量净额与企业经营所得现金的比值，其计算公式为

$$现金营运指数=\frac{经营活动现金流量净额}{经营所得现金}$$

公式中，经营所得现金是经营净收益与非付现费用之和。

根据表 7-3，A 公司现金营运指数计算如下：

$$经营所得现金=经营净收益+非付现费用=2\ 984+4\ 034.5=7\ 018.5(万元)$$

$$现金营运指数=\frac{5\ 857.5}{7\ 018.5}=0.83$$

现金营运指数小于 1，说明收益质量不够好。A 公司每 1 元的经营活动收益，只收回约 0.83 元。首先，现金营运指数小于 1，说明一部分收益尚未取得现金，停留在实物或债权形态，而实物或债权资产的风险大于现金，应收账款不一定能足额变现，存货也有贬值的风险，所以未收现的收益质量低于已收现的收益质量。其次，现金营运指数小于 1，说明营运资金增加了，反映企业为取得同样的收益占用了更多的营运资金，取得收益的代价增加了，同样的收益代表着较差的业绩。

第二节 上市公司财务分析

一、上市公司特殊财务分析指标

（一）每股收益

每股收益是综合反映企业盈利能力的重要指标，可以用来判断和评价管理层的经营业绩。每股收益概念包括基本每股收益和稀释每股收益。

1. 基本每股收益

基本每股收益的计算公式为

$$\text{基本每股收益}=\frac{\text{归属于公司普通股股东的净利润}}{\text{发行在外的普通股加权平均数}}$$

其中

$$\text{发行在外的普通股加权平均数}=\text{期初发行在外普通股股数}+\text{当期新发普通股股数}\times\frac{\text{已发行时间}}{\text{报告期时间}}-\text{当期回购普通股股数}\times\frac{\text{已回购时间}}{\text{报告期时间}}$$

例 7-1 某上市公司 2021 年度归属于普通股股东的净利润为 25 000 万元。2020 年末的股数为 8 000 万股，2021 年 2 月 8 日，经公司 2020 年度股东大会决议，以截至 2020 年末公司总股数为基础，向全体股东每 10 股送红股 10 股，工商注册登记变更完成后公司总股数变为 16 000 万股。2021 年 11 月 29 日发行新股 6 000 万股。

$$\text{基本每股收益}=\frac{25\ 000}{\dfrac{8\ 000+8\ 000+6\ 000}{12}}=1.52(\text{元/股})$$

在上面计算中，公司 2020 年度分配 10 送 10 导致股数增加 8 000 万股，由于送红股是将公司以前年度的未分配利润转为普通股，转化与否都一直作为资本使用，因此新增的这 8 000 万股不需要按照实际增加的月份加权计算，可以直接计入分母；而公司发行新股 6 000 万股，这部分股份由于在 11 月底增加，对全年的利润贡献只有 1 个月，因此应该按照 1/12 的权数进行加权计算。

2. 稀释每股收益

企业存在稀释性潜在普通股的，应当计算稀释每股收益。稀释性潜在普通股指假设当期转换为普通股会减少每股收益的潜在普通股。潜在普通股主要包括可转换公司债券、认股权证和股份期权等。

（1）可转换公司债券。对于可转换公司债券，计算稀释每股收益时，分子的调整项目为可转换公司债券当期已确认为费用的利息等的税后影响额；分母的调整项目为假定可转换公司债券当期期初或发行日转换为普通股股数的加权平均数。

（2）认股权证和股份期权。认股权证、股份期权等的行权价格低于当期普通股平均市场价格时，应当考虑其稀释性。

计算稀释每股收益时，作为分子的净利润金额一般不变；分母的调整项目为增加的普通股股数，同时还应考虑时间权数。

$$\text{认股权证或股份期权行权增加的普通股股数}=\text{行权认购的股数}\times\left(1-\frac{\text{行权价格}}{\text{普通股平均市价}}\right)$$

行权价格和拟行权时转换的普通股股数，按照有关认股权证合同和股份期权合约确定。公式中的普通股平均市场价格，通常按照每周或每月具有代表性的股票交易价格进行简单算术平均计算。在股票价格比较平稳的情况下，可以采用每周或每月股票的收盘价作为代表性价格；在股票价格波动较大的情况下，可以采用每周或每月股票最高价与最低价的平均值作为代表性价格。无论采用何种方法计算平均市场价格，一经确定，不得随意变更，除非有确凿证据表明原计算方法不再适用。当期发行认股权证或股份期权的，普通股平均市场价格应当自认股权证或股份期权的发行日起计算。

例 7-2 某上市公司 2021 年 7 月 1 日按面值发行年利率 3%的可转换公司债券，面值 10 000 万元，期限为 5 年，利息每年末支付一次，发行结束一年后可以转换股票，转换价格为每股 5 元，即每 100 元债券可转换为 1 元面值的普通股 20 股。2021 年该公司归属于普通股股东的净利润为 30 000 万元，2021 年发行在外的普通股加权平均数为 40 000 万股，债券利息不符合资本化条件，直接计入当期损益，所得税税率为 25%。假设不考虑可转换公司债券在负债成分和权益成分之间的分拆，且债券票面利率等于实际利率。则稀释每股收益计算如下：

$$\text{基本每股收益}=\frac{30\ 000}{40\ 000}=0.75(\text{元})$$

$$\text{假设全部转股，所增加的净利润}=10\ 000\times3\%\times\frac{6}{12}\times(1-25\%)=112.5(\text{万元})$$

$$\text{假设全部转股，所增加的年加权平均普通股股数}=\frac{10\ 000}{100}\times20\times\frac{6}{12}=1\ 000(\text{万股})$$

$$\text{增量股的每股收益}=\frac{112.5}{1\ 000}=0.1125(\text{元})$$

增量股的每股收益小于原每股收益，可转换债券具有稀释作用。

$$\text{稀释每股收益}=\frac{30\ 000+112.5}{40\ 000+1\ 000}=0.73(\text{元})$$

在分析每股收益指标时，应注意企业利用回购的方式减少发行在外的普通股股数，使每股收益简单增加。另外，如果企业将盈利用于派发股票股利或配售股票，就会使企业流通在外的股票数量增加，这样将会大量稀释每股收益。在分析上市公司公布的信息时，投资者应注意区分公布的每股收益是按原始股股数还是按完全稀释后的股份计算。

对投资者来说，每股收益是一个综合性的盈利概念，在不同行业、不同规模的上市公司之间具有相当大的可比性，因而在各上市公司之间的业绩比较中被广泛应用。人们一般将每股收益视为企业能否成功地达到其利润目标的标准，也可以将其看成衡量一家企业管理效率、盈利能力的标准或者从中推断企业股利的来源。理论上，每股收益反映了投资者期望获得的最高股利收益，因而是衡量股票投资价值的重要指标。每股收益越高，表明投资价值越大；否则反之。但是每股收益多并不意味着每股股利多；此外每股收益不能反映股票的风险水平。

(二)每股股利

每股股利是企业股利总额与普通股股数的比值。其计算公式为

$$每股股利=\frac{现金股利总额}{期末发行在外的普通股股数}$$

例 7-3 某上市公司 2021 年度发放普通股股利 3 600 万元，年末发行在外的普通股股数为 12 000 万股。每股股利计算如下：

$$每股股利=\frac{3\ 600}{12\ 000}=0.3(元)$$

每股股利反映的是普通股股东每持有上市公司一股普通股获取的股利大小，是投资者股票投资收益的重要来源之一。由于净利润是股利分配的来源，因此每股股利的多少很大程度上取决于每股收益的多少。但上市公司每股股利发放多少，除了受上市公司盈利能力大小影响以外，还取决于企业的股利分配政策和投资机会。投资者使用每股股利分析上市公司的投资回报时，应比较连续几个期间的每股股利，以评估股利回报的稳定性并作出收益预期。

反映每股股利和每股收益之间关系的一个重要指标是股利发放率，即每股股利分配额与当期的每股收益之比。

$$股利发放率=\frac{每股股利}{每股收益}$$

股利发放率反映每 1 元净利润有多少用于普通股股东的现金股利发放，反映普通股股东的当期收益水平。借助该指标，投资者可以了解一家上市公司的股利发放政策。

(三)市盈率

市盈率是股票每股市价与每股收益的比率，反映普通股股东为获取 1 元净利润所愿意支付的股票价格。其计算公式为

$$市盈率=\frac{每股市价}{每股收益}$$

例 7-4 假定某上市公司 2021 年末股票每股市价为 30.4 元。则该公司 2021 年末市盈率计算如下：

$$市盈率=\frac{30.4}{1.52}=20(倍)$$

市盈率是股票市场上反映股票投资价值的重要指标，该比率的高低反映了市场上投资者对股票投资收益和投资风险的预期。一方面，市盈率越高，意味着投资者对股票的收益预期越看好，投资价值越大；反之，投资者对该股票评价越低。另一方面，市盈率越高，也说明获得一定的预期利润投资者需要支付更高的价格，因此投资该股票的风险也越大；市盈率越低，说明投资该股票的风险越小。

上市公司的市盈率是广大股票投资者进行中长期投资的重要决策指标。

1. 影响企业股票市盈率的因素

(1) 上市公司盈利能力的成长性。如果上市公司预期盈利能力不断提高，说明企业具

有较好的成长性，虽然目前市盈率较高，也值得投资者进行投资。

(2) 投资者获取收益的稳定性。如果上市公司经营效益良好且相对稳定，则投资者获取的收益也较高且稳定，投资者就愿意持有该企业的股票，则该企业的股票市盈率会由于众多投资者的普遍看好而相应提高。

(3) 市盈率也受到利率水平变动的影响。当市场利率水平变化时，市盈率也应作相应的调整。使用市盈率进行分析的前提是每股收益维持在一定水平之上，如果每股收益很小或接近亏损，但股票市价不会降至为零，会导致市盈率极高，此时很高的市盈率不能说明任何问题。此外，以市盈率衡量股票投资价值尽管具有市场公允性，但还存在一些缺陷：第一，股票价格的高低受很多因素影响，非理性因素的存在会使股票价格偏离其内在价值；第二，市盈率反映了投资者的投资预期，但由于市场不完全和信息不对称，投资者可能会对股票做出错误估计。因此，通常难以根据某一股票在某一时期的市盈率对其投资价值做出判断。应该进行不同期间以及同行业不同公司之间的比较或与行业平均市盈率进行比较，以判断股票的投资价值。

（四）每股净资产

每股净资产又称每股账面价值，是指企业期末普通股净资产与期末发行在外的普通股股数之间的比率。用公式表示为

$$每股净资产=\frac{期末普通股净资产}{期末发行在外的普通股股数}$$

$$期末普通股净资产=期末股东权益-期末优先股股东权益$$

例 7－5 某上市公司 2021 年末股东权益为 15 600 万元，全部为普通股，年末发行在外的普通股股数为 12 000 万股。则每股净资产计算如下：

$$每股净资产=\frac{15\ 600}{12\ 000}=1.3(元)$$

每股净资产显示了发行在外的每一普通股股份所能分配的企业账面净资产的价值。这里所说的账面净资产是指企业账面上的总资产减去负债后的余额，即股东权益总额。每股净资产指标反映了在会计期末每一股份在企业账面上到底值多少钱，它与股票面值、发行价格、每股市场价值乃至每股清算价值等往往有较大差距，是理论上股票的最低价值。

利用每股净资产指标进行横向和纵向对比，可以衡量上市公司股票的投资价值。如在企业性质相同、股票市价相近的条件下，某一企业股票的每股净资产越高，则企业发展潜力与其股票的投资价值越大，投资者所承担的投资风险越小。但是也不能一概而论，在市场投机气氛较浓的情况下，每股净资产指标往往不太受重视。投资者，特别是短线投资者注重股票市价的变动，有的企业股票市价低于其每股账面价值，投资者会认为这个企业没有前景，从而失去对该企业股票的兴趣；如果市价高于其账面价值，而且差距较大，投资者会认为企业前景良好、有潜力，因而甘愿承担较大的风险购进该企业股票。

（五）市净率

市净率是每股市价与每股净资产的比率，是投资者用以衡量、分析个股是否具有投资价值的工具之一。市净率的计算公式为

$$市净率=\frac{每股市价}{每股净资产}$$

例 7-6 某上市公司 2021 年末每股市价为 3.9 元，则该公司 2021 年末市净率计算如下：

$$市净率=\frac{3.9}{1.3}=3(倍)$$

净资产代表的是全体股东共同享有的权益，是股东拥有公司财产和公司投资价值最基本的体现。一般来说，市净率较低的股票，投资价值较高；反之，则投资价值较低。但有时较低的市净率反映的可能是投资者对公司前景的不良预期，而较高的市净率则相反。因此，在判断某只股票的投资价值时，还要综合考虑当时的市场环境以及公司经营情况、资产质量和盈利能力等因素。

二、管理层讨论与分析

管理层讨论与分析是上市公司定期报告中管理层对于本企业过去经营状况的评价分析以及对企业未来发展趋势的前瞻性判断，是对企业财务报表中所描述的财务状况和经营成果的解释，是对经营中的固有风险和不确定性的揭示，同时也是对企业未来发展前景的预期。

管理层讨论与分析是上市公司定期报告的重要组成部分。要求上市公司编制并披露管理层讨论与分析的目的在于，使公众投资者能够有机会了解管理层自身对企业财务状况与经营成果的分析评价，以及企业未来一定时期内的计划。这些信息在财务报表及附注中并没有得到充分揭示，对投资者的投资决策却非常重要。

管理层讨论与分析信息大多涉及"内部性"较强的定性型软信息，无法对其进行详细的强制规定和有效监控，因此，西方国家的披露原则是强制与自愿相结合，企业可以自主决定如何披露这类信息。我国也基本实行这种原则，如中期报告中的"管理层讨论与分析"部分以及年度报告中的"董事会报告"部分，都是规定某些管理层讨论与分析的信息必须披露，而另一些管理层讨论与分析的信息鼓励企业自愿披露。

上市公司"管理层讨论与分析"主要包括两部分：报告期间经营业绩变动的解释和企业未来发展的前瞻性信息。

1. 报告期间经营业绩变动的解释

（1）分析企业主营业务及其经营状况。

（2）概述企业报告期内总体经营情况，列示企业主营业务收入、主营业务利润、净利润的同比变动情况，说明引起变动的主要影响因素。企业应当对前期已披露的企业发展战略和经营计划的实现或实施情况、调整情况进行总结，若企业实际经营业绩较曾公开披露过的本年度盈利预测或经营计划低 10%以上或高 20%以上，应详细说明造成差异的原因。企业可以结合业务发展规模、经营区域、产品等情况，介绍与企业业务相关的宏观经济层面或外部经营环境的发展现状和变化趋势，以及企业的行业地位或区域市场地位，分析企业存在的主要优势和困难，分析企业经营和盈利能力的连续性和稳定性。

（3）说明报告期企业资产构成、销售费用、管理费用、财务费用、所得税等财务数据同比发生重大变动的情况及主要影响因素。

(4) 结合企业现金流量表相关数据，说明企业经营活动、投资活动和筹资活动产生的现金流量的构成情况；若相关数据发生重大变动，应当分析其主要影响因素。

(5) 企业可以根据实际情况对企业设备利用情况、订单的获取情况、产品的销售或积压情况、主要技术人员变动情况等与企业经营相关的重要信息进行讨论和分析。

(6) 企业主要控股及参股企业的经营情况及业绩分析。

2. 企业未来发展的前瞻性信息

(1) 企业应当结合经营回顾的情况，分析所处行业的发展趋势及企业面临的市场竞争格局。产生重大影响的，应给予管理层基本判断的说明。

(2) 企业应当向投资者提示管理层所关注的未来企业发展机遇和挑战，披露企业发展战略，以及拟开展的新业务、拟开发的新产品、拟投资的新项目等。若企业存在多种业务的，还应当说明各项业务的发展规划。同时，企业应当披露新年度的经营计划，包括但不限于收入、成本费用计划以及新年度的经营目标(如销售额的提升、市场份额的扩大、成本升降、研发计划等)，以及为达到上述经营目标拟采取的策略和行动。企业可以编制并披露新年度的盈利预测，该盈利预测必须经过具有证券期货相关业务资格的会计师事务所审计并发表意见。

(3) 企业应当披露为实现未来发展战略所需的资金需求及使用计划，以及资金来源情况，说明企业维持当前业务、完成在建投资项目的资金需求、未来重大的资本支出计划等，包括未来已知的资本支出承诺、合同安排、时间安排等；同时，对企业资金来源的安排、资金成本及使用情况进行说明。企业应当区分债务融资、表外融资、股权融资、衍生产品融资等项目对企业未来资金来源进行披露。

企业应当结合自身特点对所有风险因素(包括宏观政策风险、市场或业务经营风险、财务风险、技术风险等)进行风险揭示，披露的内容应当充分、准确、具体。同时企业可以根据实际情况，介绍针对风险已(或拟)采取的对策和措施，对策和措施应当内容具体，具备可操作性。

第三节 财务报表综合分析

财务分析的最终目的在于全面、准确、客观地揭示与披露企业财务状况和经营情况，并借以对企业经济效益优劣作出合理的评价。显然，要达到这样一个目的，仅仅测算几个简单、孤立的财务比率，或者将一些孤立的财务分析指标堆砌在一起，彼此毫无联系地考察，不可能得出合理、正确的综合性结论，有时甚至会得出错误的结论。因此，只有将企业偿债能力、营运能力、投资收益实现能力以及发展趋势等各项分析指标有机地联系起来，作为一套完整的体系，相互配合使用，作出系统的综合评价，才能从总体意义上把握企业财务状况和经营情况的优劣。

综合分析的意义在于能够全面、正确地评价企业的财务状况和经营成果，因为局部不能替代整体，某项指标的好坏不能说明整个企业经济效益的高低。除此之外，综合分析的结果在进行企业不同时期比较分析和不同企业之间比较分析时消除了时间和空间上的差异，更具有可比性，有利于总结经验、吸取教训、发现差距、赶超先进。进而，从整体上、本质上反映和把握企业生产经营的财务状况和经营成果。

企业财务报表综合分析的方法有很多，常用的方法主要有杜邦分析法、沃尔评分法等。

一、杜邦分析法

杜邦分析法又称杜邦财务分析体系，简称杜邦体系，是利用各主要财务比率指标间的内在联系，对企业财务状况及经济效益进行综合系统分析评价的方法。该体系以净资产收益率为起点，以总资产净利率和权益乘数为基础，重点揭示企业盈利能力及权益乘数对净资产收益率的影响，以及各相关指标间的相互影响和作用关系。因其最初由美国杜邦企业成功应用，故得名。

杜邦分析法将净资产收益率（权益净利率）分解为如图 7－1 所示的体系。

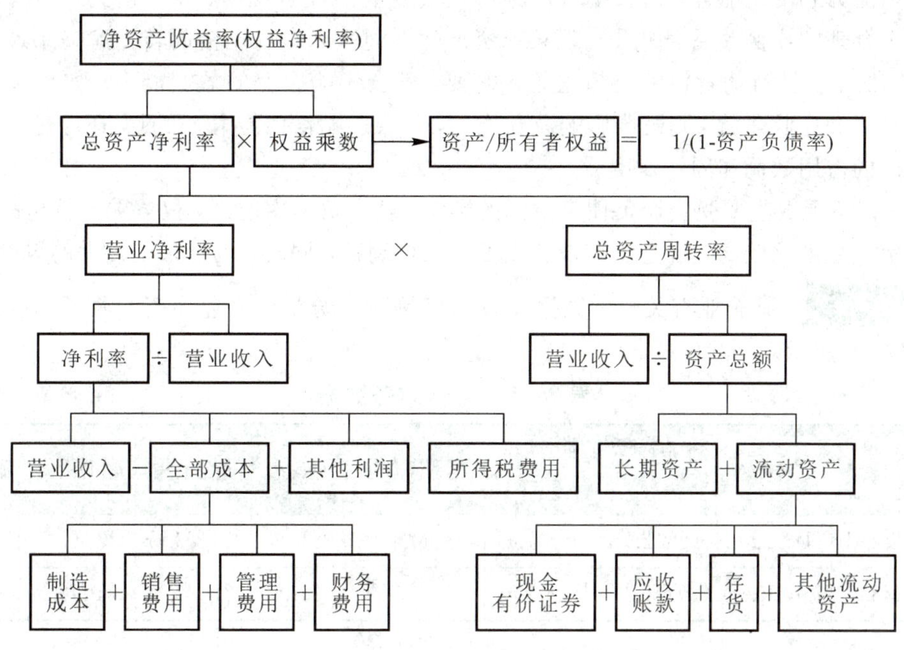

图 7－1　杜邦分析法

其分析关系式为

净资产收益率＝营业净利率×总资产周转率×权益乘数

运用杜邦分析法需要抓住以下几点：

（1）净资产收益率是一个综合性最强的财务分析指标，是杜邦分析体系的起点。财务管理的目标之一是使股东财富最大化，净资产收益率反映了企业所有者投入资本的盈利能力，说明了企业筹资、投资、资产营运等各项财务及其管理活动的效率，而不断提高净资产收益率是使所有者权益最大化的基本保证。所以，净资产收益率指标是企业所有者、经营者都十分关心的。而净资产收益率高低的决定因素主要有三个，即营业净利率、总资产周转率和权益乘数。这样，在进行分解之后，就可以将净资产收益率这一综合性指标发生升降变化的原因具体化，因此比只用一项综合性指标更能说明问题。

（2）营业净利率反映了企业净利润与营业收入的关系，它的高低取决于营业收入与成本总额的高低。要想提高营业净利率，一是要扩大营业收入，二是要降低成本费用。扩大营业收入既有利于提高营业净利率，又有利于提高总资产周转率。降低成本费用是提高营业净利率的一个重要因素，从杜邦分析图可以看出成本费用的基本结构是否合理，从而找出降低成本费用的途径和加强成本费用控制的办法。如果企业财务费用支出过高，就要进一步分析其负债比率是否过高；如果企业管理费用过高，就要进一步分析其资产周转情况等。从杜邦分析图还可以看出，提高营业净利率的另一途径是提高其他利润。为了详细地了解企业成本费用的发生情况，在具体列示成本总额时，还可根据重要性原则，将那些影响较大的费用单独列示，以便为寻求降低成本的途径提供依据。

(3) 影响总资产周转率的一个重要因素是资产总额。资产总额由流动资产与长期资产组成，它们的结构合理与否将直接影响资产的周转速度。一般来说，流动资产直接体现企业的偿债能力和变现能力，而长期资产则体现了企业的经营规模、发展潜力，两者之间应该有一个合理的比例关系。如果发现某项资产比重过大，影响资金周转，就应深入分析其原因，例如企业持有的货币资金超过业务需要，就会影响企业的盈利能力；如果企业占有过多的存货和应收账款，则既会影响盈利能力，又会影响偿债能力。因此，还应进一步分析各项资产的占用数额和周转速度。

(4) 权益乘数主要受资产负债率指标的影响。资产负债率越高，权益乘数就越高，说明企业的负债程度比较高，给企业带来了较多的杠杆利益，同时，也带来了较大的风险。

例 7－7 某企业有关财务数据如表 7－5 所示。分析该企业净资产收益率变化的原因如表 7－6 所示。

表 7－5 基本财务数据

单位：万元

年度	净利润	营业收入	平均资产总额	平均负债总额	全部成本	制造成本	销售费用	管理费用	财务费用
2020	10 284.04	411 224.01	306 222.94	205 677.07	403 967.43	373 534.53	10 203.05	18 667.77	1 562.08
2021	12 653.92	757 613.81	330 580.21	215 659.54	736 747.24	684 261.91	21 740.96	25 718.20	5 026.17

表 7－6 财务比率

项　目	2020 年度	2021 年度
净资产收益率(%)	10.23	11.01
权益乘数	3.05	2.88
资产负债率(%)	67.2	65.2
总资产净利率(%)	3.36	3.83
营业净利率(%)	2.5	1.67
总资产周转率/次	1.34	2.29

运用杜邦分析法进行分析如下。

(1) 对净资产收益率的分析。

该企业的净资产收益率在 2020 年至 2021 年出现了一定程度的好转，从 2020 年的

10.23%增加至2021年的11.01%。企业的投资者在很大程度上依据这个指标来判断是否投资或是否转让股份，以及考察经营者业绩和决定股利分配政策。这些指标对企业的管理者也至关重要。

$$净资产收益率=权益乘数\times 总资产净利率$$

2020年：　$10.23\%=3.05\times 3.36\%$

2021年：　$11.01\%=2.88\times 3.83\%$

通过分解可以明显地看出，该企业净资产收益率的变动是资本结构(权益乘数)变动和资产利用效果(总资产净利率)变动两方面共同作用的结果，而该企业的总资产净利率太低，显示出很差的资产利用效果。

(2) 对总资产净利率的分析。

$$总资产净利率=营业净利率\times 总资产周转率$$

2020年：　$3.36\%=2.5\%\times 1.34$

2021年：　$3.83\%=1.67\%\times 2.29$

通过分解可以看出，2021年该企业的总资产周转率有所提高，说明资产的利用得到了比较好的控制，显示出比上一年好的效果，表明该企业利用其总资产产生营业收入的效率有所增加。但总资产周转率提高的同时营业净利率减少，阻碍了总资产净利率的增加。

(3) 对营业净利率的分析。

$$营业净利率=\frac{净利润}{营业收入}$$

2020年：　$2.5\%=\frac{10\ 284.04}{411\ 224.01}$

2021年：　$1.67\%=\frac{12\ 653.92}{757\ 613.81}$

该企业2021年大幅度提高了营业收入，但是净利润的提高幅度却很小，分析其原因是成本费用增多，由表7-4可知，全部成本从2020年的403 967.43万元增加到2021年的736 747.24万元，与营业收入的增加幅度大致相当。

(4) 对全部成本的分析。

$$全部成本=制造成本+销售费用+管理费用+财务费用$$

2020年：　$403\ 967.43=373\ 534.53+10\ 203.05+18\ 667.77+1\ 562.08$

2021年：　$736\ 747.24=684\ 261.91+21\ 740.96+25\ 718.20+5\ 026.17$

本例中，导致该企业净资产收益率小的主要原因是全部成本过大。也正是因为全部成本的大幅度提高导致了净利润提高幅度不大；而营业收入大幅度增加，就引起了营业净利率的降低，显示出该企业销售盈利能力的降低。总资产净利率的提高应当归功于总资产周转率的提高，营业净利率的减少却起到了阻碍的作用。

(5) 对权益乘数的分析。

$$权益乘数=\frac{资产总额}{权益总额}$$

2020年：　$3.05=\frac{306\ 222.94}{306\ 222.94-205\ 677.07}$

2021 年：$2.88=\frac{330\ 580.21}{330\ 580.21-215\ 659.54}$

该企业权益乘数的下降，说明企业的资本结构在 2020 年至 2021 年发生了变动，2021 年的权益乘数较 2020 年有所减小。权益乘数越小，企业负债程度越低，偿还债务能力越强，财务风险越低。这个指标同时也反映了财务杠杆对利润水平的影响。该企业的权益乘数一直处于 2～5 之间，即负债率为 50%～80%，属于激进战略型企业。管理者应该准确把握企业所处的环境，准确预测利润，合理控制负债带来的风险。

（6）结论。对于该企业，最为重要的就是要努力降低各项成本，在控制成本上下功夫；同时要保持较高的总资产周转率。这样，可以使营业净利率得到提高，进而使总资产净利率有大的提高。

二、沃尔评分法

企业财务综合分析的先驱者之一是亚历山大・沃尔。他在 20 世纪初出版的《信用晴雨表研究》和《财务报表比率分析》中提出了信用能力指数的概念。他把若干个财务比率用线性关系结合起来，以此来评价企业的信用水平，这个方法被称为沃尔评分法。他选择了七种财务比率，分别给定了其在总评价中所占的比重，总和为 100 分；然后，确定标准比率，并与实际比率相比较，评出每项指标的得分，求出总评分。

例 7-8 甲企业是一家中型电力企业，其 2021 年的财务状况评分的结果如表 7-6 所示。

由表 7-7 可知，该企业的综合指数为 100.37，总体财务状况是不错的，综合评分达到标准的要求。尽管沃尔评分法在理论上还有待证明，技术上也不完善，但它还是在实践中被广泛地应用。

表 7-7 沃尔综合评分表

财务比率	比重	标准比率	实际比率	相对比率	综合指数
	①	②	③	④=③÷②	⑤=①×④
流动比率	25	2.00	1.66	0.83	20.75
净资产÷负债	25	1.50	2.39	1.59	39.75
资产÷固定资产	15	2.50	1.84	0.736	11.04
营业成本÷存货	10	8	9.94	1.243	12.43
营业收入÷应收账款	10	6	8.61	1.435	14.35
营业收入÷固定资产	10	4	0.55	0.1375	1.38
营业收入÷净资产	5	3	0.40	0.133	0.67
合计	100				100.37

沃尔评分法从理论上讲，有一个弱点，就是未能证明为什么要选择这七个指标，而不是更多些或更少些，或者选择别的财务比率，以及未能证明每个指标所占比重的合理性。

沃尔分析法从技术上讲有一个问题，就是当某一个指标严重异常时，会对综合指数产生不合逻辑的重大影响。这个缺陷是由相对比率与比重相“乘”而引起的。财务比率提高 1 倍，其综合指数增加 100%；而财务比率缩小 1 倍，其综合指数只减少 50%。

现代社会与沃尔所处的时代相比，已有很大的变化。一般认为企业财务评价的内容首先是盈利能力，其次是偿债能力，最后是成长能力，它们之间大致可按 5∶3∶2 的比重来分配。盈利能力的主要指标是总资产收益率、营业净利率和净资产收益率，这三个指标可按 2∶2∶1 的比重来安排。偿债能力有四个常用指标。成长能力有三个常用指标（都是本年增量与上年实际量的比值）。

例 7－9 以中型电力生产企业的标准值为评价基础，则其综合评分标准如表 7－8 所示。假定仍以 100 分为总评分。

表 7－8 综合评分表(1)

指 标	评分值	标准比率（%）	行业最高比率（%）	最高评分	最低评分	每分比率的差（%）
盈利能力：						
总资产收益率	20	5.5	15.8	30	10	1.03
营业净利率	20	26.0	56.2	30	10	3.02
净资产收益率	10	4.4	22.7	15	5	3.66
偿债能力：						
自有资本比率	8	25.9	55.8	12	4	7.475
流动比率	8	95.7	253.6	12	4	39.475
应收账款周转率	8	290	960	12	4	167.5
存货周转率	8	800	3030	12	4	557.5
成长能力：						
销售增长率	6	2.5	38.9	9	3	12.13
净利增长率	6	10.1	51.2	9	3	13.7
总资产增长率	6	7.3	42.8	9	3	11.83
合计	100			150	50	

标准比率以本行业平均数为基础，在给每个指标评分时，应规定其上限和下限，以减少个别指标异常对总评分造成不合理的影响。上限可定为正常评分值的 1.5 倍，下限可定为正常评分值的 0.5 倍。此外，给分不是采用“乘”的关系，而是采用“加”或“减”的关系来处理，以克服沃尔评分法的缺点。例如，总资产收益率每分比率的差为 1.03%＝(15.8%－5.5%)÷(30－20)。总资产收益率每提高 1.03%，多给 1 分，但该项得分不得超过 30 分。综合评分表见表 7－9。

表 7-9　综合评分表(2)

指　标	实际比率	标准比率	差异	每分比率	调整分	标准评分值	得分
	①	②	③=①-②	④	⑤=③÷④	⑥	⑦=⑤+⑥
盈利能力：							
总资产收益率	10	5.5	4.5	1.03	4.37	20	24.37
营业净利率	33.54	26.0	7.54	3.02	2.50	20	22.50
净资产收益率	13.83	4.4	9.43	3.66	2.58	10	12.58
偿债能力：							
自有资本比率	72.71	25.9	46.81	7.475	6.26	8	12
流动比率	166	95.7	70.3	39.475	1.78	8	9.78
应收账款周转率	861	290	571	167.5	3.41	8	11.41
存货周转率	994	800	194	557.5	0.35	8	8.35
成长能力：							
销售增长率	17.7	2.5	15.2	12.13	1.25	6	7.25
净利增长率	-1.74	10.1	-11.84	13.7	-0.86	6	5.14
总资产增长率	46.36	7.3	39.06	11.83	3.30	6	9.30
合计						100	122.68

根据这种方法，对该企业的财务状况重新进行综合评价，得到 122.68 分，表明其是一个中等略偏上水平的企业。

章节训练

一、单项选择题

1. 下列各项中，不属于营运资金构成内容的是(　　)。

A. 货币资金　　B. 无形资产　　C. 存货　　D. 应收账款

2. 下列财务指标中，最能反映企业直接偿付短期债务能力的是(　　)。

A. 资产负债率　　B. 权益乘数　　C. 现金比率　　D. 流动比率

3. 权益乘数越高，通常反映的信息是(　　)。

A. 财务结构越稳健　　B. 长期偿债能力越强

C. 财务杠杆效应越强　　D. 股东权益的保障程度越高

4. 已知利润总额为 700 万元，利润表中的财务费用为 50 万元，资本化利息为 30 万元，则利息保障倍数为( )。

A. 8.75　　B. 15　　C. 9.375　　D. 9.75

5. 某公司上期营业收入为 1 000 万元，本期期初应收账款为 120 万元，本期期末应收账款为 180 万元，本期应收账款周转率为 8 次，则本期的营业收入增长率为( )。

A. 12%　　B. 20%　　C. 18%　　D. 50%

6. 关于获取现金能力的有关财务指标，下列表述正确的( )。

A. 每股营业现金净流量是经营活动现金流量净额与普通股股数之比

B. 用长期借款方式购买固定资产会影响营业现金比率

C. 全部资产现金回收率指标不能反映公司获取现金的能力

D. 公司将销售政策由赊销调整为现销方式后，不会对营业现金比率产生影响

7. 计算稀释每股收益时，需考虑潜在普通股影响，下列不属于潜在普通股的是( )。

A. 库存股　　B. 股份期权　　C. 可转债　　D. 认股权证

8. 下列各项财务指标中，能够综合反映企业成长性和投资风险的是( )。

A. 市盈率　　B. 每股收益　　C. 营业净利率　　D. 每股净资产

9. 某上市公司股票市价为 20 元，普通股数量为 100 万股，净利润为 400 万元，净资产为 500 万元，则市净率为( )。

A. 20　　B. 5　　C. 10　　D. 4

10. 在计算速动比率指标时，下列各项中，不属于速动资产的是( )。

A. 存货　　B. 货币资金　　C. 应收账款　　D. 应收票据

11. 某企业 2021 年年末资产负债表有关项目的金额如下：流动资产总额为 2 000 万元，其中货币资金为 400 万元，交易性金融资产为 100 万元，应收账款为 900 万元，存货为 600 万元；流动负债总额为 1 000 万元。该企业 2021 年年末的现金比率是( )。

A. 1.4　　B. 0.5　　C. 0.4　　D. 2

12. 在下列关于资产负债率、权益乘数和产权比率之间关系的表达式中，正确的是( )。

A. 产权比率＝资产负债率＋权益乘数　　B. 权益乘数＝1/(1＋资产负债率)

C. 资产负债率×权益乘数＝产权比率　　D. 权益乘数＝1－产权比率

13. 下列计算利息保障倍数的公式中，正确的是( )。

A. (净利润＋所得税＋资本化利息)÷费用化利息

B. (净利润＋所得税＋费用化利息＋资本化利息)÷(费用化利息＋资本化利息)

C. (净利润＋所得税＋费用化利息)÷费用化利息

D. (净利润＋所得税＋费用化利息)÷(费用化利息＋资本化利息)

14. 甲公司的生产经营存在季节性，每年的 6 月到 10 月是生产经营旺季，11 月到次年 5 月是生产经营淡季。如果使用应收账款年初余额和年末余额的平均数计算应收账款周转次数，计算结果会( )。

A. 高估应收账款周转速度

B. 低估应收账款周转速度

C. 正确反映应收账款周转速度

D. 无法判断对应收账款周转速度的影响

15. 某企业2021年的营业毛利率为25%，存货周转天数为60天(假设一年按360天计算)，年初存货余额为200万元，年末存货余额为300万元，则该企业2021年的营业收入为(　　)万元。

A. 2 000　　B. 1 500　　C. 1 200　　D. 1 800

16. 下列各项财务分析指标中，能够反映收益质量的是(　　)。

A. 净资产收益率　　B. 全部资产现金回收率

C. 净收益营运指数　　D. 每股收益

17. 在计算净收益营运指数时，下列项目中，属于非经营净收益的是(　　)。

A. 管理费用　　B. 投资收益

C. 资产减值准备　　D. 固定资产折旧

18. 下列关于每股收益的表述中，错误的是(　　)。

A. 每股收益受资本结构变动的影响　　B. 每股收益受普通股增发或回购的影响

C. 每股收益能够反映股票的投资价值　　D. 每股收益能够反映股票的风险

19. 已知某公司2021年的每股现金股利为0.1元，每股市价为10元，市盈率为20倍，则该公司2021年的股利发放率为(　　)。

A. 20%　　B. 50%　　C. 10%　　D. 1%

20. 已知某公司当前的每股收益为1元，每股净资产为2元。如果目前的市净率为10倍，则该公司的市盈率为(　　)倍。

A. 20　　B. 10　　C. 15　　D. 30

21. 某企业的总资产净利率为10%，产权比率为1，则该企业的净资产收益率为(　　)。

A. 5%　　B. 10%　　C. 20%　　D. 40%

22. 其他因素不变的情况下，下列措施中，不能提高净资产收益率的是(　　)。

A. 提高总资产周转率　　B. 提高流动比率

C. 提高营业净利率　　D. 提高资产负债率

二、多项选择题

1. 下列关于流动比率的表述中，正确的有(　　)。

A. 流动比率高不意味着短期偿债能力一定很强

B. 营运资金越多则流动比率越高

C. 营业周期较短的企业，合理的流动比率偏高

D. 流动比率容易受到人为操纵

2. 下列关于速动比率的表述中，正确的有(　　)。

A. 速动比率是衡量企业短期偿债能力的指标

B. 速动比率过高可能会增加企业的机会成本

C. 大量使用现金结算的企业的速动比率往往偏高

D. 速动资产中应包括各种应收款项和预付款项

3. 某公司当年的经营利润很多，却不能偿还到期债务。为查清其原因，应检查的财务比率有(　　)。

A. 总资产净利率　　B. 现金比率　　C. 利息保障倍数　　D. 存货周转率

4. 下列事项中，对企业偿债能力可能产生影响的有(　　)。

A. 可动用的银行贷款指标　　B. 存在很快变现的长期资产

C. 债务担保　　D. 未决诉讼

5. 下列各项中，可用于企业营运能力分析的财务指标有(　　)。

A. 存货周转次数　　B. 速动比率

C. 应收账款周转天数　　D. 流动比率

6. 下列各项指标中，既能够反映营运能力，也与短期偿债能力相关的有(　　)。

A. 营运资金　　B. 应收账款周转率

C. 总资产周转率　　D. 存货周转率

7. 企业采取的下列措施中，能够减少营运资本需求的有(　　)。

A. 加速应收账款周转　　B. 加速应付账款的偿还

C. 加速固定资产周转　　D. 加速存货周转

8. 现金营运指数小于1，表明(　　)。

A. 有一部分收益尚未取得现金　　B. 为取得收益而占用的营运资金减少

C. 收益质量不够好　　D. 经营活动现金流量净额小于净利润

9. 假设其他条件不变，公司发放现金股利引起的变动有(　　)。

A. 产权比率降低　　B. 流动比率降低

C. 净资产收益率提高　　D. 总资产周转率提高

10. 一般来说，影响每股收益指标高低的因素有(　　)。

A. 股票股利　　B. 现金股利　　C. 股票分割　　D. 所得税税率

11. 根据有关要求，企业存在稀释性潜在普通股的，应计算稀释每股收益，下列属于潜在普通股的有(　　)。

A. 认股权证　　B. 可转换公司债券

C. 不可转换优先股　　D.股份期权

12. 一般来说，上市公司的市盈率较高表明(　　)。

A. 投资者看好该公司股票的收益预期　　B. 投资于该公司股票的风险较大

C. 该公司股票的投资价值较高　　D. 该公司每股收益较高

13. 市盈率的影响因素包括(　　)。

A. 市场利率水平　　B. 上市公司股利政策的稳定性

C. 上市公司盈利水平的稳定性　　D. 上市公司盈利能力的成长性

14. 计算市净率指标涉及的参数有(　　)。

A. 期末普通股权益　　B. 发行在外的普通股加权平均数

C. 期末普通股股本　　D. 每股市价

15. 上市公司年度报告信息披露中，“管理层讨论与分析”披露的主要内容有(　　)。

A. 对报告期间经营状况的评价分析

B. 对未来发展趋势的前瞻性判断

C. 对财务报表中财务状况及经营成果的解释

D. 对经营中固有风险和不确定性的揭示

16. 下列各项中，会对营运资金占用水平产生影响的有（　　）。

A. 预付账款　　B. 货币资金　　C. 存货　　D. 应收账款

17. 乙企业目前的流动资产大于流动负债，在不考虑增值税等相关因素的情况下，若赊购一批材料，将会导致乙企业（　　）。

A. 速动比率降低　　B. 流动比率降低

C. 营运资金增加　　D. 短期偿债能力不变

18. 下列财务指标中，可以用来反映企业资本结构的有（　　）。

A. 资产负债率　　B. 营业净利率

C. 产权比率　　D. 总资产周转率

19. 下列财务指标中，不能用来直接反映企业长期偿债能力的有（　　）。

A. 资产负债率　　B. 固定资产周转率

C. 总资产净利率　　D. 净资产收益率

20. 在一定时期内，应收账款周转次数多、周转天数少表明（　　）。

A. 收账速度快　　B. 信用管理政策宽松

C. 应收账款流动性强　　D. 应收账款管理效率高

21. 一般而言，存货周转次数增加，其所反映的信息有（　　）。

A. 盈利能力下降　　B. 存货周转期延长

C. 存货流动性增强　　D. 资产管理效率提高

22. 股利发放率是上市公司财务分析的重要指标，下列关于股利发放率的表述中，正确的有（　　）。

A. 可以评价公司的股利分配政策　　B. 反映每股股利与每股收益之间的关系

C. 股利发放率越高，盈利能力越强　　D. 是每股股利与每股净资产之间的比率

23. 关于上市公司管理层讨论与分析，正确的有（　　）。

A. 管理层讨论与分析是对本公司过去经营状况的评价，而不对未来发展作前瞻性判断

B. 管理层讨论与分析包括报表及附注中没有得到充分揭示，而对投资者决策有用的信息

C. 管理层讨论与分析包括对财务报告期间有关经营业绩变动的解释

D. 管理层讨论与分析不是定期报告的组成部分，并不要求强制性披露

24. 甲公司比较前后两年的财务报表和财务比率发现：当年的净资产收益率比上年有很大增长，资产负债率与上年持平，总资产周转率有所下降。根据上述结果，依据杜邦分析法，可以得出的结论有（　　）。

A. 权益乘数上升　　B. 总资产净利率上升

C. 流动资产周转率上升　　D. 营业净利率上升

三、判断题

1. 营运资金小于零，表明企业以流动负债支持了部分非流动资产。（　　）

2. 在其他条件相同的情况下，权益乘数越高，表明企业的财务结构越稳健，长期偿债能力越强。（　　）

3. 从短期来看，即使利息保障倍数小于1，企业也仍可能具备利息支付能力。（　　）

4. 不同利益主体看待资产负债率的立场不同，债权人希望资产负债率越低越好，而股东则希望资产负债率越高越好。（　　）

5. 一般来说，应收账款周转次数较高，表明企业的信用政策较为严格，这样有利于减少收账费用和坏账损失。 （ ）

6. 在其他条件不变的情况下，提高坏账准备的计提比率将会提高应收账款周转次数。 （ ）

7. 一般而言，存货周转速度越快，存货占用水平越低，企业的营运能力就越强。 （ ）

8. 在去除客观因素影响后，资本保值增值率主要受企业的经营成果的影响，与企业的利润分配政策无关。 （ ）

9. 在计算应收账款周转次数指标时，不应将应收票据考虑在内。 （ ）

10. 净收益营运指数越大，收益质量越差。 （ ）

11. 理论上，每股收益反映了投资者期望获得的最高股利收益，每股收益越高，则每股股利越多。 （ ）

12. 每股收益很小或接近亏损的上市公司，难以使用市盈率评价其投资价值。 （ ）

13. 在企业性质相同、股票市价相近的条件下，某一企业股票的每股净资产越高，表明该股票的投资价值越大，投资者承担的投资风险越小。 （ ）

14. 一般来说，市净率较低的股票，投资价值较高，但较低的市净率也可能反映投资者对公司前景的不良预期。 （ ）

15. 管理层讨论与分析信息大多涉及“内部性”较强的定性型软信息，难以对其进行详细的强制规定和有效监控，因此，大多数国家采用自愿披露的原则。 （ ）

16. 在公司盈利的情况下，只要公司有负债且净资产为正值，则净资产收益率必将高于总资产净利率。 （ ）

四、计算题

1. 甲公司为控制杠杆水平，降低财务风险，争取在 2021 年年末将资产负债率控制在 65%以内。公司 2021 年年末的资产总额为 4 000 万元，其中流动资产为 1 800 万元；公司 2021 年年末的负债总额为 3 000 万元，其中流动负债为 1 200 万元。

要求：(1) 计算 2021 年年末的流动比率和营运资金。

(2) 计算 2021 年年末的产权比率和权益乘数。

(3) 计算 2021 年年末的资产负债率，并据此判断公司是否实现了控制杠杆水平的目标。

2. 甲公司是一家制造公司，两年来经营状况稳定，并且产销平衡。相关资料如下。

资料 1：公司 2021 年度资产负债表和利润表如下：

2021 年度资产负债表和利润表 单位：万元

资产	2021 年年末余额	负债和股东权益	2021 年年末余额	项目	2021 年发生额
货币资金	1 000	应付账款	2 100	营业收入	30 000
应收账款	5 000	短期借款	3 100	营业成本	18 000
存货	2 000	长期借款	4 800	期间费用	6 000
固定资产	12 000	股东权益	10 000	利润总额	6 000
资产合计	20 000	负债与股东权益合计	20 000	净利润	4 500

资料 2：存货采购成本为 9 450 万元，公司永久性流动资产为 2 500 万元。

要求：(1) 根据资料 1 计算 2021 年年末营运资金数额。

(2) 根据资料 1 计算：① 营业毛利率；② 总资产周转率；③ 净资产收益率。

(3) 根据资料 1、2 计算：① 存货周转期；② 应收账款周转期；③ 应付账款周转期；④ 现金周转期(以上计算结果均用天数表示，一年按 360 天计算)。

3. 丙公司和丁公司是同一行业、规模相近的两家上市公司。有关资料如下。

资料 1：丙公司 2021 年普通股股数为 10 000 万股，每股收益为 2.31 元。部分财务信息如下表所示。

丙公司部分财务信息

单位：万元

项　目	2021 年年末数据	项　目	2021 年度数据
负债合计	184 800	营业收入	200 000
股东权益合计	154 000	净利润	23 100
资产总计	338 800	经营活动现金流量净额	15 000

资料 2：丙公司股票的 β 系数为 1.2，无风险收益率为 4%，证券市场平均收益率为 9%。丙公司每年按每股 3 元发放固定现金股利。目前该公司的股票市价为 46.20 元。

资料 3：丙公司和丁公司 2021 年的部分财务指标如下表所示。

丙公司和丁公司部分财务指标

项　目	丙公司	丁公司
产权比率	(*A*)	1
净资产收益率(按期末数计算)	(*B*)	20%
总资产周转次数(按期末数计算)	(*C*)	0.85
营业现金比率	(*D*)	15%
每股营业现金净流量/元	(*E*)	*
市盈率/倍	(*F*)	*

注：表内的“*”表示省略的数据。

要求：根据资料 1 和资料 2，确定资料 3 表格中字母 *A*、*B*、*C*、*D*、*E*、*F* 所代表的数值(不需要列示计算过程)。

4. A 公司 2021 年营业收入为 2 700 万元，营业成本为 1 600 万元；资产负债表中，应收票据及应收账款年初、年末余额分别为 250 万元和 440 万元；年初、年末存货余额分别为 272 万元和 528 万元；年末速动比率为 1.2，年末现金比率为 0.7。报表附注中披露的年初、年末坏账准备余额分别为 10 万元和 20 万元。假定 A 公司流动资产由货币资金、应收账款、应收票据和存货组成。一年按 360 天计算。

要求：(1)计算 A 公司 2021 年应收账款周转天数。

(2) 计算 A 公司 2021 年存货周转天数。

(3) 计算 A 公司 2021 年年末流动负债余额和货币资金余额。

(4) 计算 A 公司 2021 年年末流动比率。

5. 甲公司生产销售 A 产品，有关资料如下。

资料 1：甲公司 2021 年 12 月 31 日资产负债表如下。

甲公司资产负债表

单位：万元

资 产	年末余额	负债与股东权益	年末余额
货币资金	200	应付账款	600
应收账款	400	长期借款	2 400
存货	900	股本	4 000
固定资产	6 500	留存收益	1 000
资产总计	8 000	负债与股东权益总计	8 000

资料 2：2021 年销售收入为 6 000 万元，净利润 600 万元，股利支付率为 70%。

要求：(1)根据资料 1，计算 2021 年年末的流动比率、速动比率与产权比率。

(2) 根据资料 2，计算 2021 年销售净利率。

6. 甲公司是一家上市公司，为了综合分析上年度的经营业绩，确定股利分配方案，公司董事会召开专门会议进行讨论。公司相关资料如下。

资料 1：甲公司资产负债表简表如下表所示：

甲公司资产负债表简表

2021 年 12 月 31 日

单位：万元

资 产	年末金额	负债和股东权益	年末余额
货币资金	4 000	流动负债合计	20 000
应收账款	12 000	非流动负债合计	40 000
存货	14 000	负债合计	60 000
流动资产合计	30 000	股东权益合计	40 000
非流动资产合计	70 000		
资产总计	100 000	负债和股东权益总计	100 000

资料 2：甲公司及行业标杆企业部分财务指标如下表所示(财务指标的计算如需年初、年末平均数时使用年末数代替)：

甲公司和行业标杆企业部分财务指标

项　目	甲公司	行业标杆企业
流动比率	(A)	2
速动比率	(B)	1
资产负债率	*	50%
营业净利率	*	(F)
总资产周转率/次	*	1.3
总资产净利率	(C)	13%
权益乘数	(D)	(G)
净资产收益率	(E)	(H)

注：表中“*”表示省略的数据。

要求：确定甲公司及行业标杆企业部分财务指标表中英文字母代表的数值。

第八章　企业绩效评价

知识要点

1. 了解绩效评价概述；
2. 掌握关键绩效指标法；
3. 掌握经济增加值法；
4. 了解平衡计分卡法。

能力要点

1. 能够阐述绩效评价的方法；
2. 能够运用关键绩效指标法；
3. 能够运用经济增加值法。

情境导入

诺基亚手机公司诞生在北欧小国芬兰，20 世纪 90 年代其以移动通信作为核心业务，进入黄金发展期。2000 年诺基亚以高达 3 030 亿欧元的市值荣登欧洲公司的市值榜榜首，2007 年就成为市场占有率高达全球 4 成的手机行业霸主。

然而这样的辉煌很快走向衰落。2007 年苹果公司推出了 iPhone，很快，坚持做键盘手机，顺便做做触摸屏手机的诺基亚便看到了竞争对手的崛起和自身市场份额的下降。在苦苦支撑了数年后，诺基亚设备与服务部门于 2014 年 4 月被微软收购。

第一节　绩效评价概述

一、绩效评价的含义

绩效评价，是指企业运用系统的工具方法，对一定时期内企业营运效率与效果进行综合评判的管理活动。具体来说，绩效评价是指评价主体运用数理统计和运筹等方法，采用特定的指标体系，对照设定的评价标准，按照一定的程序，通过定量定性对比分析，对评价客体在一定期间内的绩效作出客观、公正和准确的综合评判。

企业绩效评价的最终目的是提升企业的管理质量、管理水平和持续发展能力。绩效评价的过程是寻找差距的过程，把每项差距进行分解，努力寻找差距的原因，并对可能的改进提出方案，再权衡各方案的可行性，制定改进方案，在下一个环节加以执行。绩效评价是企业实施激励管理的重要依据，激励管理是促进企业绩效提升的重要手段。如果绩效评价结果得不到有效运用，将严重影响绩效评价的效果，也就失去了绩效评价的导向作用。

绩效评价是绩效管理的核心内容。绩效管理是指企业与所属单位(部门)、员工之间就绩效目标及如何实现绩效目标达成共识，并帮助和激励员工取得优异绩效，从而实现企业目标的管理过程。绩效评价既是对过往的总结，也是对未来的展望，通过认真分析、评价绩效，有利于企业、各部门和个人明确下一步的目标和方向，并为下一个节点进行绩效评价提供坚实基础。

二、绩效评价层次与评价角度

（一）绩效评价层次

绩效包括企业绩效、部门绩效和个人绩效三个层面。绩效的三个层面之间是决定与制约的关系：个人绩效水平决定部门绩效水平，部门绩效水平又决定企业绩效水平；同时，企业绩效水平制约部门绩效水平，部门绩效水平也制约个人绩效水平。因此，绩效评价层次也可分为企业层面、部门层面和个人层面。

1. 企业层面

企业往往是以集团的形式存在的，除母公司或总部外，还有分部或战略业务单元等。

分部可以是子公司的形式，也可以是非独立的法人机构(如分公司、责任中心等)，甚至可以是一个虚拟主体。企业层面的绩效评价，是指对包括母公司在内的企业集团的绩效评价。企业层面的绩效评价是评价范围最广、评价内容最多、评价指标最全、评价边界相对清晰的绩效评价。无论是利益相关者，如外部的股东、债权人、顾客、政府，还是企业的上层控制者，如母公司、集团公司总部，绩效评价主要是以企业整体为对象。

2. 部门层面

部门层面的绩效评价，是指公司内部按照业务单元、地域分布等标准将企业整体划分成多个子绩效评价对象，并对其绩效进行评价的过程。部门层面的评价是企业整体绩效评价的分解和细化。部门绩效要根据企业自身的特点进行划分，没有固定的模式，但都是为了更清晰、更准确地判断企业整体绩效情况，寻找企业贡献的来源和企业管理改进的方向和目标。

3. 个人层面

个人层面的绩效评价与企业层面的绩效评价和部门层面的绩效评价有较大差异。个人层面的绩效评价划分为领导层次和一般员工层次，领导层次的绩效评价与企业层面的绩效评价是分不开的，对领导层次的绩效评价通过企业层面的绩效评价进行，对企业层面的绩效评价同时也是对企业领导的绩效评价。

（二）绩效评价角度

从不同视角对企业进行绩效评价，可能会得出不同的结论。

1. 外部视角（财务视角）

企业财务报告的使用者是现有或潜在的股东、信贷者、供应商，以及其他外部的利益相关者。这些外部的利益相关者，需要根据各自的需要，定期或不定期地对企业进行绩效评价。例如，企业的所有者期望所投资企业的收益、现金流量和股利不断增长，股权的经济价值随之提升。因此，企业的所有者比较关注投资回报、收益分配和股票的市场价值。对于企业的债权人来说，他们除了定期收取利息和本金外，不能分享企业经营成功所带来的回报，并且必须审慎地评估收回贷款，特别是提供的长期贷款所涉及的任何风险。因此，债权人主要关注企业资产的流动性、财务杠杆以及偿债能力等。外部视角的企业绩效评价主要采用财务指标，如流动比率、财务杠杆、净资产收益率、每股收益等，以及市盈率、市净值等市场价值指标。

2. 内部视角（管理视角）

企业内部的绩效评价，主要根据预算目标和企业战略进行。企业整体的绩效目标必须分解、落实到各分部和经营单位，成为内部各单位绩效评价的依据。企业的管理者需要定期和不定期地评估经营效率、资源利用情况以及战略和目标的实现程度。管理视角的企业绩效评价，既可以采用贡献毛利、息税前利润、净利润、自由现金流量等财务指标或价值指标，也可以采用客户满意度、产品质量等级、送货及时性等非财务指标。

三、企业绩效评价的功能

企业绩效评价有利于企业利益相关者全面了解企业经营状况和未来发展趋势，有利于企业建立和健全激励与约束机制，改进企业经营管理方式，促进经营者和员工的共同努力，达到提高企业综合竞争能力和经营绩效的目的。企业绩效评价之所以能帮助企业达到这些目的，原因在于其具有价值判断、预测、战略传达与管理、行为导向四大功能。

1. 价值判断功能

价值判断功能是企业绩效评价的基本功能，也是绩效评价概念的核心内容。它通过设计各项绩效评价指标，记录和测算各项评价指标的实际值，并将指标实际值与目标值、历史水平、行业先进或平均水平进行比较，对企业的盈利能力、偿债能力、资产营运能力、发展能力和综合竞争能力等作出价值判断，从而准确、全面、客观、公正地了解、衡量和判断企业的经营绩效、经营管理水平和努力程度。

2. 预测功能

企业绩效评价有助于企业利益相关者了解过去和当前企业经营结果的实际情况、经营管理水平、努力程度、企业资源和能力的优势和劣势以及经营过程各方面存在的问题，并在此基础上判断和预测企业经营活动与绩效的未来发展趋势，从而使利益相关的各方更好地进行决策和控制。

3. 战略传达与管理功能

企业为了实现其远景目标和长期发展战略，必须制定近期的、具体的经营战略并确定相应的关键绩效驱动因素，在此基础上设置反映多方面、多层次经营管理活动的过程及其成果的绩效评价指标体系，并为这些指标设置相应的目标值。通过这一途径，企业将战略目标层层分解并落实到各个管理层次和部门，这也是在向所有部门的员工传达企业的战略目标，以及企业期望他们采取的行动。在这些活动实施的事中和事后，企业各级管理层须及时记录和分析各项指标的实际值，判断和了解所取得的成绩和差距，总结存在的优势和不足，并有针对性地采取措施提高经营管理水平，保证企业战略的有效实施。

4. 行为导向功能

企业绩效评价体系在事前根据企业战略目标以及行为主体的职责和权限，设计相应的绩效评价指标和必须达到的目标，使行为主体明确应采取的行为和应完成的任务；在事中适时提供关于生产经营过程的各环节和各方面的效率和效果信息，帮助行为主体及时发现问题与不足，进而采取改进措施；在事后全面、综合地评价行为主体的经营绩效，并将评价结果与薪酬制度、奖励计划以及其他激励措施结合起来，引导行为主体积极、主动地采取与企业利益和战略目标相一致的行为，并努力改进经营管理水平，提高企业经营绩效和竞争优势。

四、企业绩效评价的应用环境

1. 组织架构

企业进行绩效管理，开展绩效评价时，应设立薪酬与考核委员会或类似机构，负责审核绩效管理的政策和制度、绩效计划与激励计划、绩效评价结果与激励实施方案、绩效评价与激励管理报告等，协调解决绩效管理工作中的重大问题。机构下设绩效管理工作机构，主要负责制定绩效管理的政策和制度、绩效计划与激励计划，组织绩效计划与激励计划的执行与实施，编制绩效评价与激励管理报告等，协调解决绩效管理工作中的日常问题。

2. 绩效管理制度体系

企业应建立健全绩效管理的制度体系，明确绩效管理的工作目标、职责分工、工作程序、工具方法、信息报告等内容。

绩效评价指标、评价方法、评价标准等组成的绩效评价体系的科学性、实用性和可操作性是客观、公正评价企业绩效的前提。企业绩效评价体系的设计应遵循“内容全面、方法科学、制度规范、客观公正、操作简便、适应性广”的基本原则。评价体系本身还需要随着经济环境的变化而发展完善。评价的内容应依企业的经营类型而定，不同经营类型的企业，其绩效评价的内容也有所不同。

使用不同的绩效评价体系往往会得出不同的评价结果，所以绩效评价体系的设计通常需要经历一个上下沟通、反复征求意见的过程，并且必须通过相关会议决策后以正式文件的形式发布。

3. 信息系统

企业应建立有助于绩效管理实施的信息系统，为绩效管理工作提供信息支持。

五、企业绩效评价的程序

企业开展绩效评价时，一般按照制定绩效计划、执行绩效计划、实施绩效评价、编制绩效评价报告的程序进行。

1. 制定绩效计划

企业应根据战略目标，综合考虑绩效评价期间的宏观经济政策、外部市场环境、内部管理需要等因素，结合业务计划与预算，按照上下结合、分级编制、逐级分解的程序，在沟通反馈的基础上，编制各层级的绩效计划与激励计划。制定绩效计划通常从企业级开始，层层分解到所属单位(部门)，最终落实到具体岗位和员工。绩效计划制定完成后，应经薪酬与考核委员会或类似机构审核，报董事会或类似机构审批。经审批的绩效计划与激励计划应保持稳定，一般不予调整，若受国家政策、市场环境、不可抗力等客观因素影响，确需调整的，应严格按照规定的审批程序执行。

2. 执行绩效计划

审批后的绩效计划，应以正式文件的形式下达执行，确保与计划相关的被评价对象能够了解计划的具体内容和要求。绩效计划下达后，各计划执行单位(部门)应认真组织实施，从横向和纵向两方面落实到各所属单位(部门)、各岗位员工，形成全方位的绩效计划执行责任体系。在绩效计划执行过程中，企业应建立配套的监督控制机制，及时记录执行情况，进行差异分析与纠偏，持续优化业务流程，确保绩效计划的有效执行。绩效计划执行过程中，绩效管理工作机构应通过会议、培训、网络、公告栏等形式，进行多渠道、多样化、持续不断的沟通与辅导，使绩效计划与激励计划得到充分理解和有效执行。

3. 实施绩效评价

绩效管理工作机构应根据计划的执行情况定期实施绩效评价，按照绩效计划与激励计划的约定，对被评价对象的绩效表现进行系统、全面、公正、客观的评价，并根据评价结果实施相应的激励。评价主体应按照绩效计划收集相关信息，获取被评价对象的绩效指标实际值，将实际值对照目标值，应用选定的计分方法，计算评价分值，并进一步形成对被评价对象的综合评价结果。绩效评价过程及结果应有完整的记录，结果应得到评价主体和被评价对象的确认，并进行公开发布或非公开告知。公开发布的主要方式有召开绩效发布会、企业网站绩效公示、面板绩效公告等；非公开发布一般采用"一对一"书面、电子邮件函告或面谈告知等方式进行。评价主体应及时向被评价对象进行绩效反馈，反馈内容包括评价结果、差距分析、改进建议及措施等，可采取反馈报告、反馈面谈、反馈报告会等形式进行。绩效结果发布后，企业应依据绩效评价的结果，组织兑现激励计划，综合运用绩效薪酬激励、能力开发激励、职业发展激励等多种方式，逐级兑现激励承诺。

4. 编制绩效评价报告

绩效管理工作机构应定期或根据需要编制绩效评价与激励管理报告，对绩效评价和激励管理的结果进行反映。绩效评价与激励管理报告是企业管理会计报告的重要组成部分，应确保其内容真实、数据可靠、分析客观、结论清楚，为报告使用者提供满足决策需要的信息。绩效评价报告根据评价结果编制，反映被评价对象的绩效计划完成情况，通常由报告正文和附件构成。绩效评价可分为定期报告和不定期报告。定期报告主要反映一定期间被评价对象的绩效评价与激励管理情况，每个会计年度至少出具一份定期报告；不定期报告根据需要编制，反映部分特殊事项或特定项目的绩效评价与激励管理情况。绩效评价报告应根据需要及时报送薪酬考核委员会或类似机构审批。企业应定期通过回顾和分析，检查和评估绩效评价与激励管理的实施效果，不断优化绩效计划，改进绩效管理工作。

六、绩效计划的制定

绩效计划是企业开展绩效评价工作的行动方案，包括构建指标体系、分配指标权重、确定绩效目标值、选择计分方法和评价周期、拟订绩效责任书等一系列管理活动。

（一）指标体系

绩效评价指标，是指根据绩效评价目标和评价主体的需要设计的、以指标形式体现的能反映评价对象特征的因素。企业可单独或综合运用关键绩效指标法、经济增加值法、平衡计分卡等方法构建指标体系。作为战略管理的有效工具，绩效评价体系关心的不应仅限于被评价对象的内容，还要关心与战略目标紧密相关的方面。

关键成功因素是企业达成战略目标、实现战略成功的关键因素，而用来衡量关键成功因素的指标就是关键绩效指标(KPI)。指标体系应反映企业战略目标实现的关键成功因素，具体指标应含义明确且可度量。不同行业、不同性质的企业以及企业发展的不同阶段，评价指标的设置以及各指标的重要程度也不相同。如何将反映企业生产经营状况的关键因素准确地体现在各具体指标上，是绩效评价系统设计的重要问题。

常见的绩效评价指标有以下几种分类。

1. 财务指标与非财务指标

财务指标是企业评价财务状况和经营成果的指标，以货币形式计量。运用财务指标来评价企业的绩效，其缺陷显而易见，主要有以下几种。

(1) 财务指标面向过去而不反映未来，不利于评价企业在创造未来价值上的能力。

(2) 财务指标容易被操纵。例如，人为控制固定资产折旧、无形资产摊销、收入确认、表外融资等。

(3) 财务指标容易导致短视行为。例如，绩效与短期利润挂钩，可能会缩减或推迟研发支出、培训支出、内部控制支出等。

(4) 财务指标不利于揭示出经营问题的动因。例如，收入目标没有实现，是产品质量使客户流失，还是配送不及时使订单减少，财务指标只体现做得怎么样，但并没有体现如何提高。非财务指标被认为是能反映未来绩效的指标，良好的非财务指标有利于促进企业实现未来的财务成功。非财务指标是无法用货币来衡量的，它包括反映企业在经营过程、员工管理、市场能力和顾客服务方面表现出的各种指标。非财务指标一般是财务指标的先行指标，较差的非财务指标(如缺乏组织学习、流程改进不力、客户满意度低下等)必定会给企业带来不利影响并在财务指标中体现。优秀的企业越来越重视对收入和成本的动因的管理，出色的非财务绩效通常伴有出色的财务绩效。

以财务指标为主的传统经营绩效评价体系，对于指导和评价信息时代下公司如何通过投资于客户、供应商、员工、生产程序、技术和创新等因素来创造未来的价值是远远不够的，非财务指标弥补了这一缺点。经营管理者可以计量和控制公司及其内部各单位如何为现在和未来的客户进行创新和创造价值，如何建立和提高内部生产能力，以及如何为提高未来经营绩效而对员工、系统和程序进行投资。

随着企业间竞争的日益激烈和内外部环境的不确定性增大，企业管理者越来越需要动态地制定和执行相应的竞争战略，并通过设计非财务绩效指标来适时地计量企业的绩效，评估企业战略和目标实现程度，进而改进运营控制。

2. 定性指标与定量指标

非财务指标可以是定量的，用数字直接计量，例如消费者投诉数量；非财务指标有时难以用数字计量，只能定性反映，例如销售代表所反馈的客户意见。但是，从管理角度看，绩效指标应当尽可能地量化，不量化就会难以操作，可能会形同虚设。实务中通常采用量化的指标来替代定性指标，例如用客户投诉数量作为衡量产品质量或客户满意度的替代指标，用保修单数量作为衡量产品可信度的替代指标。

3. 绝对指标与相对指标

绝对指标能够反映被评价对象绩效的总量大小，例如某销售部门的年营业收入预算目标；相对指标是两个绝对指标的比率，例如某市场销售部门的销售费用率，它是年销售费用预算目标与年营业收入预算目标的比率。绝对指标和相对指标在企业的绩效评价中相互补充可以更好地发挥作用。

4. 基本指标与修正指标

基本指标是评价企业绩效的核心指标，用以产生企业绩效评价的初步结果。修正指标是企业绩效评价指标体系中的辅助指标，用以对基本指标评价形成的初步评价结果进行修正，以产生较为全面的企业绩效评价结果。《中央企业综合绩效评价实施细则》规定：企业盈利能力状况以净资产收益率、总资产报酬率两个基本指标和销售（营业）利润率、盈余现金保障倍数、成本费用利润率、资本收益率四个修正指标进行评价；企业资产质量状况以总资产周转率、应收账款周转率两个基本指标和不良资产比率、流动资产周转率、资产现金回收率三个修正指标进行评价；企业债务风险状况以资产负债率、已获利息倍数两个基本指标和速动比率、现金流动负债比率、带息负债比率、或有负债比率四个修正指标进行评价；企业经营增长状况以销售（营业）增长率、资本保值增值率两个基本指标和销售（营业）利润增长率、总资产增长率、技术投入比率三个修正指标进行评价。

5. 正向指标、反向指标与适度指标

在企业绩效评价指标体系中，指标值越大评价越好的指标，称为正向指标，例如净资产收益率、总资产报酬率等效益型指标；指标值越小评价越好的指标，称为反向指标，例如成本费用占营业收入比例、应收账款周转天数等指标；指标值越接近某个值越好的指标，称为适度指标，例如资产负债率指标，该指标过高，说明杠杆太高，财务风险过大，但该指标过低又说明企业过于保守，当投资报酬率超过利息率时不利于企业价值的提升。

（二）指标权重

对被评价对象进行绩效评价时，一般需合理设计多个评价指标，构成一个有机的指标体系。评价指标体系确定之后，需要对每一个指标赋予一定的权重。权重是一个相对的概

念，某一评价指标的权重是指该指标在整体评价指标体系中的相对重要程度。指标权重可以从若干评价指标中分出轻重，并在很大程度上反映企业的考核导向。同一评价指标，在对不同类型的被评价对象进行评价时可以赋予不同的权重。例如，某集团企业希望所属A类企业重点做规模，则可赋予营业收入等规模指标更高的权重；希望B类企业重点做效益，则可赋予利润总额等效益指标更高的权重。

考核评价实践中应综合运用各种方法，科学、合理地设置指标权重，通常的做法是根据指标的重要性以及考核导向进行设置，并根据需要适时进行调整。指标权重的确定可运用主观赋权法或客观赋权法，也可以综合运用这两种方法。主观赋权法是利用专家或个人的知识与经验来确定指标权重的方法，如德尔菲法、层次分析法等。客观赋权法是从指标的统计性质入手，根据调查数据确定指标权重的方法，如主成分分析法、均方差法等。

1. 德尔菲法

德尔菲法也称专家调查法，是指邀请专家对各项指标进行权重设置，将汇总平均后的结果反馈给专家，再次征询意见，经过多次反复，逐步取得比较一致的结果的方法。

2. 层次分析法

层次分析法是指将绩效指标分解成多个层次，通过下层元素对于上层元素相对重要性的两两比较，构成两两比较的判断矩阵，求出判断矩阵最大特征值所对应的特征向量作为指标权重值的方法。

3. 主成分分析法

主成分分析法是指将多个变量重新组合成一组新的相互无关的综合变量，根据实际需要从中挑选出尽可能多的反映原来变量信息的少数综合变量，进一步求出各变量的方差贡献率，以确定指标权重的方法。

4. 均方差法

均方差法是指将各项指标定为随机变量，将指标在不同方案下的数值作为该随机变量的取值，首先求出这些随机变量(各指标)的均方差，然后根据不同随机变量的离散程度确定指标权重的方法。

(三) 绩效目标值

绩效目标值的确定可以参考内部标准与外部标准。内部标准有预算标准、历史标准、经验标准等；外部标准有行业标准、竞争对手标准、标杆标准等，下面着重介绍预算标准和历史标准。

1. 预算标准

企业通常会将长期的战略目标分解为阶段性的预算目标。预算控制的机制在于将实际绩效结果与预算目标进行比较，求出差异并进行分析，针对差异及时修正目标或实施改进措施。采用预算标准确定绩效目标值，是很多企业的做法，其有利于提高全面预算管理的效果和水平，实现预算管理与绩效评价的有效衔接，确保预算目标的实现。但是，采用预算标准时，应避免出现预算松弛或预算过度问题，防止绩效目标值因过低而失去考核评价的引领作用，或因过高而使被评价对象放弃努力。不管是预算还是绩效，最好的目标就是“跳一跳，够得着”。“蹲着都够得着”的目标或者“使劲儿跳都够不着”的目标，都不是一个好的目标。

2. 历史标准

在明显缺乏外部比照对象的情况下，为了衡量绩效，企业往往会使用历史标准，即采用历史绩效作为参照对象，例如在市场上企业属于领先者，且尚未出现竞争对手时，与历史绩效比较就很有必要。历史标准的运用方式有三种，包括与上年实际比较、与历史同期实际比较和与历史最好水平比较。使用历史性标准，可比性是主要问题，需要剔除物价变动、会计准则变化、经营环境变化等一些不可控因素或不可抗力的影响。此外，历史绩效也会存在效率问题和计量偏差，将实际绩效结果与有问题的历史标准相比较，就好比使用有问题的天平来称重量。另外，使用历史标准还会造成“棘轮效应”，因为人的行为习惯有不可逆性，向上调整容易，向下调整难。如果某个管理者在企业外部环境恶化时依然能够创造超越同行业的良好绩效，但是可能不如历史标准，在这种情况下，采用历史标准评价，就可能会造成“鞭打快牛”的结果。

（四）绩效评价计分方法

绩效评价计分方法是根据评价指标，对照评价标准，形成最终评价结果的一系列手段。绩效评价计分方法的选择是企业绩效评价指标体系构建模式的核心，是将评价指标与评价标准联系在一起的纽带，是形成客观公正的评价结果的必要条件。没有科学、合理的评价方法，评价指标和评价标准就成了孤立的评价要素，评价结果就会出现偏差，一方面会误导评价主体，使其无法实现评价目标，另一方面对被评价对象也是不公平的。

1. 指标体系综合计分方法

绩效评价计分方法可分为定量法和定性法。定量法主要有功效系数法和综合指数法等；定性法主要有素质法和行为法等。

(1) 功效系数法。功效系数法是指根据多目标规划原理，将所要评价的各项指标分别对照各自的标准，并根据各项指标的权重，通过功效函数转化为可以度量的评价分数，再对各项指标的单项评价分数进行加总，得出综合评价分数的方法。该方法的优点是从不同侧面对评价对象进行计算评分，满足了企业多目标、多层次、多因素的绩效评价要求，缺点是标准值确定难度较大，比较复杂。

(2) 综合指数法。综合指数法是指根据指数分析的基本原理，计算各项绩效指标的单项评价指数和加权评价指数，据以进行综合评价的方法。该方法的优点是操作简单、容易理解，缺点是标准值存在异常时会影响结果的准确性。

(3) 素质法。素质法是指评估员工个人或团队在多大程度上具有组织所要求的某种基本素质、关键技能和主要特质的方法。

(4) 行为法。行为法是指专注于描述与绩效有关的行为状态，考核员工在多大程度上采取了管理者所期望或工作角色所要求的组织行为的方法。

2. 单项指标计分方法

常见的单项指标计分方法有比率法、插值法、减分法、层差法、非此即彼法等。

(1) 比率法。比率法是指用指标的实际完成值除以目标值（或标准值），以百分比计算，

然后乘以指标的权重分数，得到该指标的实际考核分数。比率法计算公式为

$$某项比率得分值=\frac{A}{B}\times 100\%\times 权重分数$$

其中 A 为实际完成值，B 为考核评价目标值。

例 8-1 营业收入计划完成率＝营业收入实际完成值÷营业收入目标值，营业收入计划完成率在年度绩效考核中的权重为 10%(即标准分为 10 分)。假如营业收入目标值为 200 亿元，实际完成值为 190 亿元，则营业收入计划完成率指标的考核得分为 9.5 分(190÷200×100%×10)；假如实际完成值为 220 亿元，则营业收入计划完成率指标的考核得分为 11 分(220÷200×100%×10)。

实务中，在应用比率法计分时，一般需要设置一个考核评价得分的区间，即该指标的最高得分和最低得分，以保证评价指标体系的总体得分处于一个预期目标范围之内。假设营业收入计划完成率的最高得分为 15 分，最低得分为 5 分，实际完成值为 320 亿元，则考核得分修正为 15 分。

(2) 插值法。插值法又称内插法，该方法是利用函数在某区间中已知的若干点的函数值，作出适当的特定函数，在区间的其他点上用这个特定函数的值作为函数的近似值。

例 8-2 某集团企业绩效考核评价办法规定，利润总额权重为 30%(即标准分为 30 分)，完成目标值得标准分；完成值每超过目标值 2%，加 5 分，最多加标准分的 50%；完成值每低于目标值 1%，扣 5 分，最多扣标准分的 50%。假如某子公司某年的利润总额目标值为 8 000 万元，实际完成值为 8 400 万元，则其利润总额指标考核评价得分使用插值法计算为 42.5 分。

(3) 减分法。减分法是指针对标准分进行减扣而不进行加分的方法。在执行指标过程中当发现有异常情况时，就按照一定的标准扣分，如果没有异常则得到满分。

例 8-3 某集团企业安全生产管理的考核评价权重为 10%(即 10 分)，其考核评价办法规定，每发生一起特别重大事故，扣 10 分；每发生一起重大事故，扣 5 分；每发生一起较大事故扣 3 分；每发生一起一般事故扣 2 分。

(4) 层差法。层差法是指将考核结果分为几个层次，实际执行结果落在哪个层次内，该层次所对应的分数即为考核的分数。

例 8-4 应收账款周转次数在绩效评价指标体系中的权重为 10%(即标准分为 10 分)，其计分方法为：完成值在 5 次(含)以下的，得 5 分；5～6 次(含)的，得 10 分；6 次以上的，得 15 分。

(5) 非此即彼法。非此即彼法是指结果只有几个可能性，不存在中间状态。

例 8-5 某项技术对某集团企业今后的发展至关重要，并急于在某年度内攻关成功，因此集团在对技术研发部门考核时规定，年内攻关成功得 10 分，未攻关成功得 0 分。

(五) 绩效评价周期

绩效评价周期一般可分为月度、季度、半年度、年度、任期。月度、季度绩效评价一般适用于企业基层员工和管理人员，半年度绩效评价一般适用于企业中高层管理人员，年度绩效评价适用于企业所有被评价对象，任期绩效评价主要适用于企业负责人。

（六）绩效责任书

绩效计划制定后，评价主体与被评价对象一般应签订绩效责任书，明确各自的权利和义务，并将责任书作为绩效评价与激励管理的依据。绩效责任书的主要内容包括绩效指标、目标值及权重、评价计分方法、特别约定事项、有效期限、签订日期等。绩效责任书一般按年度或任期签订。

第二节　关键绩效指标法

一、关键绩效指标法概述

（一）关键绩效指标法的含义

关键绩效指标法是指基于企业战略目标，通过建立关键绩效指标（KPI）体系，将价值创造活动与战略规划目标有效联系，并据此进行绩效管理的方法。关键绩效指标，是对企业绩效产生关键影响力的指标，是通过对企业战略目标、关键成果领域的绩效特征的分析，识别和提炼出的最能有效驱动企业价值创造的指标。关键绩效指标法可以单独使用，也可以与经济增加值法、平衡计分卡等其他方法结合使用。

关键绩效指标法基于以下理念设定：企业必须明确自己在一定时期的经营战略，明确判断哪些客户、项目、投资或活动超出了组织的战略边界，经理人员应该将精力集中在与公司战略推进有关的项目上，以提高管理效率。选择绩效评价指标的目的只有一个，那就是保证公司内所有人员的视线都盯住企业的战略目标。因此，必须简化评价指标体系，只选择与战略推进密切相关的指标对相关人员进行评价即可。

企业应用关键绩效指标法时，应综合考虑绩效评价期间的宏观经济政策、外部市场环境、内部管理需要等因素构建指标体系。战略目标是确定关键绩效指标体系的基础，关键绩效指标反映战略目标，对战略目标的实施效果进行衡量和监控。企业应清晰地识别价值创造模式，按照价值创造路径识别出关键驱动因素，科学地选择和设置关键绩效指标。

（二）关键绩效指标法的优缺点

1. 关键绩效指标法的优点

关键绩效指标法的主要优点有：① 使企业业绩评价与战略目标密切相关，有利于战略目标的实现；② 通过识别的价值创造模式把握关键价值驱动因素，能够更有效地实现企业价值增值目标；③ 评价指标数量相对较少，易于理解和使用，实施成本相对较低，有利于推广和实施。

2. 关键绩效指标法的缺点

关键绩效指标法的主要缺点是关键绩效指标的选取需要透彻理解企业价值创造模式和战略目标，有效识别核心业务流程和关键价值驱动因素，指标体系设计不当将导致错误的价值导向或造成管理缺失。

二、关键绩效指标体系的制定程序

企业构建关键绩效指标体系一般按照以下程序进行。

1. 制定企业级关键绩效指标

企业应根据战略目标，结合价值创造模式，综合考虑内外部环境等因素，设定企业级关键绩效指标。

2. 制定所属单位(部门)级关键绩效指标

根据企业级关键绩效指标，结合所属单位(部门)关键业务流程，按照上下结合、分级编制、逐级分解的程序，在沟通反馈的基础上，设定所属单位(部门)级关键绩效指标。

3. 制定岗位(员工)级关键绩效指标

根据所属单位(部门)级关键绩效指标，结合员工岗位职责和关键工作价值贡献，设定岗位(员工)级关键绩效指标。

三、关键绩效指标的类型

企业的关键绩效指标一般分为结果类指标和动因类指标。结果类指标是反映企业绩效的价值指标，主要包括投资资本回报率、净资产收益率、经济增加值回报率、息税前利润、自由现金流量等综合指标；动因类指标是反映企业价值关键驱动因素的指标，主要包括资本性支出、单位生产成本、产量、销量、客户满意度、员工满意度等。

(一) 结果类指标

1. 投资资本回报率

投资资本回报率是指企业在一定会计期间取得的息前税后利润占其所使用的全部投资资本的比例，反映企业在会计期间有效利用投资资本创造回报的能力。一般计算公式为

$$投资资本回报率=\frac{税前利润\times(1-所得税税率)+利息支出}{投资资本平均余额}\times100\%$$

$$投资资本平均余额=\frac{期初投资资本+期末投资资本}{2}$$

$$投资资本=有息债务+所有者(股东)权益$$

2. 净资产收益率

净资产收益率也称权益净利率，是指企业一定会计期间取得的净利润占其所使用的净资产平均数的比例，反映企业全部资产的获利能力。一般计算公式为

$$净资产收益率=\frac{净利润}{平均净资产}\times100\%$$

3. 经济增加值回报率

经济增加值回报率是指企业在一定会计期间内经济增加值与平均资本占用的比值。一般计算公式为

$$经济增加值回报率=\frac{经济增加值}{平均资本占用}\times 100\%$$

4. 息税前利润

息税前利润是指企业当年实现税前利润与利息支出的合计数。一般计算公式为

$$息税前利润=税前利润+利息支出$$

5. 自由现金流量

自由现金流量是指企业一定会计期间经营活动产生的净现金流量超过付现资本性支出的金额，反映企业可动用的现金。一般计算公式为

$$自由现金流量=经营活动净现金流量-付现资本性支出$$

（二）动因类指标

1. 资本性支出

资本性支出是指企业发生的、其效益涉及两个或两个以上会计年度的支出。

2. 单位生产成本

单位生产成本是指生产单位产品平均耗费的成本。

3. 产量

产量是指企业在一定时期内生产出来的产品的数量。

4. 销量

销量是指企业在一定时期内销售商品的数量。

5. 客户满意度

客户满意度是指客户期望值与客户体验的匹配程度，即客户通过对某项产品或服务的实际感知与其期望值相比较得出的指数。客户满意度收集渠道主要包括问卷调查、客户投诉、与客户的直接沟通、消费者组织的报告、各种媒体的报道和行业研究的结果等。

6. 员工满意度

员工满意度是指员工对企业的实际感知与其期望值相比较得出的指数。员工满意度主要通过问卷调查、访谈调查等方式得出，从工作环境、工作关系、工作内容、薪酬福利、职业发展等方面进行衡量。

四、关键绩效指标选取的方法

关键绩效指标应含义明确、可度量、与战略目标高度相关。指标的数量不宜过多，每一层级的关键绩效指标一般不超过 10 个。关键绩效指标选取的方法主要有关键成果领域分析法、组织功能分解法和工作流程分解法。

1. 关键成果领域分析法

关键成果领域分析法是基于对企业价值创造模式的分析确定企业的关键成果领域，并在此基础上进一步识别关键成功要素，确定关键绩效指标的方法。

2. 组织功能分解法

组织功能分解法是基于组织功能定位，按照各所属单位(部门)对企业总目标所承担的职责，逐级分解确定关键绩效指标的方法。

3. 工作流程分解法

工作流程分解法，是按照工作流程各环节对企业价值所做贡献的大小，识别出关键业务流程，将企业总目标层层分解至关键业务流程相关所属单位(部门)或岗位(员工)，确定关键绩效指标的方法。

五、关键绩效指标的权重及目标值

1. 关键绩效指标的权重

关键绩效指标的权重分配应以企业战略目标为导向，反映被评价对象对企业价值贡献的大小或支持的程度，以及各指标之间的重要性水平。单项关键绩效指标权重一般设定在5%～30%之间，对特别重要的指标可适当提高权重，对特别关键、影响企业整体价值的指标可设立“一票否决”制度，即如果某项关键绩效指标未完成，无论其他指标是否完成，均视为未完成绩效目标。

2. 关键绩效指标目标值

企业确定关键绩效指标目标值时一般参考以下标准。

(1) 依据国家有关部门或权威机构发布的行业标准确定或参考竞争对手标准确定。

(2) 参照企业内部标准，如企业战略目标、年度生产经营计划目标、年度预算目标、历年指标水平等确定。

(3) 不能按前两项方法确定的，可根据企业历史经验值确定。

关键绩效指标的目标值确定后，应规定因内外部环境发生重大变化、自然灾害等不可抗力因素对绩效完成结果产生重大影响时，对目标值进行调整的办法和程序。一般情况下，由被评价对象或评价主体测算确定影响额度，向相应的绩效管理工作机构提出调整申请，报薪酬与考核委员会或类似机构审批。

例 8-6 A企业是一家生产销售通信设备的民营高科技公司，公司产品主要涉及通信网络中的交换网络、传输网络、无线及有线固定接入网络、数据通信网络和无线终端产品，为世界各地通信运营商及专业网络拥有者提供硬件设备、软件、服务和解决方案。

2021年为了提升企业的核心竞争力，持续取得竞争优势，A企业开始建立“公司级关键绩效指标体系”。企业的主要责任中心有：研发系统、营销系统、采购系统、生产系统等。以研发系统、营销系统为例，其KPI如下。

(1) 研发系统的KPI。

指标1：新产品销售额比率增长率和老产品市场增长率。

指标2：人均新产品毛利增长率。

指标3：老产品技术优化及物料成本降低额。

指标 4：运行产品故障数下降率。

(2) 营销系统的 KPI 指标。

指标 1：销售额增长率。

指标 2：出口收入占营业收入比率增长率。

指标 3：人均销售毛利增长率。

指标 4：销售费用率降低率。

指标 5：合同错误率降低率。

第三节 经济增加值法

一、经济增加值法的含义及优缺点

（一）经济增加值法的含义

经济增加值法是指以经济增加值为核心，建立绩效指标体系，引导企业注重价值创造，并据此进行绩效管理的方法。经济增加值是指税后净营业利润扣除全部投入资本的成本后的剩余收益。经济增加值及其改善值是全面评价经营者有效使用资本和为企业创造价值的重要指标。经济增加值为正，表明经营者在为企业创造价值；经济增加值为负，表明经营者在损毁企业价值。经济增加值法较少单独应用，一般与关键绩效指标法、平衡计分卡等其他方法结合使用。

企业应用经济增加值法时应树立价值管理理念，明确以价值创造为中心的战略目标，建立以经济增加值为核心的价值管理体系，使价值管理成为企业的核心管理制度。企业应综合考虑宏观环境、行业特点和企业的实际情况，通过价值创造模式的识别，确定关键价值驱动因素，构建以经济增加值为核心的指标体系。企业应建立清晰的资本资产管理责任体系，确定不同被评价对象的资本资产管理责任；建立健全会计核算体系，确保会计数据真实可靠、内容完整，并及时获取与经济增加值计算相关的会计数据；加强融资管理，关注筹资来源与渠道，及时获取债务资本成本、股权资本成本等相关信息，合理确定资本成本；加强投资管理，把能否增加价值作为新增投资项目决策的主要评判标准，以保持持续的价值创造能力。

（二）经济增加值法的优缺点

1. 经济增加值法的优点

经济增加值法的主要优点有：① 考虑了所有资本的成本，更真实地反映了企业的价值创造能力；② 实现了企业利益、经营者利益和员工利益的统一，激励经营者和所有员工为企业创造更多价值；③ 能有效遏制企业盲目扩张规模以追求利润总量和增长率的倾向，引导企业注重长期价值创造。

2. 经济增加值法的缺点

经济增加值法的主要缺点有：① 仅对企业当期或未来1～3年价值创造的情况进行衡量和预判，无法衡量企业长远发展战略的价值创造情况；② 计算主要基于财务指标，无法对企业的营运效率与效果进行综合评价；③ 不同行业、不同发展阶段、不同规模的企业，其会计调整项和加权平均资本成本各不相同，都会影响指标的可比性，计算比较复杂。

二、经济增加值指标体系的制定程序

构建经济增加值指标体系，一般按照以下程序进行。

1. 制定企业级经济增加值指标体系

企业级经济增加值指标体系应结合行业竞争优势、组织结构、业务特点、会计政策等情况，确定企业级经济增加值指标的计算公式、调整项目、资本成本等，并围绕经济增加值的关键驱动因素制定。

2. 制定所属单位(部门)级经济增加值指标体系

所属单位(部门)的经济增加值指标体系应根据企业级经济增加值指标体系，结合所属单位(部门)所处行业、业务特点、资产规模等因素，在充分沟通的基础上，设定所属单位(部门)级经济增加值指标的计算公式、调整项目、资本成本等，并围绕所属单位(部门)经济增加值的关键驱动因素细化制定。

3. 制定高级管理人员的经济增加值指标体系

高级管理人员的经济增加值指标体系应根据企业级、所属单位(部门)级经济增加值指标体系，结合高级管理人员的岗位职责制定。

三、经济增加值的计算与应用

(一) 经济增加值的含义

经济增加值的计算公式为

$$经济增加值=税后净营业利润-平均资本占用\times加权平均资本成本$$

其中税后净营业利润衡量的是企业的经营盈利情况；平均资本占用反映的是企业持续投入的各种债务资本和股权资本；加权平均资本成本反映的是企业各种资本的平均成本率。

1. 税后净营业利润

税后净营业利润等于会计上的税后净利润加上利息支出等会计调整项目后得到的税后利润。

计算经济增加值时，需要进行相应的会计项目调整，以消除财务报表中不能准确反映企业价值创造的部分。会计调整项目的选择应遵循价值导向性、重要性、可控性、可操作性与行业可比性等原则，根据企业实际情况确定。常用的调整项目有以下几个。

(1) 研究开发费、大型广告费等一次性支出但收益期较长的费用，应予以资本化处理，不计入当期费用。

（2）反映付息债务成本的利息支出，不作为期间费用扣除，计算税后净营业利润时扣除所得税影响后予以加回。

（3）营业外收入、营业外支出具有偶发性，应将当期发生的营业外收支从税后净营业利润中扣除。

（4）将当期减值损失扣除所得税影响后予以加回，并在计算资本占用时相应地调整资产减值准备发生额。

（5）递延税金不反映实际支付的税款情况，应将递延所得税资产及递延所得税负债变动影响的企业所得税从税后净营业利润中扣除，相应地调整资本占用。

（6）其他非经常性损益调整项目，如股权转让收益等。

2. 平均资本占用

平均资本占用是所有投资者投入企业经营的全部资本，包括债务资本和股权资本。其中债务资本包括融资活动产生的各类有息负债，不包括经营活动产生的无息流动负债。股权资本中包含少数股东权益。资本占用除了根据经济业务实质相应调整资产减值损失、递延所得税等，还可根据管理需要调整研发支出、在建工程等项目，引导企业注重长期价值创造。

3. 加权平均资本成本

加权平均资本成本是债务资本成本和股权资本成本的加权平均，反映了投资者所要求的必要报酬率。债务资本成本是企业实际支付给债权人的税前利率，反映的是企业在资本市场中债务融资的成本率。如果企业存在不同利率的融资来源，债务资本成本应使用加权平均值。股权资本成本是在不同风险下，所有者对投资者要求的最低回报率，通常根据资本资产定价模型确定。企业级加权平均资本成本确定后，应结合行业情况、不同所属单位（部门）的特点，通过计算（能单独计算的）或指定（不能单独计算的）的方式确定所属单位（部门）的资本成本。一般情况下，企业对所属单位（部门）投入资本（即股权资本）的成本率是相同的，为简化资本成本的计算，所属单位（部门）的加权平均资本成本一般与企业保持一致。

（二）使用经济增加值指标进行绩效评价的效果

计算净利润时忽略了股权资本成本，而股权资本成本要远高于债权资本成本。由于净利润中没有扣除股权资本的成本，因此，净利润的值要高于经济增加值的值，绩效上体现为企业盈利，但实际可能是亏损的。经济增加值指标则是经济利润（即投入资本回报率与加权平均资本成本之差再乘以投入资本额）的体现，其在计算过程中合理调整了会计报表中的一些项目，充分考虑了股权资本成本对企业价值的影响。与净利润指标相比，经济增加值在衡量企业的价值创造能力和经营绩效时更为准确全面。

使用经济增加值指标进行绩效评价的效果主要有以下几个。

1. 提高企业资金的使用效率

经济增加值的构成要素可以细分为资产周转率和资产报酬率等指标，由此可以看出，经济增加值的计算离不开资本成本，它能够促使企业提高资金的使用效率。通过实施经济增加值指标体系，企业管理者会追求经济增加值的最大化，基于提高经济增加值的动力，企业管理者就必须提高资产周转率和投资报酬率，进一步提高资产收益水平。

2. 优化企业资本结构

经济增加值指标考虑了资本成本，经济增加值与资本成本的高低成负相关关系，资本成本是企业资本结构的重要决定因素。通过测算经济增加值，企业会考虑优化已有的资本结构，更倾向于使用内部留存收益。盈利高的企业往往能保留更多的留存收益，其资本结构会趋向于低负债，在财务风险可控的前提下，适当地使用财务杠杆，维持有竞争力的资本成本率，使资本结构逐步优化。

3. 激励经营管理者，实现股东财富的保值增值

经济增加值是一个具有价值导向的激励体系。采用经济增加值进行绩效评价，可以改善经营管理者与企业所有者之间的委托代理关系，使二者的目标趋向一致，共同致力于实现企业价值的最大化。管理者的薪酬直接和经济增加值考核结果挂钩，经济增加值价值创造得越多，管理者得到的回报也越多，这样，企业的管理者就会尽最大努力追求经济增加值的最大化，实现股东财富的保值增值。

4. 引导企业做大做强主业，优化资源配置

从经济增加值的计算公式来看，在其他条件既定时，税后净经营利润越大，经济增加值就越大。在经济增加值考核体系引导下，企业必须对其投资进行有效的管理，在进行投资决策时充分考虑投资成本，把不具有投资价值的项目和非核心业务及时地从企业中剥离，加大对极具投资价值的核心业务领域的投资，通过投资项目的合理规划组合，实现整个企业资源的优化。

第四节 平衡计分卡

一、平衡计分卡的含义与优缺点

（一）平衡计分卡的含义

平衡计分卡是指基于企业战略，从财务、客户、内部业务流程、学习与成长四个维度，将战略目标逐层分解转化为具体的、相互平衡的绩效指标体系，并据此进行绩效管理的方法。平衡计分卡采用多重指标，从多个维度或层面对企业或分部进行绩效评价，其理论基础是：利润最大化是短期的，企业应体现战略目标，致力于追求未来的核心竞争能力。平衡计分卡通常与战略地图等其他工具结合使用，适用于战略目标明确、管理制度比较完善、管理水平相对较高的企业。

平衡计分卡提供了一个综合的绩效评价框架，将企业的战略目标转化为一套条理分明的绩效评价体系。管理者通过回答四个层面的基本问题来关注企业的绩效，具体如图 8－1 所示。

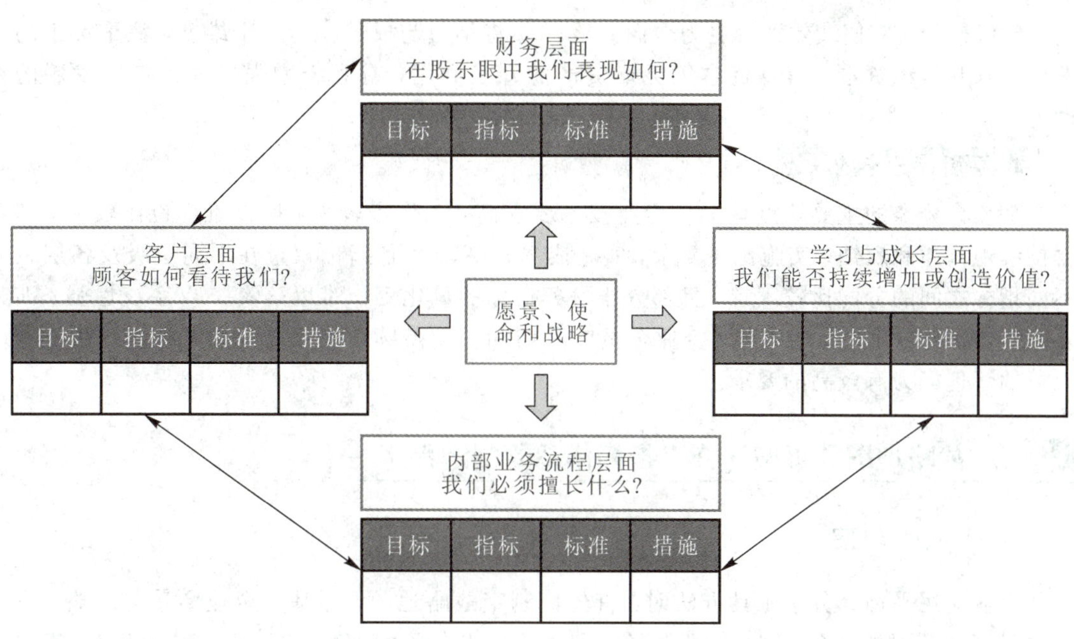

图 8-1　平衡计分卡的含义

平衡计分卡不仅是一个财务和非财务绩效指标的收集过程，还是一个由战略业务单元的使命和战略所驱动的自上而下的过程。平衡计分卡将企业每个战略业务单元的使命和战略转换为一套绩效指标体系，该体系定义了长期的战略目标以及实现目标的机制。平衡计分卡中的“平衡”包括以下含义：财务绩效与非财务绩效的平衡；与客户有关的外部衡量以及与关键业务过程和学习成长有关的内部衡量的平衡；领先指标与滞后指标设计的平衡；结果衡量(过去努力的结果)与未来绩效衡量的平衡。

企业应用平衡计分卡工具方法时，应有明确的愿景和战略，平衡计分卡应以战略目标为核心，全面描述、衡量和管理战略目标，将战略目标转化为可操作的行动计划。平衡计分卡可能涉及组织和流程变革，具有创新精神、变革精神的企业文化有助于成功实施平衡计分卡。企业应对其组织结构和职能进行梳理，消除不同组织职能间的壁垒，实现良好的组织协同，协同内容既包括企业内部各级单位(部门)之间的横向与纵向协同，也包括与投资者、客户、供应商等外部利益相关者之间的协同。企业也应注重员工学习能力与成长能力的提升，以更好地实现平衡计分卡的财务、客户、内部业务流程目标，使战略目标贯彻到每一名员工的日常工作中。平衡计分卡的实施是一项复杂的系统工程，企业一般需要建立由战略管理、人力资源管理、财务管理和外部专家等组成的团队，为平衡计分卡的实施提供机制保障。企业还应建立高效集成的信息系统，实现绩效管理与预算管理、财务管理、生产经营等系统的紧密结合，为平衡计分卡的实施提供信息支持。

(二) 平衡计分卡的优缺点

1. 平衡计分卡的优点

平衡计分卡的主要优点有：① 战略目标被逐层分解并转化为被评价对象的绩效指标和行动方案，使整个组织行动协调一致；② 从财务、客户、内部业务流程、学习与成长四个维度确定绩效指标，使绩效评价更为全面完整；③ 将学习与成长作为一个维度，注重员工的发展要求和组织资本、信息资本等无形资产的开发利用，有利于增强企业可持续发展的动力。

2. 平衡计分卡的缺点

平衡计分卡的主要缺点有：① 专业技术要求高，工作量较大，操作难度也比较大，需要持续地沟通和反馈，实施比较复杂，实施成本较高；② 各指标权重在不同层级及各层级不同指标之间的分配比较困难，且部分非财务指标的量化工作难以落实；③ 系统性强、涉及面广，需要专业人员的指导、企业全员的参与和长期持续地修正与完善，对信息系统和人员的管理能力有较高的要求。

二、战略地图及平衡计分卡指标体系的制定程序

（一）战略地图

企业应用平衡计分卡工具方法时，首先应制定战略地图，即基于企业愿景与战略，将战略目标及其因果关系、价值创造路径以图示的形式直观、明确、清晰地呈现出来。战略地图基于战略主题构建，反映了企业价值创造的关键业务流程，每个战略主题包括相互关联的1～2个目标。战略地图制定后，应以平衡计分卡为核心编制绩效计划。

战略地图，是指为描述企业各维度战略目标之间的因果关系而绘制的可视化的战略因果关系图。战略地图通常以财务、客户、内部业务流程、学习与成长等四个维度为主要内容，通过分析各维度的相互关系，绘制战略因果关系图。企业可根据自身情况对各维度的名称、内容等进行修改和调整。

企业应用战略地图工具方法时，应注重通过战略地图的有关路径设计，有效使用有形资源和无形资源，高效实现价值创造；应通过战略地图实施将战略目标与执行计划有效绑定，引导各责任中心按照战略目标持续提升业绩，服务企业战略的实施。企业应用战略地图工具方法时，一般按照战略地图设计和战略地图实施等程序进行。

1. 战略地图设计

企业设计战略地图一般按照设定战略目标、确定业务改善路径、定位客户价值、确定内部业务流程优化主题、确定学习与成长主题、进行资源配置、绘制战略地图等程序进行。

2. 战略地图实施

战略地图实施是指企业利用管理会计工具方法，确保企业实现既定战略目标的过程。战略地图实施一般按照战略设计、战略责任落实、战略执行、执行报告、持续改善、评价激励等程序进行。

（二）平衡计分卡指标体系的制定程序

平衡计分卡指标体系的构建应围绕战略地图，针对财务、客户、内部业务流程和学习与成长四个维度的战略目标，确定相应的评价指标。

构建平衡计分卡指标体系的一般程序如下。

1. 制定企业级指标体系

根据企业层面的战略地图，为每个战略主题的目标设定指标，每个目标至少应有 1 个指标。

2. 制定所属单位(部门)级指标体系

根据企业级战略地图和指标体系，制定所属单位(部门)的战略地图，确定相应的指标体系，协同各所属单位(部门)的行动与战略目标保持一致。

3. 制定岗位(员工)级指标体系

根据企业、所属单位(部门)级指标体系，按照岗位职责逐级形成岗位(员工)级指标体系。

三、平衡计分卡指标体系设计

构建平衡计分卡指标体系时，应注重短期目标与长期目标的平衡、财务指标与非财务指标的平衡、结果性指标与动因性指标的平衡、企业内部利益与外部利益的平衡。平衡计分卡每个维度的指标通常为 4～7 个，总数量一般不超过 25 个。构建平衡计分卡指标体系时，企业应以财务维度为核心，其他维度的指标都与核心维度的一个或多个指标相联系。通过梳理核心维度目标的实现过程，确定每个维度的关键驱动因素，结合战略主题，选取关键绩效指标。企业可根据实际情况建立通用类指标库，不同层级单位和部门应结合不同的战略定位、业务特点选择适合的指标体系。

1. 财务维度

在企业战略业务单元层次上，可以使用基于成本、财务和价值的绩效评价方法。财务维度用财务术语描述了战略目标的有形成果。企业常用的指标有投资资本回报率、净资产收益率、经济增加值回报率、息税前利润、自由现金流量、资产负债率、总资产周转率、资本周转率等。

2. 客户维度

在客户层面，管理者首先需要确定细分市场和细分客户，然后设定相应的绩效指标来考核其业务单元开发和维持目标细分客户的能力。客户维度界定了目标客户的价值主张。企业常用指标有市场份额、客户满意度、客户获得率、客户保持率、客户获利率、战略客户数量等。

3. 内部业务流程维度

在内部业务流程层面，管理者需要确定企业所擅长的能够实施战略的关键内部过程。该过程对客户满意度和实现企业财务目标有重大影响。卡普兰和诺顿确定了三个重要的内部业务过程，分别是创新过程、经营过程和售后服务过程。创新过程的绩效可以通过新产品收入占总收入的比重、新产品开发与竞争对手的对比和与计划的对比、开发下一代产品所需要的时间、企业在市场排名靠前的产品的数量、盈亏平衡时间(即从产品开发到赚取足够利润收回投资所需要的时间)等指标来衡量。经营过程起始于收到客户订单，截止于向顾客交付产品或服务。这一过程的目的是以高效、一致、及时的标准向顾客交付产品或服务，其绩效需要通过时间、质量和成本三方面来衡量。

内部业务流程维度确定了对战略目标产生影响的关键流程。企业常用的指标有交货及时率、生产负荷率、产品合格率、存货周转率、单位生产成本等。

4. 学习与成长维度

学习与成长维度确定了对战略最重要的无形资产。企业常用的指标有员工保持率、员工生产率、培训计划完成率、员工满意度等。

四、平衡计分卡指标的权重与目标值

1. 平衡计分卡指标的权重分配

平衡计分卡指标的权重分配应以战略目标为导向，反映被评价对象对企业战略目标贡献或支持的程度，以及各指标之间的重要性水平。企业绩效指标权重一般设定在5%～30%之间，对特别重要的指标可适当提高权重，对特别关键、影响企业整体价值的指标可设立“一票否决”制度，即如果某项绩效指标未完成，无论其他指标是否完成，均视为未完成绩效目标。

2. 平衡计分卡绩效目标值

平衡计分卡绩效目标值应根据战略地图的因果关系分别设置。首先确定战略主题的目标值，其次确定主题内的目标值，最后基于平衡计分卡评价指标与战略目标的对应关系，为每个评价指标设定目标值，通常设计3～5年的目标值。

平衡计分卡绩效目标值确定后，应规定因内外部环境发生重大变化、自然灾害等不可抗力因素对绩效完成结果产生重大影响时，对目标值进行调整的办法和程序。一般情况下，由被评价对象或评价主体测算确定影响程度，向相应的绩效管理工作机构提出调整申请，报薪酬与考核委员会或类似机构审批。

五、平衡计分卡的有效应用

要有效使用平衡计分卡，将平衡计分卡的四个层面与公司战略相整合，应遵循以下三个原则。

1. 各个层面的指标间具有因果关系

平衡计分卡四个层面的指标应当具有因果关系，因果关系的情形可以用“如果……那么……”来表述。例如，如果加强对客户代表的培训，那么公司可以吸引到更多的客户；如果缩短配送的时间，改进服务的流程，那么公司可以接受更多的订单，取得更多的收入。这种因果关系可以沿着平衡计分卡的四个层面推进，其最终的结果应当明确反映出公司的战略。

2. 结果计量指标与绩效动因相关联

结果计量指标是滞后指标，如获利能力指标、市场份额指标、客户满意度指标、员工技能指标等，是计量成功与否的综合性指标。绩效动因是领先指标，是某一特定部门战略的具体动因，如周转时间、准备时间和新专利等。如果没有结果计量指标，绩效动因虽能指明短期内如何运作，但无法揭示具体战略是否在长期内有效；反之，如果绩效动因缺位，结果计量指标虽能表明部门或团队的努力方向，但无法指明目标实现的具体路径，也不能实时提供相关的信息。

3. 与财务指标挂钩

如果不能将员工授权、全面质量管理等创新活动与企业财务指标的改善挂钩，则创新就成为单纯的目标，无法带来具体的成效，并会使相关的员工产生失落感。因此，所有的因素链最终都应采用财务指标来计量其结果。

章节训练

一、单项选择题

1. 企业应用关键绩效指标法的程序中与其他业绩评价方法的关键不同点是(　　)。

A. 制定激励计划

B. 制定以关键绩效指标为核心的绩效计划

C. 实施绩效评价与激励

D. 编制绩效评价报告与激励管理报告

2. 下列有关表述中不属于关键绩效指标法优点的是(　　)。

A. 使企业业绩评价与企业战略目标密切相关，有利于企业战略目标的实现

B. 通过识别价值创造模式把握关键价值驱动因素，能够更有效地实现企业价值增值目标

C. 指标体系分层级确定，不会导致错误的价值导向

D. 评价指标相对较少，易于理解和使用，实施成本相对较低，有利于推广实施

3. 下列属于利用平衡计分卡衡量财务维度的指标是(　　)。

A. 客户保持率　　B. 资产负债率

C. 交货及时率　　D.员工保持率

二、多项选择题

1. 下列关于经济增加值的说法中，正确的有(　　)。

A. 经济增加值为正表明经营者为股东创造了价值

B. 计算经济增加值使用的资本成本应随资本市场的变化而调整

C. 经济增加值是税后净营业利润扣除全部投入资本的成本后的剩余收益

D. 经济增加值便于不同规模公司之间的业绩比较

2. 甲公司用平衡计分卡进行业绩考评。下列各种维度中，平衡计分卡需要考虑的有(　　)。

A. 顾客维度　　B. 股东维度

C. 债权人维度　　D. 学习与成长维度

3. 下列各项中，属于平衡计分卡内部业务流程维度业绩评价指标的有(　　)。

A. 资产负债率　　B. 息税前利润

C. 存货周转率　　D. 单位生产成本

第九章 企业案例综合分析

知识要点

1. 掌握相关比率指标的运用；
2. 掌握杜邦分析体系的运用；
3. 掌握绩效评价体系的运用。

能力要点

能够运用相关比率指标对公司财务报表进行分析。

情境导入

加拿大西部某著名的四季游览胜地公司计划增加几项新的娱乐设施，包括增加造雪能力，新建一架高速升降机、一家具有700个座位的餐馆、一个新的滑雪设备零售商店，并提高现有基础设施和条件等。对于公司的财务总监以及领导层而言，他们需要了解公司近年来的盈利状况、资金周转状况以及公司的债务负担状况等，并结合公司发展战略来决定是否通过此提议；如果新投资计划的资金准备通过申请贷款来解决，那么银行主管需要考虑该公司已有的债务状况及其以往的信用状况，并结合新项目可能给公司带来的盈利潜力来决定是否给予公司贷款；对于公司已有的股东而言，他们需要了解新项目可能带来的风险和收益，以此作出是否继续持有该公司股票的决定；对于潜在的投资者而言，他们需要了解公司新项目收益及风险情况，并考虑新项目给公司带来的发展潜力，从而决定是否投资该公司股票。不同的公司利益关系人，从自身决策的角度出发需要不同的决策信息，因此我们对公司财务报表进行系统性、综合性的分析至关重要。

第一节 公司概况简介

财务报表是财务报告的重要组成部分，是投资者了解被投资方的最直接、最基础的信息来源。企业的经营业绩及投资价值、企业的财务健康状况及未来的经营策略和财务政策一般都是通过财务报表的数据信息进行分析和评价的。同时财务报表本身存在着一定的局限性，在客观性、时效性、前瞻性、可比性等方面均存在不足，投资者不应仅就财务报表本身进行分析，还应对财务报表进行综合分析评价。

一、公司概况简介

某科技软件股份有限公司是1997年设立的股份有限公司。该公司是集科研、生产和销售为一体的大型科技软件上市企业，公司先后被评为全国科技软件系统先进集体、国家重点企业、优秀高新技术企业、国家火炬计划新技术开发及产业化基地骨干企业，连续多年进入工信部和国家统计局联合发布的软件公司百强榜。

二、行业情况分析

历经40多年改革大潮洗礼的中国软件行业发生了翻天覆地、日新月异的变化。40年来，中国科技软件行业增长速度一直高于国内生产总值的增速。从1978年到2021年，科技软件产值年均递增高达16.8%，科技软件作为一个多学科高融合的高科技产业群体，涉及国民健康、社会稳定和经济发展，是我国国民经济的重要组成部分，是传统产业和现代产业相结合，一、二、三产业为一体的产业。

第二节 财务报表分析

依据A科技软件股份有限公司提供的2021年度财务报表数据，对该公司财务报表进行以下相关比率指标分析。

一、报表结构分析

（一）资产负债表结构分析

A公司资产负债表见表9-1。

表9-1 A科技软件公司2019—2021年资产负债表 单位：元

项　目	2019年	2020年	2021年
资产			
流动资产：			
货币资金	572 776 657.07	385 182 280.66	707 245 339.84
交易性金融资产	270 883 309.00	80 037 145.00	
应收票据	49 117 645.71	205 029 450.82	318 877 057.06
应收账款	439 301 535.33	612 404 864.84	854 563 881.17
预付款项	13 064 856.25	36 401 037.58	30 111 039.58

续表一

项　目	2019 年	2020 年	2021 年
应收利息			
应收股利			
其他应收款	67 330 193.18	71 979 947.19	60 468 324.71
存货	119 789 654.51	162 307 971.35	177 125 035.00
一年内到期的非流动资产			
其他流动资产			
流动资产合计	1 532 263 851.05	1 553 342 697.44	2 148 390 677.36
非流动资产：			
可供出售金融资产			
持有至到期投资		101 468 142.47	190 800 000.00
长期应收款			
长期股权投资	4 484 070.00	1 339 000.00	1 339 000.00
投资性房地产			
固定资产	468 587 700.09	461 984 917.77	480 723 760.33
在建工程	2 957 474.30	52 753 614.30	78 254 461.03
工程物资			
固定资产清理			
生产性生物资产			
油气资产			
无形资产	29 912 113.48	29 227 304.22	50 277 713.50
开发支出			
商誉			
长期待摊费用			
递延税项资产	19 652 042.85	54 248 303.05	49 084 617.42
其他非流动资产			
非流动资产合计	525 593 400.72	701 021 281.81	850 479 552.28
资产总计	2 057 857 251.77	2 254 363 979.25	2 998 870 229.64
负债			
流动负债：			
短期借款	60 000 000.00		

续表二

项　目	2019 年	2020 年	2021 年
交易性金融负债			
应付票据	53 482 500.30		
应付账款	92 542 865.49	131 966 551.22	138 564 654.82
预收款项	0.00	6 570 000.00	5 129 016.00
应付职工薪酬	5 968 592.91	5 018 406.80	800 666.50
应交税费	19 055 186.57	6 884 196.48	43 462 477.99
应付利息			
应付股利			
其他应付款	124 193 552.71	73 275 019.22	124 915 538.65
预计负债			
一年内到期的非流动负债	0.00	0.00	
其他流动负债	21 823 000.00	6 200 000.00	10 980 000.00
流动负债合计	377 065 697.98	229 914 173.72	323 852 353.96
非流动负债：			
长期借款			10 000 000.00
应付债券			
长期应付款			
专项应付款			
预计负债			
递延税项负债	25 498 930.84		
其他非流动负债			
非流动负债合计	25 498 930.84		10 000 000.00
负债合计	402 564 628.82	229 914 173.72	333 852 353.96
所有者权益			
实收资本(股本)	448 549 325.84	546 990 794.80	676 910 838.02
资本公积	338 136 946.37	315 678 481.94	315 678 481.94
减：库存股			
盈余公积	204 141 118.33	251 890 326.48	319 723 491.75
未分配利润	664 465 232.41	909 890 202.31	1 352 705 063.97
所有者权益合计	1 655 292 622.95	2 024 449 805.53	2 665 017 875.68
负债和所有者权益合计	2 057 857 251.77	2 254 363 979.25	2 998 870 229.64

1. 资产构成

2020—2021 年，公司资产大幅度增长，2020 年总资产增长 196 506 727.48 元，2021 年总资产增长 941 012 977.87 元，以 2019 年为基期总资产增长率分别达到 9.55%、45.73%。总资产大幅度增长的主要原因是主要商品销售额增长迅速，销售款形成货币资金、应收票据、应收账款等金额增加。从具体项目来看有以下方面。

1）流动资产

总资产中，流动资产比例较大。2020 年流动资产占总资产总额比例为 68.90%，数额为 1 553 342 697.44 元，比上年增加了 21 078 846.39 元，上涨幅度为 1.02%；2021 年流动资产占总资产总额比例达到 71.64%，其数额为 2 148 390 677.36 元，比上年增加了 595 047 979.92 元，比基期增加了 616 126 826.31 元，上涨幅度为基期的 29.94%。2021 年公司资产的流动性有相当大幅度的提高。其中，流动资产主要项目构成见表 9－2，流动资产水平分析见表 9－3。

表 9－2　2019—2021 年流动资产主要项目结构表

主要项目	2019 年	2020 年	2021 年
流动资产：			
货币资金	37.38%	24.80%	32.92%
交易性金融资产	17.68%	5.15%	0.00%
应收票据	3.21%	13.20%	14.84%
应收账款	28.67%	39.42%	39.78%
存货	7.82%	10.45%	8.24%

表 9－3　2020—2021 年流动资产水平分析表　　单位：元

主要项目	2020 年		2021 年	
流动资产：	变动值	变动率	变动值	变动率
货币资金	－187 594 376.41	－12.24%	134 468 682.77	8.78%
交易性金融资产	－190 846 164.00	－12.46%	－270 883 309.00	－17.68%
应收票据	155 911 805.11	10.18%	269 759 411.35	17.61%
应收账款	173 103 329.51	11.30%	415 262 345.84	27.10%
存货	42 518 316.84	2.77%	57 335 380.49	3.74%
流动资产合计	21 078 846.39	1.38%	616 126 826.31	40.21%

注：以 2019 年为基期。

从表 9－2 和表 9－3 中可以看到 2020 年和 2021 年货币资金、应收账款和应收票据占流动资产的比例和对流动资产的影响都是比较大的。

货币资金在2020年出现较大幅度的下降后，在2021年得到更大幅度的回升，这种趋势有利于增强企业的短期偿债能力以及满足资产流动性需求。

应收票据和应收账款等应收款项的金额逐年增加且上升幅度逐年增大，应收款项的管理状况直接影响着企业的资产质量和资产营运能力，但是应收款项的增多还可能存在其他的客观原因，比如公司为了鼓励销售人员增加销售额而采取分期付款、赊销等手段来推销商品。所以还应结合其他资料综合分析。

存货数量在2020年出现较小幅度的增加，在2021年又有较小幅度的增加，存货过多会给企业带来大量的资金占用，应结合其他资料分析存货增长原因，给予关注。

交易性金融资产数额在逐年降低，尤其到2021年下降为零。

2）非流动资产

非流动资产主要项目构成见表9-4，非流动资产水平分析见表9-5。

表9-4　2019—2021年非流动资产主要项目结构表

主要项目	2019年	2020年	2021年
非流动资产：			
固定资产	22.77%	20.49%	16.03%
在建工程	0.14%	2.34%	2.61%
无形资产	1.45%	1.30%	1.68%

表9-5　2020—2021年非流动资产水平分析表　　单位：元

主要项目	2020年		2021年	
非流动资产：	变动值	变动率	变动值	变动率
固定资产	−6 602 782.32	−0.32%	12 136 060.24	0.59%
在建工程	49 796 140.00	2.42%	75 296 986.73	3.66%
无形资产	−684 809.26	−0.03%	20 365 600.02	0.99%

注：以2019年为基期。

由表9-4和表9-5可以看出，固定资产在非流动资产中的所占比例呈逐年下降的趋势，而其数额在2020年减少了6 602 782.32元，下降幅度为0.32%；2021年有所增加，比上年增加了18 738 842.56元，比基期增加了12 136 060.24元，上升幅度为基期的0.59%。

在建工程与无形资产占非流动资产的比重相对较低，其总比例不超过5%。而在建工程在2020年和2021年均有小幅增加，无形资产在这两年变化幅度不到1%。

2. 权益构成

公司负债及所有者权益主要构成见表9-6。

表 9－6　2019—2021 年负债及所有者权益主要项目结构表

项　目	2019 年	2020 年	2021 年
负债合计	19.56%	10.20%	11.13%
其中：流动负债	18.32%	10.20%	10.80%
非流动负债	1.24%	0.00%	0.33%
所有者权益合计	80.44%	89.80%	88.87%
其中：实收资本	21.80%	24.26%	22.57%
未分配利润	32.29%	40.36%	45.11%
负债及所有者权益总计	100.00%	100.00%	100.00%

2019 年到 2021 年的数据显示，负债在总资产中的占比由 2019 年的 19.56%下降到 2021 年的 11.13%，负债所占比例的下降降低了公司的财务风险。2020 年流动负债占到总负债的 100%，占总资产的 10.20%，2021 年也依然保持较高比例，流动负债占总负债的 97.04%，占总资产的 11.13%。公司很好地利用了短期负债筹资速度快、弹性高、资本成本低的优点。在所有者权益的比例中，未分配利润占有较大的比重，2020 年和 2021 年未分配利润占总资产比例均超过 40%，并且呈逐年递增趋势。

流动负债的构成见表 9－7，流动负债的水平分析见表 9－8。

表 9－7　2019—2021 年流动负债主要项目结构表

项　目	2019 年	2020 年	2021 年
流动负债：			
短期借款	15.91%		
应付票据	14.18%		
应付账款	24.54%	57.40%	42.79%
应交税费	5.05%	2.99%	13.42%
其他应付款	32.94%	31.87%	38.57%

表 9－8　2020—2021 年流动负债主要项目水平分析表　　单位：元

主要项目	2020 年		2021 年	
	变动值	变动率	变动值	变动率
流动负债：				
短期借款	0.00	－15.91%	0.00	－15.91%
应付票据	0.00	－14.18%	0.00	－14.18%
应付账款	39 423 685.73	10.46%	187 38 842.56	12.21%

续表

主要项目	2020 年		2021 年	
	变动值	变动率	变动值	变动率
应交税费	−12 170 990.09	−3.23%	25 500 846.73	6.47%
其他应付款	−50 918 533.49	−13.50%	21 050 409.28	0.19%
流动负债合计	−147 151 524.26	−39.03%	−53 213 344.02	−14.11%

注：以 2019 年为基期。

从表 9－8 中可以看出，2020 年流动负债减少了 147 151 524.26 元，比上年下降了 39.03%；到 2021 年，流动负债比上年增加了 93 938 180.24 元，比基期减少了 53 213 344.02 元，下降幅度为基期的 14.11%。从具体项目来看：

应付账款在 2020 年与 2021 年两度增加，2020 年增加了 39 423 685.73 元，上升幅度为 10.46%；2021 年比上年增加了 6 598 103.6 元，上升了 2.87%，比基期上升了 12.21%。在市场经济条件下，企业之间相互提供商业信用是正常的。利用应付账款进行资金融通，基本上可以说是无代价的融资方式，但企业应注意合理使用，以避免造成企业信誉损失。

应交税费在 2020 年有所减少后，2021 年再次增加，比上年上升了 15.91%，比基期上升了 6.47%，应注意到公司是否有拖欠税费的现象。

其他应付款 2020 年金额为 73 275 019.22 元，比上年有较大幅度下降，降低了 13.50%；到了 2021 年达到 124 915 538.65 元，比上年同期上升了 22.46%，上升幅度为基期的 0.19%。

另外注意到，2020 年和 2021 年两年均没有短期借款与应付票据发生。此外，2021 年新增长期借款 10 000 000 元。公司长期借款增加一方面表明其在资本市场上的信誉良好，另一方面预示公司的负债政策可能发生变化。

（二）利润表结构分析

公司利润表见表 9－9，利润分析表见表 9－10。

表 9－9　A 科技软件公司 2019—2021 年利润表　　单位：元

项　目	2019 年	2020 年	2021 年
一、营业收入	1 980 615 070.60	2 392 561 159.48	3 028 960 881.33
减：营业成本	331 216 463.10	400 872 920.72	523 851 650.70
税金及附加	31 542 306.63	37 706 399.50	45 219 394.68
销售费用	819 311 973.07	965 436 002.14	1 345 504 767.63
管理费用	407 249 310.71	341 965 991.31	435 723 056.08
财务费用	4 150 409.45	4 668 103.23	−8 340 797.89
资产减值损失	24 986 738.92	32 821 343.55	−9 806 175.11
加：公允价值变动损益	101 995 723.34	−181 148 126.62	85 458 636.46

续表

项　目	2019 年	2020 年	2021 年
投资收益	38 847 054.73	21 763 949.26	－10 548 543.89
其中：对联营企业和合营企业的投资收益			
二、营业利润	503 000 646.79	449 706 221.67	771 719 077.81
加：营业外收入	4 616 820.75	25 176 006.75	9 112 236.20
减：营业外支出	885 791.03	4 862 100.65	145 518.09
其中：非流动资产处置损失			
三、利润总额	506 731 676.51	470 020 127.77	780 685 795.92
减：所得税	86 343 312.41	34 425 894.38	87 385 580.86
四、净利润	420 388 364.10	435 594 233.39	693 300 215.06
五、每股收益：			
(一)基本每股收益	0.8018	0.8176	1.0725
(二)稀释每股收益	0.8018	0.8176	1.0725

表 9－10　2020—2021 年利润表主要财务数据分析表　　单位：元

项目	2020 年	2021 年
营业收入	2 392 561 159.48	3 028 960 881.33
营业收入增长率	20.80％	26.60％
营业利润	449 706 221.67	771 719 077.81
利润总额	470 020 127.77	780 685 795.92
营业利润/利润总额	95.68％	98.85％
净利润	435 594 233.39	693 300 215.06
净利润增长率	3. 61％	59.16％

由表 9－9 和表 9－10 可以看出，2020—2021 年该公司实现营业收入与净利润双增。2021 年，公司营业收入比上年增长了 636 399 721.85 元，上涨了 26.60％，与基期相比增长了 1 048 345 810.73 元，其增长率为基期的 51.79％；净利润为 693 300 215.06 元，比上年增长了 257 705 981.67 元，上涨了 59.16％，比基期增长了 272 911 870.96 元，净利润增长率为基期的 64.92％。2021 年创造的利润中，98.85％由营业利润构成。

1. 收入项目分析

公司收益构成见表 9－11。

表 9－11 2019—2021 年收益构成表

项 目	2019 年	2020 年	2021 年
营业收入	97.85%	98.08%	100.05%
投资收益	1.92%	0.89%	－0.35%
营业外收入	0.23%	1.03%	0.30%
收益合计	100.00%	100.00%	100.00%

由表 9－11 可以看出，公司的收益主要来自主营业务收入，其占总收益比重三年均在 97%以上，2021 年主营业务收入占总收益的 100.05%。公司已实现连续两年主营业务收入的增长，且增长幅度较大。2021 年，公司投资收益呈现负增长，在对外投资活动中遭受损失。公司的营业外收入均有小幅增加。

2. 成本费用项目分析

公司成本费用构成及变动情况见表 9－12。

表 9－12 2020—2021 年成本费用构成及水平变动表 单位：元

主要项目	构成	2020 年变动值	变动率	构成	2021 年变动值	变动率
营业成本	22.42%	69 656 457.62	4.30%	22.46%	192 635 187.60	11.90%
税金及附加	2.11%	6 164 092.87	0.38%	1.94%	13 677 088.05	0.84%
销售费用	53.99%	146 124 029.07	9.02%	57.69%	526 192 794.56	32.49%
管理费用	19.12%	－65 283 319.40	－4.03%	18.68%	28 473 745.37	1.76%
财务费用	0.26%	517 693.78	0.03%	－0.36%	－12 491 207.34	－0.77%
资产减值损失	1.84%	7 834 604.63	0.48%	－0.42%	－34 792 914.03	－2.15%
营业外支出	0.27%	3 976 309.62	0.25%	0.01%	－740 272.94	－0.05%
成本费用合计	100%	168 989 868.19	10.44%	100%	712 954 421.27	44.03%

注：以 2019 年为基期。

由表 9－12 可以看出，公司产生的成本费用主要来自营业成本、营业税金及附加、销售费用和管理费用。营业成本与销售费用在 2020—2021 年两年中飞速增长，2021 年公司营业成本比基期同期增长了 192 635 187.60 元，增长率为 11.90%，销售费用增长超过基期的 30%，达到 526 192 794.56 元；管理费用在 2020 年减少 65 283 319.40 元后，2021 年实现正增长，超过基期的 1.76%；营业税金及附加在 2020 和 2021 两个年度均有小幅增长。这使得公司利润总额大大减少。

公司财务费用在 2021 年呈现负数金额，显示出公司当下存在较多的货币资金，内部资金力量较为雄厚；营业外支出大幅减少，但与基期相比变化不大，下降了 0.05%。

（三）现金流量表结构分析

公司现金流量表见表 9－13，现金流量构成见表 9－14。

表 9－13　A 科技软件公司 2019—2021 现金流量表　　单位：元

项　目	2019 年	2020 年	2021 年
一、经营活动产生的现金流量：			
销售商品、提供劳务收到的现金	1 934 186 099.10	2 561 558 811.49	3 087 508 123.38
收到的税费返还			
收到其他与经营活动有关的现金	18 757 651.99	13 837 262.70	23 806 082.16
经营活动现金流入小计	1 952 943 751.09	2 575 396 074.19	3 111 314 205.54
购买商品、接受劳务支付的现金	199 629 000.56	567 619 333.28	421 319 515.84
支付给职工以及为职工支付的现金	110 360 738.21	171 728 849.58	186 995 657.23
支付的各项税费	400 070 540.83	504 775 293.88	548 537 240.77
支付其他与经营活动有关的现金	1 032 725 635.62	1 213 812 860.72	1 515 345 562.68
经营活动现金流出小计	1 742 785 915.22	2 457 936 337.46	2 672 197 976.52
经营活动产生现金流量净额	210 157 835.87	117 459 736.73	439 116 229.02
二、投资活动产生的现金流量：			
收回投资收到的现金	0.00	38 671 296.38	194 849 564.94
取得投资收益收到的现金	38 847 054.73	20 295 806.79	4 763 766.32
处置固资无形资产其他长期资产收回的现金净额	1 136 540.00	937 155.99	703 453.83
处置子公司及其他营业单位收到的现金净额			
收到其他与投资活动有关的现金			
投资活动现金流入小计	57 736 833.13	59 904 259.16	200 316 785.09
购建固定资产无形资产其他长期资产支付的现金	66 851 372.34	111 211 604.55	141 650 704.69
投资支付的现金	157 920 065.66	148 788 189.00	133 997 951.22
取得子公司及其他营业单位支付的现金净额			
支付其他与投资活动有关的现金			
投资活动现金流出小计	224 771 438.00	259 999 793.55	275 648 655.91
投资活动产生的现金流量净额	－167 034 604.87	－200 095 534.39	－75 331 870.82

续表

项 目	2019 年	2020 年	2021 年
三、筹资活动产生的现金流量：			
吸收投资收到的现金	10 000 000.00		
其中：子公司吸收少数股东投资收到的现金			
取得借款收到的现金	60 000 000.00		10 000 000.00
收到其他与筹资活动有关的现金			
筹资活动现金流入小计	70 000 000.00		10 000 000.00
偿还债务支付的现金	51 650 000.00	60 000 000.00	
分配股利、利润或偿付利息支付的现金	57 158 890.72	44 562 758.00	51 742 101.60
其中：子公司支付给少数股东的股利利润			
支付其他与筹资活动有关的现金			
筹资活动现金流出小计	108 808 890.72	104 562 758.00	51 742 101.60
筹资活动产生的现金流量净额	−38 808 890.72	−104 562 758.00	−41 742 101.60
四、汇率变动对现金及现金等价物的影响	2 354.22	−395 820.75	20 802.58
五、现金及现金等价物净增加额	4 316 694.50	−187 594 376.41	322 063 059.18
加：期初现金及现金等价物余额	568 459 962.57	572 776 657.07	385 182 280.66
六、期末现金及现金等价物余额	572 776 657.07	385 182 280.66	707 245 339.84

表 9-14 现金流量表主要项目构成表

项 目	2019 年	2020 年	2021 年
一、经营活动产生的现金流量：			
经营活动现金流入量	93.86%	97.73%	93.67%
经营活动现金流出量	83.76%	93.27%	80.45%
二、投资活动产生的现金流量：			
投资活动现金流入量	2.77%	2.27%	6.03%
投资活动现金流出量	10.80%	9.87%	8.30%
三、筹资活动产生的现金流量：			
筹资活动现金流入量	3.36%	0.00%	0.30%
筹资活动现金流出量	5.23%	3.97%	1.56%

由表 9-13 和表 9-14 可以看出，公司现金流入及现金流出结构中，均以经营活动产

生的现金流量为主，其中90%以上的流入来自经营活动，80%以上的流出产生于经营活动。2021年，现金流入总额为3 321 630 990.63元，其中经营活动现金流入、投资活动现金流入、筹资活动现金流入所占比例分别为93.67%、6.03%、0.30%；现金流出总额为2 999 588 734.03元，其中经营活动现金流出、投资活动现金流出、筹资活动现金流出所占比例分别80.45%、8.30%、1.56%。投资活动连续三年现金流量净额为负数，公司在投资活动中表现不佳；而在2019—2021年度，公司筹资活动现金流出均超过现金流入。

1. 净现金流量分析

公司净现金流量表见表9-15。

表9-15 净现金流量构成及水平变动表 单位：元

主要项目	构成	2020年变动值	变动率	构成	2021年变动值	变动率
经营活动产生的现金流量净额	4.46%	−92 698 099.14	−4.46%	13.22%	228 958 393.15	11.00%
投资活动产生的现金流量净额	−7.59%	−33 060 929.52	−1.59%	−2.27%	91 702 734.05	4.41%
筹资活动产生的现金流量净额	−3.97%	−65 753 867.28	−3.16%	−1.26%	−2 933 210.88	−0.14%

注：以2019年为基期。

2021年经营、投资、筹资活动产生的现金流量净额分别为439 116 229.02元、−75 331 870.82元、−41 742 101.60元。经营活动产生的现金流量净额在2020年呈现负增长，减少了92 698 099.14元，下降了4.46%，2021年实现大幅回升，增加了228 958 393.15元，上涨幅度为11%；投资和筹资活动产生的现金流量净额连续三年呈现负数，应进一步分析。

2. 经营活动现金流量分析

经营活动现金流量表见表9-16。

表9-16 经营活动现金流量构成表

项　目	2019年	2020年	2021年
经营活动产生的现金流量：			
销售商品、提供劳务收到的现金	99.04%	99.46%	99.23%
收到的其他与经营活动有关的现金	0.96%	0.54%	0.77%
经营活动现金流入量	100.00%	100.00%	100.00%
购买商品、接受劳务支付的现金	10.22%	22.04%	13.54%
支付给职工以及为职工支付的现金	5.65%	6.67%	6.01%
支付的各项税费	20.49%	19.60%	17.63%
支付的其他与经营活动有关的现金	52.88%	47.13%	48.70%
经营活动现金流出量	89.24%	95.44%	85.89%
经营活动产生的现金流量净额	10.76%	4.56%	14.11%

经营活动产生的现金流入几乎全部来自销售商品、提供劳务所得，现金流出中绝大部分由其他与经营活动有关的项目构成，购买商品、接受劳务所支付的现金和各项税费占到较大的比重，其余部分用于支付职工薪酬。

1）经营活动主要项目分析

经营活动主要项目分析见表 9－17。

表 9－17　经营活动主要项目水平分析表

单位：元

主要项目	2020 年变动值	变动率	2021 年变动值	变动率
销售商品、提供劳务收到的现金	627 372 712.39	32.12%	1 153 322 024.28	59.06%
购买商品、接受劳务支付的现金	367 990 332.72	18.84%	221 690 515.28	11.35%
支付给职工以及为职工支付的现金	61 368 111.37	3.14%	76 634 919.02	3.92%
支付的各项税费	104 704 753.05	5.36%	148 466 699.94	7.60%

注：以 2019 年为基期。

由表 9－17 可以看出，销售商品与提供劳务所得在 2020—2021 年中连续攀升，分别增加了 627 372 712.39 元和 1 153 322 024.28 元，上涨幅度为 32.12%和 59.06%，而由利润表分析，营业收入在近两年实现双增，这与该项目的增长是相适应的。购买商品和接受劳务支出在 2020 年有较大上升，上升幅度为 18.84%；在 2021 年得到一定控制，上升了 11.35%；支付的职工薪酬与各项税费也均逐年有不同程度增加。

2）支付其他与经营活动有关的现金

经营活动中，“支付其他与经营活动有关的现金”反映企业支付的罚款支出，支付的差旅费、业务招待费、保险费，经营租赁支付的现金等其他与经营活动有关的现金流出。此项目具有不稳定性，数额不应过多。而在 2019—2021 年三年的现金流量表中，该项目所占份额相对很大，分别为 52.88%、47.13%、48.70%，应单独列出，进一步分析，详见表 9－18。

表 9－18　“支付其他与经营活动有关的现金”水平分析表

单位：元

构成	2020 年变动值	变动率	构成	2021 年变动值	变动率
47.13%	181 087 225.10	9.27%	48.70%	482 619 927.06	24.71%

注：以 2019 年为基期。

“支付其他与经营活动有关的现金”2019 年数额为 1 032 725 635.62 元，所占比例为 52.88%，在 2020—2021 年度，该比例占现金总流入量份额有所下降，但仍维持较高水平增长。2020 年比上年增加了 181 087 225.10，2021 年持续增加至 1 515 345 562.68 元，上涨幅度分别为基期的 9.27%和 24.71%。该项目的表现应引起重视。

3. 投资活动现金流量分析

2021 年，投资活动的现金流入量为 200 316 785.09 元，占现金总流入的 6.03%。其中 97.35%来自收回投资收到的现金，该项目金额为 194 849 564.94 元，比上年同期增长了 156 178 268.56 元，上涨幅度超过上年的 4 倍。

投资活动的现金流出量逐年增加，2021 年为 275 648 655.91 元，比上年增加了 15 648 862.36 元，比基期增加了 50 877 217.91 元，上涨幅度分别为上两年的 60.19%和 22.64%，其主要产生于购建固定资产、无形资产和其他长期资产以及投资所支付的现金，该两项的现金支出总额连续三年超过现金流入总额，使得投资活动的现金流量净额为负。购建固定资产、无形资产和其他长期资产所支付的现金从 2019 年的 66 851 372.34 元增至 2021 年的 141 650 704.69 元，这表明企业在扩大其再生产能力方面做出了努力。而投资所支付的现金逐年有所降低。

4. 筹资活动现金流量分析

由于 2021 年取得长期借款，使得筹资活动的现金流入增加了 10 000 000 元，本年度分配股利、利润或偿付利息共支付 51 742 101.60 元，比上年增加 7 179 343.6 元，相比基期减少了 5 416 789.12 元。

二、财务效率分析

（一）盈利能力分析

1. 总资产报酬率

总资产报酬率分析见表 9－19。

表 9－19　总资产报酬率分析表

单位：元

指标名称	2019 年	2020 年	2021 年
平均总资产	1 757 914 417.99	2 156 110 615.51	2 626 617 104.44
利润总额	506 731 676.51	470 020 127.77	780 685 795.92
利息支出	4 150 409.45	4 668 103.23	－8 340 797.89
息税前利润	510 882 085.96	474 688 231.00	772 344 998.03
总资产报酬率	29.06%	22.02%	29.40%

2020 年，利润总额下降，使得息税前利润减少，总资产报酬率下降 7.04%；2021 年，公司利润飞速增长，增幅超过上两年的 50%，总资产报酬率大幅增加。

2. 净资产收益率

净资产收益率分析见表 9－20，净资产收益率因素分析见表 9－21。

表 9－20　净资产收益率分析表

单位：元

指标名称	2019 年	2020 年	2021 年
平均净资产	1 456 095 165.82	1 839 871 214.24	2 344 733 840.60
净利润	420 388 364.10	435 594 233.39	693 300 215.06
净资产收益率	28.87%	23.68%	29.57%

2021 年，资本与利润实现大幅双增，净资产收益率上升至 29.57%，说明公司在本年自有资本获取收益的能力强，运营效益好，对企业投资人、债权人的保证程度较好。

表 9－21　2020—2021 年净资产收益率因素分析表　　单位：元

指标名称	2020 年	2021 年
平均总资产	2 156 110 615.51	2 626 617 104.44
平均净资产	1 839 871 214.24	2 344 733 840.60
负债	229 914 173.72	333 852 353.96
负债/净资产	0.1136	0.1253
利润总额	47 002 0127.77	780 685 795.92
利息支出	4 668 103.23	－8 340 797.89
负债利息率	2.03%	－2.50%
息税前利润	474 688 231.00	772 344 998.03
所得税率	7.32%	11.19%
净利润	435 594 233.39	693 300 215.06
总资产报酬率	22.02%	29.40%
净资产收益率	23.68%	29.57%

根据资料对公司净资产收益率进行因素分析。

分析对象：29.57%－23.68%＝5.89%

2020 年：[22.02%＋(22.02%－2.03%)×0.1136]×(1－7.32%)＝23.68%

第一次替代：[29.40%＋(29.40%－2.03%)×0.1136]×(1－7.32%)＝30.13%

第二次替代：{29.40%＋[29.40%－(－2.50%)]×0.1136}×(1－7.32%)＝30.61%

第三次替代：{29.40%＋[29.40%－(－2.50%)]×0.1253}×(1－7.32%)＝31.95%

2021 年：{29.40%＋[29.40%－(－2.50%)]×0.1253}×(1－11.19%)＝29.57%

总资产报酬率变动的影响为：30.13%－23.68%＝6.45%

负债利息率变动的影响为：30.61%－30.13%＝0.48%

资本结构变动的影响为：31.95%－30.61%＝1.34%

税率变动的影响为：29.57%－31.95%＝－2.38%

可见，A 科技软件公司 2021 年净资产收益率提高主要是由总资产报酬率提高引起的；其次，公司负债筹资成本、负债和净资产之比的下降也为净资产收益率提高带来了有利影响，分别使净资产收益率提高了 0.48%和 1.34%；税率的提高给净资产收益率带来一些不利影响，使其下降了 2.38%。对净资产收益率正向和负向影响的作用相互抵减后，净资产收益率比上年提高了 5.89%。

3. 收入、成本利润率

公司收入、成本利润率见表 9－22。

表 9－22　收入、成本利润率表

指标名称	2019 年	2020 年	2021 年
销售毛利率	83.28％	83.25％	82.71％
销售净利率	21.23％	18.21％	22.89％
成本费用利润率	32.44％	27.44％	33.99％

2021 年，销售净利率、成本费用利润率均有不同程度提高，提高幅度最大的是成本费用利润率，比上年提高了 6.55％，销售净利率也提高了 4.68％，表明公司成本费用控制得较好，企业的获利能力较强。

4. 行业对比

公司盈利能力与行业比较见表 9－23。

表 9－23　2021 年部分盈利能力指标与行业比较分析表　　单位：亿元

简称	营业收入	净资产收益率	销售毛利率	销售净利率	每股收益
A 科技软件公司	30.29	29.57％	82.71％	22.89％	1.07
行业平均	20.88	17.68％	47.11％	13.83％	0.80

2021 年，公司营业收入、净资产收益率、销售毛利率、销售净利率、每股收益等盈利能力指标均超过行业平均水平，处于领先地位。

（二）营运能力分析

公司营运能力指标分析见表 9－24。

表 9－24　营运能力指标分析表

指标名称	2019 年	2020 年	2021 年
存货周转率	3.04	2.84	3.09
存货周转天数/天	118.49	126.67	116.63
应收账款周转率	8.92	4.55	4.13
应收账款周转天数/天	40.36	79.12	87.18
流动资产周转率	1.63	1.55	1.64
流动资产周转天数/天	221.51	232.14	219.98
固定资产周转率	4.35	5.14	6.43
固定资产周转天数/天	82.81	70.01	56.02
总资产周转率	1.13	1.11	1.15
总资产周转天数/天	319.52	324.42	312.18

从表 9-24 可以看出，2021 年公司总资产周转率、固定资产周转率、流动资产周转率均有不同程度提高，说明公司对总资产、固定资产和流动资产的管理水平有所提高，资产的占用减少。

2021 年，公司存货周转率为 3.09，平均存货周转天数为 116.63 天，相对于行业平均水平(存货周转率 3.96，平均存货周转天数 90.91 天)，该公司相对较低。与前几年指标相比，存货周转率在 2021 年有一定程度提高，说明公司存货管理水平得到改善，销售能力有所提高。作为行业内领先企业，公司应继续加强存货管理，采取积极的销售策略，进一步减少存货营运资金占用量。

中国科技软件业的平均应收账款周转率为 2.88，应收账款周转天数为 125 天。该公司的应收账款周转率与应收账款周转天数均优于行业平均水平。但在 2021 年，公司应收账款周转率有所降低，比上年降低 0.42%，应收账款周转天数增加 8.06 天，主要是由于应收账款的大量增加，表明公司赊销与信用消费的销售方式增多；扩大信用销售规模在市场竞争激烈的环境中对扩大销售、增加盈利无疑有着积极的影响，但公司也应注意对应收账款的控制。公司应收账款的管理水平在行业中仍然处于较好位置。

(三) 偿债能力分析

1. 短期偿债能力

1) 静态分析

从表 9-1 资产负债表中可以看到，2019—2021 年三年，流动资产规模均远远超过流动负债，流动负债在 2020 年与 2021 年有所波动，但幅度较小，流动资产逐年上涨。2021 年流动资产与流动负债均有所增长，且流动资产涨幅超过流动负债，公司存在足够的营运资本。

公司短期偿债能力静态指标分析见表 9-25。

表 9-25 短期偿债能力静态指标分析表

指标名称	2019 年	2020 年	2021 年
流动比率	4.06	6.76	6.63
速动比率	3.75	6.05	6.09
现金比率	2.37	2.92	3.17

公司流动比率、速动比率、现金比率连续两年实现增长，且增幅明显，说明企业短期偿债能力较强。一般认为流动比率应在 2∶1 以上，速动比率应在 1∶1 以上，公司 2020 与 2021 年两年，该两项指标值均超过 6∶1。不同行业经营情况不同，其流动比率和速动比率的正常标准会有所不同，但这两个比率并非越高越好，过高时可能存在现金持有过多或存货积压的问题。公司的流动资产中货币资金与应收账款占有绝大部分的比重，存货比重相对较小。公司的速动资产中，应收账款占据大多数，但仍有过多的现金持有量。这表明公司资金利用效率较低，存在闲置浪费。公司应当适当减少现金持有量，扩大投资。

2）动态分析

公司短期偿债能力动态指标分析见表 9－26。

表 9－26　短期偿债能力动态指标分析表

指标名称	2019 年	2020 年	2021 年
辅助指标：			
应收账款周转率	8.92	4.55	4.13
应付账款周转率	5.08	3.95	3.98
存货周转率	3.04	2.84	3.09

公司 2019—2021 年现金流量比率分别为 0.56、0.51、1.36，2020 到 2021 年现金流量比率有所波动，在 2021 年该指标达到较好水平，超过 1。这说明公司目前有足够的能力以生产经营活动产生的现金来偿还短期债务。

从资产负债表中可以看到，应收账款规模相对超过应付账款规模，而应收账款周转速度在 2020—2021 年均比应付账款周转速度快，动态偿债能力相对较好。但从上表中可以看出，2020 年到 2021 年应收账款、应付账款与存货周转率逐年下降，这将会影响公司短期偿债能力。

2. 长期偿债能力

公司长期偿债能力指标分析见表 9－27。

表 9－27　长期偿债能力指标分析表

指标名称	2019 年	2020 年	2021 年
资产负债率	19.56%	10.20%	11.13%
净资产负债率（产权比率）	24.32%	11.36%	12.53%
已获利息倍数	123.09	101.69	－92.60
现金利息保障倍数	51.97	26.50	－51.31

1）资产负债率

2019—2021 年，公司资产负债率呈现下降趋势。从资产负债表上看，公司资产总额逐年有所增加，而负债总体规模下降，资产负债率维持在一个较低的水平，公司的债务负担较轻；相对而言，公司股东权益所支撑的投资规模较大。对于债权人来说，其利益的保障程度较高；对于投资者和公司本身而言，可以通过扩大举债规模来增加财务杠杆效益。所以，资产负债率可以通过债务融资适当提高。

2）净资产负债率（产权比率）

相对 2019 年，公司净资产负债率总体呈现下降趋势，2021 年稍有回升，但仍维持较低水平。该比率反映出了债权人提供的资本与股东提供的资本的相对关系，同时也表明了股东权益对债权人投入资本的保障程度。公司净资产负债率较低，表现出一种低风险、低收益的财务结构，并且对债权人的保障度较高。

3）已获利息倍数

该指标逐年有所降低，在2021年呈现负值。查看表9-9公司利润表，公司2021年财务费用为-8 340 797.89元；资产负债表中，货币资金项目所占比例非常大。在银行存款比较多而财务费用比较少的情况下，利息收入会大于财务费用支出，出现负数。2021年，利润总额上涨幅度超过50%，对该指标形成有利影响。

4）现金利息保障倍数

该指标2020年有较大幅度下降，在2021年呈现负值。由利润表可知，公司2021年财务费用为-8 340 797.89元。查看现金流量表，经营活动产生的现金净流量在2020年呈现负增长，减少了92 698 099.14元，下降了4.46%，2021年实现大幅回升，增加了228 958 393.15元，上涨幅度为基期的11%。这表明公司在2021年具备较强的变现能力，有充裕的资金，这对于公司的偿债能力来说是十分乐观的。

（四）发展能力分析

公司发展能力指标分析见表9-28。

表9-28 发展能力指标分析表

指标名称	2019年	2020年	2021年
销售增长率	37.87%	20.80%	26.60%
营业利润增长率	72.99%	-10.60%	71.61%
净利润增长率	100.41%	3.61%	59.16%
总资产增长率	41.15%	9.55%	33.03%
资本积累率	31.70%	22.30%	31.64%

由表9-28可以看出，公司除2020年营业利润增长率出现负值外，2019年以来销售增长率、营业利润增长率、净利润增长率、总资产增长率、资本积累率均为正值。

2020年各项增长指标较上年均有所降低，尤其是营业利润呈现负增长，进一步分析利润表知，营业利润下降主要是由于成本费用的提高超过了营业收入，而净利润呈正增长是由于2020年所得税费用大幅下降。2021年各项指标再次呈现大幅增长趋势，说明股东权益、收益规模、营业收入、资产规模增长状况较好。

1. 销售增长率与总资产增长率

公司2019—2021年三年的销售增长率分别为37.87%、20.80%、26.60%，总资产增长率分别为41.15%、9.55%、33.03%。销售增长是资产有效利用的重要表现之一，2020年公司的销售增长率超过总资产增长率，2019年与2021年销售增长率均低于总资产增长率，2021年销售增长有一部分是由资产投入的增加，资产规模扩大所致。

2. 资本积累率与净利润增长率

公司2019—2021年三年的资本积累率分别为31.70%、22.30%、31.64%，净利润增长率分别为100.41%、3.61%、59.16%。2019年与2021年净利润增长率均大大高于资本积累率，一方面说明公司在这两年的股东权益增长主要来自生产经营活动创造的净利润，是一个比较好的现象；另一方面，资本积累率与净利润增长率出现了较大差异，说明公司净利润可能用于弥补亏损等，应进一步分析。在2020年，资本积累率高于净利润增长率，说明股东权益增长很大一部分是来自于资本的投入而非净利润的增加，该年效益相对较差。

3. 净利润增长率与营业利润增长率

公司2019—2021年三年的净利润增长率分别为100.41%、3.61%、59.16%，营业利润增长率分别为72.99%、-10.60%、71.61%。2019—2020年，公司的净利润增长率均高于营业利润增长率，且2020年营业利润率呈负增长，这反映出公司净利润的增长并不是主要来自于营业利润的增长，其净利润的增长包含其他非正常项目。2021年，营业利润增长率大大超过净利润增长率，这说明公司该年的净利润增长主要来自营业利润的增长，效益较好。

4. 销售增长率与营业利润增长率

公司2019—2021年三年的销售增长率分别为37.87%、20.80%、26.60%，营业利润增长率分别为72.99%、-10.60%、71.61%。2020年销售呈正增长，营业利润呈负增长，这说明该年成本费用的增加超过了营业收入的增加，公司经营效益较差。2019年与2021年，营业利润增长率均远远高于销售增长率，说明营业收入的增长均超过了营业成本、营业税金及附加和期间费用的增加，公司在营业利润方面的增加，在2021年具有良好的效益性。

通过以上分析，可以看出该公司在近三年来各项增长指标呈现出波动现象，在2020年各项增长都有所下滑，效益下降；而到2021年，各方面均恢复与2019年同期相似趋势，各项能力有所增长，且保持较高水平，公司发展渐入佳境。但考虑到公司增长能力还受许多其他因素的影响，因此要得到关于公司增长能力的更为准确的结论，还需利用更多的资料进行更加深入的分析。

（五）每股收益与每股市价比较

公司近三年来，每股收益和每股市价变动趋势基本相同，总体均呈上升趋势。截至2021年12月31日，公司每股收益及每股市价达到1.0725元和43.65元。详见表9-29。

表9-29　2020—2021某科技软件公司每股指标变动表　　单位：元

主要项目	2020年	2021年	变动率
每股收益	0.8176	1.0725	31.18%
每股市价	26.62	43.65	63.97%
市盈率	32.56	40.70	—

从表9-29可以看出，2021年公司每股收益为1.0725元，比上年同期增长31.18%，每股市价为43.65元，较上年同期增长63.97%。

2022年3月，公司总股本已从2021年的6.2074亿股增加至7.4489亿股。截至2022年

4 月，公司每股市价已到达 46.06 元。公司股价上升，市盈率居高，若以其每年 30%的增长速度计算，预计在 2022 年底，每股收益将达到 1.3943 元，若以目前股市 40 倍的平均市盈率计算，预计每股市价将达到 55.77 元，这将会受到投资者的追捧。但我国股市尚处于初级阶段，庄家肆意拉抬股价，造成市盈率奇高，市场风险巨大的现象时有发生，投资者应该从公司背景、基本素质等方面多加分析。

第三节 综合分析与评价

一、杜邦分析体系

公司杜邦分析表见表 9-30 和表 9-31。

表 9-30 2020—2021 年杜邦分析主要指标表

指标名称	2020 年	2021 年
净资产收益率	23.68%	29.57%
总资产净利率	21.80%	29.72%
权益乘数	1.11	1.13
净利率	18.21%	22.89%
总资产周转率	1.11	1.15
资产负债率	10.20%	11.13%

表 9-31 2020—2021 年杜邦分析相关指标表

单位：元

指标名称	2020 年	2021 年
平均总资产	2 156 110 615.51	2 626 617 104.44
平均净资产	1 839 871 214.24	2 344 733 840.60
负债	229 914 173.72	333 852 353.96
营业收入	2 392 561 159.48	3 028 960 881.33
成本费用	1 788 332 861.10	2 332 297 414.18
净利润	435 594 233.39	693 300 215.06

由表 9-30 和表 9-31 可以看出公司在盈利能力、营运能力和偿债能力方面的情况。公司在 2021 年，各项主要指标均有所增加，各环节财务状况、经营状况和经营成果是有成绩的。

净资产收益率＝总资产净利率×权益乘数

2020 年：　　23.68%＝21.80%×1.11

2021 年：　　29.57%＝29.72%×1.13

可以看出，净资产收益率上升是因为公司总资产净利率上升引起的，同时公司适当利用财务杠杆也对净资产收益率的上升带来有利影响。

总资产净利率＝净利率×总资产周转率

2020年：　　21.80％＝18.21％×1.11

2021年：　　29.72％＝22.89％×1.15

可以看出，净利率的上升，是总资产净利率上升的主要原因，同时总资产周转速度加快也对总资产净利率产生正向影响。

2021年科技软件业净资产收益率的行业平均值为6.76％，该公司指标值为29.57％，领先于行业平均水平。

二、公司经营业绩综合评价

公司2021年绩效评价报告见表9－32、表9－33和表9－34。

表9－32　A科技软件公司2021年绩效评价报告基本指标计分表

基本指标	权重	指标实际值	上档标准值	本档标准值	上档标准系数	本档标准系数	档次	指标得分	分析系数
一、盈利能力状况：									
净资产收益率(％)	20	29.57	12.10	12.10	1.00	1.00	A	24.0000	1.2000
总资产报酬率(％)	14	29.40	8.50	8.50	1.00	1.00	A	16.8000	1.2000
二、资产质量状况：									
总资产周转率/次	10	1.15	1.20	0.90	0.80	0.60	C	7.6880	0.7688
应收账款周转率/次	12	4.13	4.50	3.60	0.60	0.40	D	6.2124	0.5177
三、债务风险状况：									
资产负债率(％)	12	11.13	37.10	37.10	1.00	1.00	A	14.4000	1.2000
已获利息倍数	10	－82.12	－1.20	－1.20	0.00	0.00	E	0.0000	0.0000
四、经营增长状况：									
销售增长率(％)	12	26.60	25.40	25.40	1.00	1.00	A	14.4000	1.2000
资本保值增值率(％)	10	131.64	111.40	111.40	1.00	1.00	A	12.0000	1.2000

表9－33　A科技软件公司2021年绩效评价报告修正指标计分表

修正指标	权重	指标实际值	上档标准值	本档标准值	上档标准系数	本档标准系数	档次	单项修正系数	加权修正系数
一、盈利能力状况：									
销售利润率(％)	10	81.21	32.30	32.30	1.00	1.00	A	1.0000	0.2941
盈余现金保障倍数	9	0.63	0.80	－0.20	0.40	0.20	E	0.7000	0.1853

续表

修正指标	权重	指标实际值	上档标准值	本档标准值	上档标准系数	本档标准系数	档次	单项修正系数	加权修正系数
成本费用利润率(%)	8	33.99	15.70	15.70	1.00	1.00	A	1.0000	0.2353
资本收益率(%)	7	18.68	14.60	14.60	1.00	1.00	A	1.0000	0.2059
二、资产质量状况：									
不良资产比率(%)	9	0.00	1.60	1.60	1.00	1.00	A	1.3000	0.5318
流动资产周转率/次	7	1.64	2.00	1.50	0.80	0.60	C	1.0228	0.3254
资产现金回收率(%)	6	16.72	12.50	12.50	1.00	1.00	A	1.3000	0.3545
三、债务风险状况：									
速动比率(%)	6	608.69	135.20	135.20	1.00	1.00	A	1.3000	0.3545
现金流动负债比率(%)	6	135.59	26.30	26.30	1.00	1.00	A	1.3000	0.3545
带息负债比率(%)	5	3.00	37.30	37.30	1.00	1.00	A	1.3000	0.2955
或有负债比率(%)	5	0.00	0.20	0.20	1.00	1.00	A	1.3000	0.2955
四、经营增长状况：									
销售利润增长率(%)	10	25.89	9.80	9.80	1.00	1.00	A	1.0000	0.4545
总资产增长率(%)	7	33.03	15.50	15.50	1.00	1.00	A	1.0000	0.3182
技术投入比率(%)	5	0.00	0.40	0.40	0.00	0.00	E	0.7000	0.1591

表 9－34　A 科技软件公司 2021 年绩效评价报告指标得分总表

评价内容	权重	基本分数	分析系数	综合修正系数	修正后分数	等级
1. 盈利能力状况	34	40.8000	1.2000	0.92	37.56	
2. 资产质量状况	22	13.9004	0.6318	1.21	16.84	
3. 债务风险状况	22	14.4000	0.6545	1.30	18.72	
4. 经营增长状况	22	26.4000	1.2000	0.80	21.00	
合计	100	95.50	—	—	94.12	A+

（一）各类指标结论

1. 盈利能力状况

净资产收益率为 29.57%，通过评价标准比较分析为优秀水平。

总资产报酬率为 29.40%，通过评价标准比较分析为优秀水平。

销售(营业)利润率为 81.21%，通过评价标准比较分析为优秀水平。

盈余现金保障倍数为 0.63，通过评价标准比较分析为较差水平。

成本费用利润率为33.99%，通过评价标准比较分析为优秀水平。

资本收益率为18.68%，通过评价标准比较分析为优秀水平。

根据以上综合分析，企业的盈利能力状况为优秀水平。

2. 资产质量状况

总资产周转率为1.15次，通过评价标准比较分析为平均水平。

应收账款周转率为4.13次，通过评价标准比较分析为较低水平。

流动资产周转率为1.64次，通过评价标准比较分析为平均水平。

资产现金回收率为16.72%，通过评价标准比较分析为优秀水平。

根据以上综合分析，企业的资产质量状况为良好水平。

3. 债务风险状况

资产负债率为11.13%，通过评价标准比较分析为优秀水平。

已获利息倍数为−82.12，通过评价标准比较分析为较差水平。

速动比率为608.69%，通过评价标准比较分析为优秀水平。

现金流动负债比率为135.59次，通过评价标准比较分析为优秀水平。

带息负债比率为3.00%，通过评价标准比较分析为优秀水平。

根据以上综合分析，企业的债务风险状况为优秀水平。

4. 经营增长状况

销售(营业)增长率为26.60%，通过评价标准比较分析为优秀水平。

资本保值增值率为131.64%，通过评价标准比较分析为优秀水平。

销售(营业)利润增长率为25.89%，通过评价标准比较分析为优秀水平。

总资产增长率为33.03%，通过评价标准比较分析为优秀水平。

根据以上综合分析，企业的经营增长状况为优秀水平。

(二) 企业绩效评价分析结论

企业绩效定量分析评价指标总分为94.12分。

企业绩效定量分析评价等级为A+级。

企业绩效定量分析评价为优秀水平。

(三) 总体结论

A科技软件公司是我国科技软件行业的龙头企业，投入了大量资金于科技软件的创新、吸引优秀人才等方面；从公司财务分析与经营业绩综合评价可看出，公司在2021年度，盈利能力、债务风险、经营增长方面均处于行业优秀水平，资产状况良好；公司股价呈上升趋势，市盈率趋居高位，股票市场表现良好；公司所处行业前景较好，政策利多，具有很强的成长性。

附录　章节训练答案

第一章

一、单项选择题

1. A　2. C　3. B　4. A　5. A　6. D　7. B　8. B　9. C

二、多项选择题

1. BCD　2. ABCD　3. ABCD　4. ABCD　5. BD

三、判断题

1.×　2. ×　3. √　4. √

四、计算题

1. 比较利润表(简表)如下：

比较利润表(简表)

项　目	本期金额/元	上期金额/元	增减差额	增减百分比
一、营业收入	1 161 800	1 095 460	66 340	6.06%
减：营业成本	870 200	976 470	−106 270	−10.88%
税金及附加	30 700	40 300	−9 600	−23.82%
销售费用	35 000	27 300	7 700	28.21%
管理费用	91 700	20 300	71 400	351.72%
研发费用	0	0	0	0
财务费用	3 220	22 400	−19 180	−85 63%
加：其他收益				
投资收益(损失以"—"填列)	0	30 000	−30 000	−100%
公允价值变动收益(损失以"—"填列)	0	0	0	0
资产减值损失(损失以"—"填列)	0	0	0	0
资产处置收益(损失以"—"填列)	0	0	0	0
二、营业利润(亏损以"—"填列)	130 980	38 690	92 290	238.54%
加：营业外收入	20 000	35 000	−15 000	−42.86%
减：营业外支出	11 000	2 000	9 000	450%
三、利润总额(亏损总额以"—"填列)	139 980	71 690	68 290	95.26%
减：所得税费用	34 995	17 922	17 073	95.26%
四、净利润(净亏损以"—"填列)	104 985	53 768	51 217	95.26%

2. 用连环替代法分析如下：

计划指标：

$$100 \times 30 \times 20 = 60\ 000(\text{元})$$

第一次替代：

$$120 \times 30 \times 20 = 72\ 000(\text{元})$$

第二次替代：

$$120 \times 25 \times 20 = 60\ 000(\text{元})$$

第三次替代：

$$120 \times 25 \times 22 = 66\ 000(\text{元})$$

产量对材料费用的影响为

$$72\ 000 - 60\ 000 = 12\ 000(\text{元})$$

单耗对材料费用的影响为

$$60\ 000 - 72\ 000 = -12\ 000(\text{元})$$

价格对材料费用的影响为

$$66\ 000 - 60\ 000 = 6\ 000(\text{元})$$

综合影响结果为

$$12\ 000 + (-12\ 000) + 6\ 000 = 6\ 000(\text{元})$$

第二章

一、 单项选择题

1. A　2. C　3. B　4. D　5. A　6. A

二、多项选择题

1. CD　2. ACD　3. CD　4. BC　5. AC　6. ACD　7. ABCD

三、判断题

1. ×　2. ×　3. √　4. √　5. √　6. √

四、思考题

1. 企业财务报告的组成内容是资产负债表、利润表、现金流量表、所有者权益变动表(新的会计准则要求在年报中披露)及会计报表附注和财务情况说明书等。

会计的四个报表之间的关系为：

(1) 资产负债表、利润表和所有者权益变动表之间的关系。

资产负债表、利润表和所有者权益变动表之间的关系主要体现在资产负债表的所有者权益部分和利润表之间。资产负债表是时点数，时点指标；利润表是期间数，时期指标，口径不同，勾稽关系也主要在所有者权益部分，毕竟企业赚得的利润(或发生的亏损)可以说都属于所有者。

(2) 资产负债表、利润表和现金流量表之间的关系。

① 资产负债表和利润表的勾稽关系。资产负债表和利润表本是一体的，资产负债表是时点数——年初数、期末数，而利润表是本期发生数，在资产负债表的年初数和期末数中

间加上本期增、减数之后，就可以把利润表整个装到资产负债表中的所有者权益中的未分配利润项下。

利润表最终的结果“净利润”就是资产负债表“未分配利润”本期增减中的一个因子。

② 利润表和现金流量表的勾稽关系。间接法编制的现金流量表是利润表的一个延续，是衔接在净利润后面的，是描述从净利润到经营活动净现金流的过程。主要说明的是影响净利润的诸多因子中，有多少是没有现金收付的，或者是不影响经营活动现金流的。比如成本中有多少是从资产的折旧或摊销转进来的数字，而不是付出去的现金；收入中有多少是赊销的没有收进来的现金；或者虽然不是今年利润表里的收入，但是今年客户给钱了；还有一些利润表里的费用不属于经营活动范畴的，应该剔除出去。

把净利润这样加减后最终会得到经营活动的净现金流量。

2.(1) 会计主任假设是对财务报表编制对象，或者说是会计人员进行核算所采取的立场及空间范围的设定。

(2) 持续经营假设为企业在编制报表时选择会计方法奠定了基础，在此假设前提下，企业的会计核算便可以采用历史成本原则、权责发生制原则、固定资产计提折旧、无形资产计提摊销等一系列财务会计确认和计量的原则和方法。

(3) 为了使财务报表的使用者能定期、及时地了解企业的财务状况和经营成果，会计上应把其持续经营的经济活动人为地进行划分，使其归属于不同的会计期间，并进行会计处理及财务报表的编制。因此，会计分期假设为企业进行会计处理计算损益和编制财务报表限定了时间区间。

(4) 货币计量假设前提解决了在编制财务报表时将不同质、不同类别的各项资产等内容相加以反映企业资产总体规模等问题。

第三章

一、单项选择题

1. C　2. B　3. C　4. D　5. C　6. A　7. C　8. D　9. B　10. C

11. B　12. D　13. C　14. A　15. A　16. B　17. B

二、多项选择题

1. ABCD　2. ABCD　3. BC　4. AC　5. BCD　6. ABCD

7. ABCD　8. ABC　9. ABCD　10. BCD　11. ABCD

三、判断题

1. √　2. ×　3. √　4. √　5. ×　6. √　7. ×

四、案例思考

1. 资产负债表可以综合反映本企业以及与其股权上有联系的企业的全部财务状况。具体如下：

(1) 可以揭示公司的资产及其分布结构，分析企业在某一特定日期所拥有的经济资源及其分布情况。从流动资产项目来看，可以了解公司在银行的存款以及变现能力，掌握资产的实际流动性与质量；从长期投资来看，可以掌握公司从事的是实业投资还是股权债权投资以及是否存在新的利润增长点或潜在风险。

(2) 可以反映企业某一特定日期的负债总额及其结构，揭示公司的资产来源及其构成。根据资产、负债、所有者权益之间的关系可知，如果公司负债比重高，相应的所有者权益(即净资产)就低，说明公司主要靠债务"撑大"了资产总额，真正属于公司自己的财产(即所有者权益或股东权益)不多。

进一步分析短期负债与长期负债，如果短期负债多，但是对应的流动资产中货币资金、短期投资净额、应收票据、股利、利息等可变现总额低于流动负债，说明公司不但还债压力较大，而且借来的钱成了被他人占用的应收账款与滞销的存货，反映了企业经营不善、产品销路不好、资金周转不灵等情况。

(3) 可以反映企业所有者权益的情况，了解企业现有投资者在企业投资总额中所占的份额。实收资本和留存收益是所有者权益的重要内容，反映了企业投资者对企业的初始投入和资本累计的多少，也反映了企业的资本结构和财务实力，有助于报表使用者分析、预测企业生产经营的安全程度和抗风险的能力。

(4) 可据以解释、评价和预测企业的偿债能力。偿债能力指企业以其资产偿付债务的能力，包括短期偿债能力和长期偿债能力。简单来说偿债能力主要体现在企业资产和负债的流动性上。流动性指资产转换成现款而不受损失的能力或负债离到期清偿日的时间，也指企业资产接近现金的程度，或负债需要动用现金的期限。

第四章

一、单项选择题

1. A　2. B　3. C　4. D　5. D　6. B　7. C

二、多项选择题

1. ABD　2. BC　3. ABD　4. BC　5. ABCD　6. ACD　7. ACD　8. CD

三、判断题

1. √　2. ×　3. ×

四、计算题

编制的比较利润表如下。

比较利润表(简表)

编制单位：M公司　　2021年12月31日　　单位：元

项　目	本期金额	上期金额	增减金额	增减率(%)
一、营业收入	1 161 800	1 095 460	66 340	6.06%
减：营业成本	870 200	976 470	−106 270	−10.88%
税金及附加	30 700	40 300	−9 600	−23.82%
销售费用	35 000	27 300	7 700	28.21%
管理费用	91 700	20 300	71 400	351.72%

续表

项　目	本期金额	上期金额	增减金额	增减率(%)
研发费用	0	0	0	0
财务费用	3 220	22 400	－19 180	－85.63%
加：其他收益				
投资收益(损失以“－”填列)	0	30 000	－30 000	－100%
公允价值变动收益(损失以“－”填列)	0	0	0	0
资产减值损失(损失以“－”填列)	0	0	0	0
资产处置收益(损失以“－”填列)	0	0	0	0
二、营业利润(亏损以“－”填列)	130 980	38 690	92 290	238.54%
加：营业外收入	20 000	35 000	－15 000	－42.86%
减：营业外支出	11 000	2 000	9 000	450%
三、利润总额(亏损总额以“－”填列)	139 980	71 690	68 290	95.26%
减：所得税费用	34 995	17 922	17 073	95.26%
四、净利润(净亏损以“－”填列)	104 985	53 768	51 217	95.26%

第五章

一、单项选择题

1. D　2. D　3. B　4. B　5. A　6. B

二、多项选择题

1. AB　2. ABD　3. ABC　4. BD　5. BCD

三、判断题

1. √　2. ×　3. ×　4. √　5. √　6. √　7. √　8. √　9. ×　10. ×

第六章

一、单项选择题

1. A　2. D　3. D

二、多项选择题

1. ABCD　2. ABCD　3. ABCD

三、判断题

1. √　2. √　3. √　4. √

第七章

一、单项选择题

1. B 2. C 3. C 4. C 5. B 6. A 7. A 8. A 9. D 10. A 11. B 12. C
13. D 14. A 15. A 16. C 17. B 18. D 19. A 20. A 21. C 22. B

二、多项选择题

1. AD 2. AB 3. BD 4. ABCD 5. AC 6. BD 7. AD 8. AC 9. BCD
10. ACD 11. ABD 12. ABC 13. ACD 14. AD 15. ABCD 16. ABCD
17. AB 18. AC 19. BCD 20. ACD 21. CD 22. AB 23. BC 24. BD

三、判断题

1. √ 2. × 3. √ 4. × 5. √ 6. × 7. √ 8. × 9. × 10. ×
11. × 12. √ 13. √ 14. √ 15. × 16. √

四、计算题

1. (1) 流动比率＝1 800/1 200＝1.5
   营运资金＝1 800－1 200＝600(万元)
   (2) 产权比率＝3 000/(4 000－3 000)＝3
   权益乘数＝4 000/(4 000－3 000)＝4
   (3) 资产负债率＝3 000/4 000×100%＝75%

由于75%高于65%，所以没有实现控制杠杆水平的目标。

2. (1) 2021年年末营运资金数额＝(1 000＋2 000＋5 000)－(2 100＋3 100)＝2 800(万元)
   (2) ① 营业毛利率＝(30 000－18 000)/30 000×100%＝40%
   ② 总资产周转率＝30 000/20 000＝1.5(次)
   ③ 净资产收益率＝4 500/10 000×100%＝45%
   (3) ① 存货周转期＝2 000/(18 000/360)＝40(天)
   ② 应收账款周转期＝5 000/(30 000/360)＝60(天)
   ③ 应付账款周转期＝2 100/(9 450/360)＝80(天)
   ④ 现金周转期＝40＋60－80＝20(天)

3. A＝184 800/154 000＝1.2
   B＝23 100/154 000×100%＝15%
   C＝200 000/338 800＝0.59
   D＝15 000/200 000×100%＝7.5%
   E＝15 000/10 000＝1.5
   F＝46.20/2.31＝20

4. (1) 2021年应收账款周转次数＝2 700/[(250＋440＋10＋20)/2]＝7.5(次)
   2021年应收账款周转天数＝360/7.5＝48(天)
   (2) 2021年存货周转次数＝1 600/[(272＋528)/2]＝4(次)
   2021年存货周转天数＝360/4＝90(天)

(3) (年末货币资金＋440)/年末流动负债＝1.2

年末货币资金/年末流动负债＝0.7

解得：

年末流动负债＝880(万元)，年末货币资金＝616(万元)

(4) 2021 年年末流动比率＝(616＋440＋528)/880＝1.8

5. (1) 流动比率＝(200＋400＋900)/600＝2.5

速动比率＝(200＋400)/600＝1

产权比率＝(600＋2 400)/(4 000＋1 000)＝0.6

(2) 销售净利率＝600/6 000×100％＝10％

6. 甲公司相关指标如下：

流动比率 A＝30 000/20 000＝1.5

速动比率 B＝(30 000－14 000)/20 000＝0.8

总资产净利率 C＝9 480/100 000×100％＝9.48％

权益乘数 D＝100 000/40 000＝2.5

净资产收益率 E＝9 480/40 000＝9.48％×2.5＝23.7％

行业标杆企业相关指标如下：

营业净利率 F＝13％/1.3＝10％

权益乘数 G＝1/(1－50％)＝2

净资产收益率 H＝13％×2＝26％

第八章

一、单项选择题

1. B　2. C　3. B

二、多项选择题

1. ABC　2. AD　3. CD

参考文献

[1] 李学春，张晓楠，王岌. 财务报表分析[M]. 上海：上海交通大学出版社，2019.
[2] 张新民，钱爱民. 财务报表分析[M]. 北京：中国人民大学出版社，2014.
[3] 王宏. 财务报表编制与分析[M]. 西安：西安交通大学出版社，2018.
[4] 财政部会计资格评价中心. 初级会计实务[M]. 北京：经济科学出版社，2021.
[5] 杨军，徐红涛，王立群. 财务报表分析[M]. 北京：中国商业出版社，2015.
[6] 翁玉良. 财务报表分析[M]. 北京：高等教育出版社，2017.
[7] 财政部会计资格评价中心. 中级会计实务[M]. 北京：经济科学出版社，2021.
[8] 财政部会计资格评价中心. 财务管理[M]. 北京：经济科学出版社，2021.
[9] 黄永如. 财务报表分析[M]. 北京：中国商业出版社，2016.
[10] 周炜，宋晓满. 财务管理案例分析[M]. 上海：立信会计出版社，2020.
[11] 叶传财，潘连乡. 财务报表分析[M]. 西安：西北工业大学出版社，2012.
[12] 中国注册会计师协会. 财务成本管理[M]. 北京：中国财政经济出版社，2021.